"十三五"江苏省重点出版规划项目
教育部人文社会科学重点研究基地重大招标课题：
中国德育数据库建设 [18JJD880002] 的阶段性成果
资助单位：南京师范大学道德教育研究所 南京师范大学立德树人协同创新中心

中国儿童道德发展报告系列

孙彩平 主编

江苏省
儿童道德发展报告

10到18岁

张馨萌 李亚娟 耿振美 编著

南京师范大学出版社
NANJING NORMAL UNIVERSITY PRESS

图书在版编目(CIP)数据

江苏省儿童道德发展报告. 10 到 18 岁 / 张馨萌,李亚娟,耿振美编著. — 南京 : 南京师范大学出版社,2019.4

(中国儿童道德发展报告系列)

ISBN 978-7-5651-3867-6

Ⅰ. ①江… Ⅱ. ①张… ②李… ③耿… Ⅲ. ①儿童教育－德育－研究报告－江苏 Ⅳ. ①G41

中国版本图书馆 CIP 数据核字(2018)第 242288 号

丛 书 名	中国儿童道德发展报告系列
丛书主编	孙彩平
书　　名	江苏省儿童道德发展报告(10 到 18 岁)
编　　著	张馨萌　李亚娟　耿振美
策划编辑	姜爱萍　翟桂叶
责任编辑	王迎春
出版发行	南京师范大学出版社
地　　址	江苏省南京市玄武区后宰门西村 9 号(邮编:210016)
电　　话	(025)83598919(总编办)　83598412(营销部)　83598297(邮购部)
网　　址	http://press.njnu.edu.cn
电子信箱	nspzbb@163.com
印　　刷	南京玉河印刷厂
开　　本	718 毫米×1000 毫米　1/16
印　　张	12.75
字　　数	208 千
版　　次	2019 年 4 月第 1 版　2019 年 4 月第 1 次印刷
书　　号	ISBN 978-7-5651-3867-6
定　　价	39.80 元

出 版 人　彭志斌

南京师大版图书若有印装问题请与销售商调换

版权所有　　侵犯必究

序 言

调查目的

当前,中国正处于历史发展的新时期,开放、多元化、全球化、信息化成了中国社会的典型特征,社会的伦理精神和道德生活也出现了新的转变。文化多元、阶层隔阂、社会分化的情况加剧,极端个人主义、功利主义和盲目攀比、追求奢华生活等价值观念借助新媒体等技术手段,对核心价值观与传统价值观形成了新的挑战。

那么,当代中国儿童的道德发展状况如何?儿童是否保留着对中华传统美德的尊敬,是否认同社会主义核心价值观,是否关注公共生活的文明与秩序?他们的道德发展状况存在着什么样的趋势与阶段性特点?什么是他们道德成长中的限制性影响因素以及他们喜欢什么样的道德教育方式?对中国儿童道德发展的根本与关键问题的深刻关切,融合着家庭对后代的殷切希望、教育对儿童的成长责任,也包含着国家与社会对未来的期许。

长期以来,由于缺乏基本可靠的数据支撑,中国道德教育理论研究长于哲学思辨,失于对中国儿童道德发展的现实问题的深入分析与把握,致使理论研究对问题解决的力度不足。

基于时代与研究的需要,更基于中国儿童道德发展的需要,南京师范大学道德教育研究所与立德树人协同创新中心启动中国儿童道德发展的数据采集工作,以期建立中国儿童道德发展的国家样本库,为中国道德教育理论研究的深化提供支撑;为中国道德教育现实问题的解决提供支撑;为国家德育课程、教学及教材改革提供支撑;为中国精神文明建设和伦理道德发展提供支撑;为国际社会准确了解中国儿童道德发展状况提供支撑。

道德是一种文化-心理结构,儿童道德是儿童与他所在的社会文化环境(包括学校生活与家庭生活)相互作用的结果。这意味着儿童的道德成长是社会性的,在特定社会与特定的时期,儿童的道德成长状况可能在整体上不同于其他的社会与其他的时期,儿童所认同的价值观念,形成的道德情感,进行道德判断的依据乃至道德行为倾向,既会呈现出一些整体性的特点,也会存在一些整体性的问题。本调查的基本目的,正是了解与把握这些整体情况、倾向与问题。

调查内容

关于中国儿童道德发展状况的实证研究,在国际和国内并没有被普遍认可的综合性量表或调查问卷,尽管国际道德教育研究领域有经典的道德认知发展学派的两难故事法测验及其变式确定问题测验(Defining Issues Test,DIT),国内有顾海根、李伯黍老师的上海地区道德判断的常模研究,卢家楣老师的全国范围的道德情况测验,但这些研究都是针对儿童道德发展的某一个指标——道德判断或者道德情感,以此为基础设计的问卷,并不是针对道德发展的综合性问卷。

在道德发展理论中,知、情、行是道德教育理论普遍认可的人的品德的三个基本构成要素,分别对应道德观念、道德情感与道德行为,也有人把道德意志和道德信念列为人的品德的第四和第五要素。同时,在20世纪的道德发展心理学中,道德判断备受关注,成为道德发展理论和德育理论关注的重要内容,因为学界普遍认为道德判断与道德行为间有着更密切的相关性。德育理论界一直认为,品德中某一因素的发展状况,即使再精确,也很难说明品德发展的整体状况。为了对中国儿童道德发展的整体状况有全面的了解,我们采用了自编问卷的方式,将道德观念、道德情感、道德理性和道德行为作为考察当代中国儿童道德发展的四个核心要素,同时调查当代儿童对学校德育方式的看法,以及影响其成长的困扰性因素。

此调查核心目的在于了解当代儿童道德发展的整体状况及其随年龄变化的发展趋势,同时了解影响儿童道德成长的关键因素,因此,在自然情况分类中,包括年龄、性别、区域、城乡、家庭生活方式(是否长期与父母、祖辈生活在一起,是否单亲或者离异再组合家庭)、生活满意度、民族。需要说明的是,这些要素是回应社会关注视角,在逻辑上不是完全并列的关系。

由此,本调查报告提供中国 10 到 18 岁儿童(到 2016 年 7 月为止)道德观念、道德情感、道德理性、道德行为、德育方式、成长困扰 6 个指标的整体状况,以及其年龄、性别、区域、城乡、家庭生活方式、生活满意度和民族因素的相关情况,以此把握 2016 年中国儿童道德发展的整体情况、趋势特点与影响因素。整体结构如下图所示:

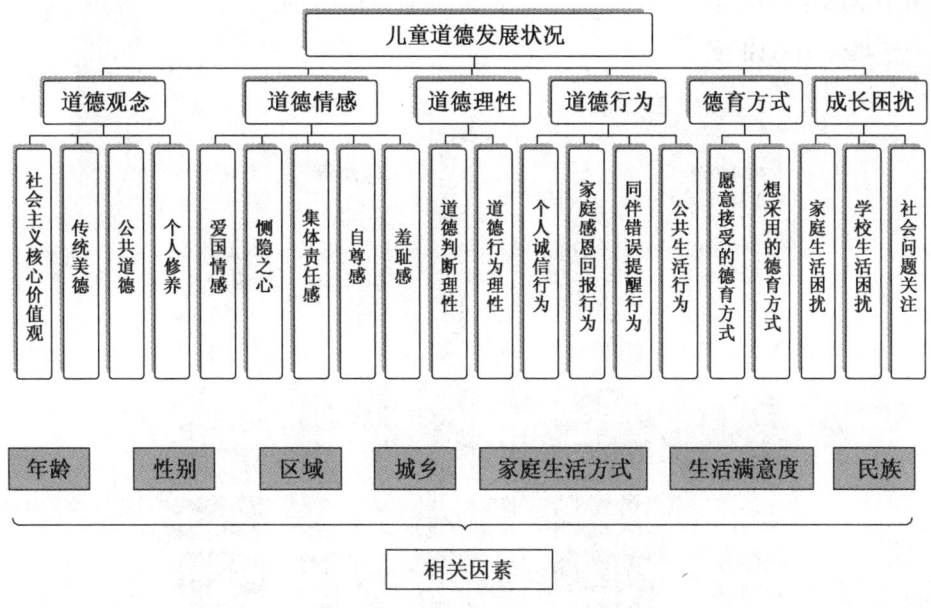

中国儿童道德发展状况整体结构图

调查对象

包含道德观念、道德情感、道德理性、道德行为、德育方式及成长困扰因素在内的综合性问卷,不同于标准化的测验,也不同于心理学的量表,而是更接近于社会调查,因此,其调查的信度与效度,跟样本选取的代表性与普遍性有着密切的关系。

为最大限度了解中国儿童道德发展的整体面貌,我们在取样时选择了分组分层相结合的取样方式。本次调查取样以全国七大行政区东北、西北、华北、华中、华东、西南、华南为分组,每个大行政区选择一个省份(自治区、直辖市)(华南地区选择了两个)作为一层样本,每省(自治区、直辖市)选择一个地级市作为二层样本,各市选择城市中心区(城市)、城市新兴区(城乡接合部)、一个县(农村)作为三层样本,各区(县)选择优质、普通及薄弱小学、初中、高中各一所作为四层样本,各学校以年级为单位,以 7 个班为年级班数上限进行采样,作为五层样本。此次调查样本总量涵盖 7 个省(自治区、直辖市)、21 个区(县)、189 所学校,对象为小学四年级到高中三年级(4～12 年级)儿童,分别对应 10 到 18 岁儿童。

具体图示如下:

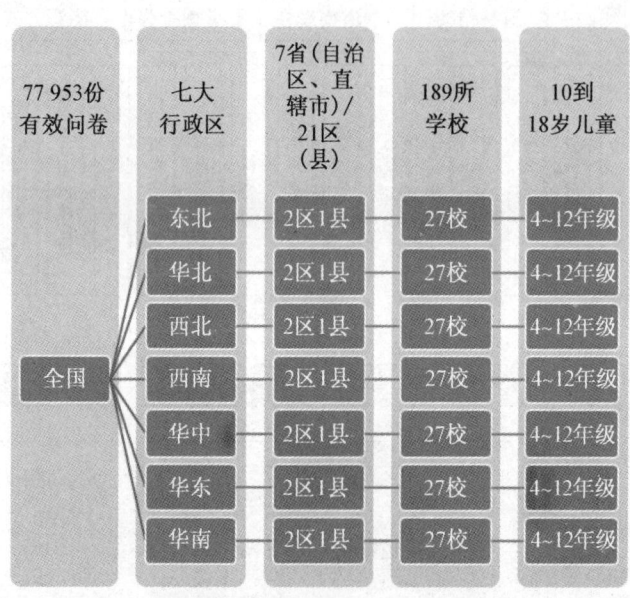

全国七大行政区分组分层取样详情图

其中,黑龙江省作为东北地区取样代表,河北省作为华北地区取样代表,宁夏回族自治区作为西北地区取样代表,重庆市作为西南地区取样代表,湖北省作为华中地区取样代表,浙江省作为华东地区取样代表;考虑到华南地区内部发展差异较大的现实情况,取深圳市作为华南地区城市发展样本代表,海南省作为华南地区一般发展样本代表。此套丛书即以此次数据采集为依据,是上述各省(自治区、直辖市)再加上江苏省的儿童道德发展报告的单行本的合辑。为方便大家了解各省(自治区、直辖市)与全国儿童道德发展状况的比较,每个分册在基本结论部分提供了相应的全国数据。

解读说明

这是首次全国范围大样本的儿童道德发展状况调查,在问卷编写、取样设计与结果处理中都面临着重大的困难,虽多方努力,但仍存在着一定的不足,如取样不能在各个维度上与人口学样本完全一致,问卷调查的方法对了解儿童道德发展状况的有效性有待验证,类别变量差异检验因样本量过大而且不均衡可能存在偏差等。存在不足,知道不足,不断克服与改进这些不足,需要我们长期的努力,也提醒我们对调查结果本身保持应有的理性。由此,课题组明确以下几个方面的问题,提请大家在阅读与使用本丛书时注意。

首先,此调查报告提供当代儿童的整体状况,不适用于个体道德状况的诊断。

由于道德发展本身的社会情境性、长期性以及道德动机的内隐性特征,道德测评至今在理论上与现实中都还是难题。小样本的个案跟踪可以提供个案的深入细致的道德发展过程,发现道德成长的特殊文化机制与困境,有望对个体道德发展状况做较准确的判断,但因其个体化特征,无法对群体的整体状况做出推断;而大样本的问卷调查(如此次调查)难以对个体道德成长进行深入了解,但在了解当代中国儿童道德发展的整体特征以及发展趋势上有着其他方法不能媲美的优势,也可以呈现不同群体间的整体差异与变化。例如,高中生、初中生和小学生的道德发展差异,不同家庭生活方式的儿童,如留守儿童与跟父母一起生活的儿童道德成长的整体差异等。把握整体情况与群体差异及整体趋势与倾向,才可能超越个体经验与个案的视野,制定各自适宜的教育策略,避免以偏概全。此调查报告属于大样本的问卷调查,因而适宜以此了解当代儿童道德发展的整体情况与趋势，不能作为个体道德成长判断的依据；可以以此了解不同群体儿童道德发展的整体状况，但也要注意避免将其中的结论当作特定群体的道德标签。如调查发现，留守儿童群体在道德发展上面临更大的困境，是当前道德发展的弱势群体。这个结论意味着相对于与父母一起生活的儿童而言，留守儿童整体上感受到成长困扰的比例更高，在更多方面表现出值得关注的道德发展倾向，但不意味着每个留守儿童都如此，也不意味着所有留守儿童在道德成长上都处于弱势状态。多数留守儿童在道德成长上是健康的，只是这样的儿童在留守儿童中的比例，明显低于与父母一起生活的儿童群体中的相应比例。因而，不可以以此作为留守儿童个体或者群体的道德成长标签，但只有了解此情况，国家和相关区域才可能采取相应的针对性策略，与学校教育一起帮助更多的留守儿童走出困扰，健康成长。

其次，道德是一种综合性极强的实践智慧，对道德发展状况的理解必须是整体性的、综合性的，不能只考虑单一因素或者将各因素简单相加。

理论上品德包括知、情、行三因素或者知、情、意、行四因素，同时强调这些因素间的相互影响、相互制约的关系，因而，知行脱离或者知行不一长期以来被当作道德教育要解决的难题。道德发展状况的研究，要特别关注几个因素间的内在联系和一致性。为了了解儿童道德发展的多因素状况，此次调查内容涉及儿童的价值观念、道德情感、道德判断以及道德行为表现等几个方面。结果显示，知行不一的问题，并非当代儿童道德成长中的普遍状况。在某些方面，儿童的价值观、情感与行为表现出高度的内在统一性，如对孝敬和诚信，儿童既在观念上有较高的认同度，也在行为上表现出跨越年龄的高度普遍性，而对规则的认可，也在道德判断与道德行为中有着较突出的一致性。由此可见，孝敬、诚信和守规则是当代儿童较为稳定的道德品质。而在另一些方面，如关心他人，90%以上的儿童对弱势群体有着关怀的情感，但只有不到一半的儿童会真的施以援手，其他儿童仅限于同情，在行为上，一方面寄希望于有好心人去帮助他们，另一方面担心自己惹上麻烦而选择观望或者避开，可见，在关心他人方面儿童存在着某种程度的情感与行为间的不一致性，说明这一品质在当代儿童身上还不稳定，或者出于多方面条件的限制，还有较大的提升空间。综合地考察儿童道德发展的各个因素，尤其是注意各个因素间的一致性状况，从而发现儿童的稳定性道德品质，以及尚需要注意培养的品质,特别是发现不同年龄儿童道德成长的不稳定层面,才能制定针对性的学习内容和培养方案。

再次,道德是一种"中庸"的状况,"持续增长"的发展观念不适用于理解儿童的道德发展。

受现代化发展观的影响,很多人已经习惯把"增长"看作发展的表现,将"下降"理解为退步的象征,这一观念,在道德发展中并不适用。中西方传统哲学有着很大的差异,但亚里士多德和孔子,都将"中庸"作为德性的特点。孔子强调"过犹不及"和"君子中庸",亚里士多德则认为"德性是适度",这是道德品质的特殊性。依据这样的观念,道德情感过度强烈与不彰都不是美德的内在要求,与美德相宜的,是"中",是恰到好处。依据儿童道德发展报告的结果,儿童的爱国情感、集体责任感、恻隐之心、自尊感以及羞耻感,都在不同程度上表现出随年龄增长而下降的趋势,但不能由此简单地认为这是一种道德发展的下滑或者后退的标志。年龄小的儿童思虑简单,情感表现单纯强烈,容易出现冲动的行为反应,从道德是一种慎思后的表现以及中庸的视角看,这不是道德成熟或较高水平的表现。进一步的数据分析可以印证这一点。道德情感的强度,由于加入了不同的原因(理性或者思虑)而表现出消减,如将国际比赛中的成绩归因于个人荣誉比例的小幅上升导致了爱国情感随年龄增长的小幅下降;将当众批评归因于他人过错比例的上升导致了羞耻感的明显下滑。同时,也要注意一些细微的内在变化。如,虽然整体上恻隐之心的比例没有出现随着年龄增长的明显下降,但儿童的内心感受却发生着微妙的变化:随着年龄的增长,更多儿童限于同情的感受,寄希望于好心人对弱势者履行帮助,而非亲自施以援手。这看上去是同情的强度发生了变化,或者处理同情心的方式发生了变化,而这种变化,部分应源于基于现实情况的慎思——多数儿童在经济上不独立,直接助人的能力有限,部分则可能源于个体功利的道德思维倾向。

最后,当代儿童的道德成长是文化社会性的,也是时代性的。

儿童的道德发展是普遍性的,还是具有文化和社会的特殊性?这在理论上依然是有争议性的话题。到目前为止,国际上尚没有公认的常模,也没有较为权威的整体道德发展量表。此次调查发现,在道德认知发展形式上,中国10到18岁儿童表现出完全不同于西方经典理论(科尔伯格道德认知发展的三水平六阶段理论)的发展模式。中国儿童的道德认知判断理由,呈现多元并存状态,且呈现一种非阶段性发展模式。这个结果为儿童道德发展的文化和社会的特殊性论断提供了佐证,提醒中国的教育理论与实践要对中国儿童道德成长的文化特殊性保持足够的敏感度,努力研究中国儿童发展的特点、问题与趋势,不可完全用其他文化、社会情境中儿童发展的模式来思考中国儿童的道德成长问题,更不能把其他国家儿童发展中的问题简单地当作是当代中国儿童发展的问题。当然,确认一个结论,仅一次调查是不够的,还有待在后期的跟踪中进一步深入地研究。

调查发现的儿童道德成长的文化与社会特殊性的另一个佐证,是中国传统道德观在当代儿童身上的明显印迹,最为典型的是孝敬。上文提到,在当代儿童身上,孝敬的美德,从观念到行为,保持着高度的内在一致性。这是其他文化中的儿童所没有的。如果说道德认知判断发展模式的不同,体现的是道德发展形式上的文化特殊性,孝敬这一中国文化的特有内涵在中国儿童身上的烙印,则是在内容上体现了中国儿童道德发展的特色。自然,选择哪些中国传统文化道德通过教育的途径加以传承,是当前中国文化重建的重大问题之一。

中国儿童道德发展的特殊性,还表现在其发展倾向上。调查发现,当代儿童在肯定性道德判断分化后,更普遍地把个体功利作为理由,把规则与法律作为否定性道德判断的理由;在责任承担上,随着年龄的增长,更普遍有着"自扫门前雪"的心态与行动,这当然也是一种承担责任的方式,但显然是一种与集体或者公共责任间的联系不够紧密和明显的承担方式。规则与法律的行为规范性功能的突显,当然是非常重要的一个方面,但这也可能是当下规则与法律的禁令性倾向明显、权利保障略显不足的现实在儿童观念与思维方式上的反映。这些,都是中国社会的特殊性的体现,也是时代性的体现,是值得国家、社会关注的当代儿童道德成长倾向。这提示我们要从顶层设计出发,通过课程与学校活动,以及社会媒体的舆论导向,对儿童道德成长中的一些偏向进行分阶段、有针对性的引导,同时通过不同层次的法治建设活动,调整规则与法律的禁令性倾向,引导儿童健康成长。

致谢

本次调查由教育部人文社会科学重点研究基地南京师范大学道德教育研究所、南京师范大学立德树人协同创新中心共同组织开展,同时得到兄弟高校,各省(自治区、直辖市)、市、区教育研究院或教育厅(局)的大力协助与支持,他们是(排名不分先后):

黑龙江省教育学院

黑龙江省哈尔滨市南岗区教师进修学校

黑龙江省鹤岗市教师进修学院

黑龙江省穆棱市教育局

河北师范大学教育学院

河北省石家庄市教育局

宁夏大学教育学院

宁夏回族自治区教育厅师资处

湖北省教育科学研究院

湖北省武汉市教育科学研究院

重庆市教育科学研究院

江苏省南京市教育科学研究所

江苏省南京市鼓楼区教育局

江苏省南京市栖霞区教育局

江苏省丹阳市教师发展中心

海南省教育研究培训院

此次调查,上海闻政教育管理咨询有限公司给予了免费数据技术支持,在此一并表示感谢!

中国儿童道德发展数据库建设课题组

孙彩平

2018 年 12 月

前　言

在"互联网+"时代,教育研究者需要拥有大数据思维,我们从事教育学专业学习与德育实践研究20年以来,深刻意识到德育研究也需要有定量研究的意识。通过相关调查数据分析了解所在区域、城市、学校学生的道德发展水平,对学校德育与时俱进地紧贴学生道德发展实际,紧贴时代发展的脉搏,十分必要。

本课题研究此次选取了南京市和丹阳市(县级)为代表,进行抽样调查。在学校选取上,兼顾了城市学校与农村学校、名校与普通学校、规模较小的学校与规模较大的学校、优质学校与薄弱学校、老城区学校与新城区学校。在年级选取上,跨度从小学到高中,覆盖了整个基础教育阶段。根据各学校的现实情况,此次研究在南京地区共抽取了18所学校,包括鼓楼区3所小学、3所初中、3所高中,栖霞区3所小学、3所初中、3所高中;同时,还在丹阳地区共选择了9所学校,包括小学、初中、高中各3所。此次调研共完成问卷8 698份。

开展本次儿童道德发展大数据研究,旨在把握江苏省青少年儿童道德发展状况和发展的规律性,为江苏省更好地开展青少年儿童德育教育工作提供支撑。通过对南京儿童道德发展的调查,我们形成了如下认识:① 生活满意程度、家庭生活方式(是否与父母一起生活)是影响儿童道德成长的限制性因素。留守儿童处于道德发展的不利境地,各项指标的发展情况与其他家庭生活方式的孩子有着较大差距。② 儿童的道德发展在多方面表现出明显的性别差异。③ 实际锻炼法和说理教育法是儿童普遍愿意接受的德育方式。④ 10到18岁儿童在道德行为方面普遍表现良好,诚信行为、感恩回报行为和遵守规则行为均保持较高比例,各种道德行为发生频率整体上随年龄增长普遍呈现下降的趋势。⑤ 绝大多数儿童有明确而积极的道德情感,年龄不同,道德情感的表达也存在一定差异。

基于以上对儿童道德发展以及儿童道德教育的相关因素的认识,基于对客观真实的调查数据的尊重,学校须及时、有针对性地通过多种途径关注青少年儿童道德教育,以达到道德教育的科学性、有效性和专业性。

在这次调研过程中,我们要特别感谢南京市鼓楼区教育局朱映红科长、何颖老师,栖霞区教育局姜莉科长,丹阳心理健康教育团队的部分老师以及参与调查的 27 所学校的领导、老师及同学们的共同配合与积极努力,没有他们的努力付出,本次调查研究就没有办法完成。愿本研究成果能够服务学生与学校,不辜负为研究付出的所有努力。

李亚娟　耿振美　张馨萌

目 录

序 言   1
前 言   1

Ⅰ 报告基本情况说明

1 问卷编制与施测   3
    1.1 问卷编制   3
    1.2 施测情况及数据处理   3

2 江苏省被试基本情况   5

3 基本结论   7
    3.1 整体结论   7
    3.2 分项结论   12

Ⅱ 江苏省各项指标的详细数据分析

1 江苏省儿童价值观发展状况   31
    1.1 社会主义核心价值观   31

1.2	传统美德	48
1.3	公共道德	53
1.4	个人修养	59

2　江苏省儿童道德情感发展状况　65

2.1	爱国情感	65
2.2	关爱情感	71
2.3	集体责任感	78
2.4	自尊感	85
2.5	羞耻感	92

3　江苏省儿童道德理性发展状况　99

3.1	儿童道德判断水平发展状况	99
3.2	儿童道德行为理由	123

4　江苏省儿童道德行为发展状况　131

4.1	个人诚信行为	131
4.2	家庭感恩回报行为	137
4.3	同伴错误提醒行为	143
4.4	公共生活行为	149

5　江苏省儿童愿意接受的道德教育方式　164

6　江苏省儿童成长的困扰　171

6.1	家庭生活困扰	171
6.2	学校生活困扰	178

Ⅰ 报告基本情况说明

1 问卷编制与施测

1.1 问卷编制

《儿童道德发展状况问卷》是在查阅国内外相关文献的基础上,邀请了道德教育、教育发展心理学、道德发展心理学、教育社会学、社会学等领域的专家学者共同研制而成的。问卷的自然情况包括性别、年段(龄)、所在省份、学校所在地(城乡)、生活满意度、家庭生活方式6个方面。主体问卷以选择题为主、扩展填空题为辅,共23题,涵盖儿童道德观念、道德情感、道德理性、道德行为、愿意接受的德育方式、成长困扰6个指标。

1.2 施测情况及数据处理

1.2.1 试测

2015年1月到3月,课题组先在江苏、安徽、山东范围内,邀请小学四年级到高中三年级儿童各5到10人试填写了问卷,根据试测结果和反馈,对各年段的问卷进行了调整。

1.2.2 施测

正式施测在2016年4月到7月间,通过网络问卷与纸质问卷发放相结合的方式实行。在相关省(市)师范大学教育科学学院、教育厅(局)、教育科学研究院

(教研室)的大力协助下,共发放纸质问卷 42 000 份,同时有约 40 000 名儿童参与了网络问卷填写,最后回收到网络问卷和纸质问卷共 78 956 份,回收率为 96.29%。剔除无效问卷 1 003 份,得到有效问卷 77 953 份,有效问卷回收率为 95.06%。在江苏省回收有效问卷 8 698 份。

本次调查对象为小学四年级到高中三年级儿童,年龄分别对应 10 到 18 岁。样本选取涵盖城市中心区(大中城市)、城市新兴区(城乡接合部/小城镇)、农村,各区(县)选择重点、普通及薄弱小学、初中、高中各 1 所。学校以年级为单位进行采样,以 7 个班为年级班数上限。

1.2.3 数据处理方法

课题组使用 IBM SPSS Statistics 22 数据分析软件进行数据分析。由于数据是分类变量而非连续变量,因而对各类儿童的道德发展状况进行差异检验时,采用列联表分析中的卡方检验(Chi-square test)的方法。

通过列联表卡方检验,可以得到卡方值、显著性概率值(P)以及调整后的残差值(AR)。在非参数检验的列联表中,通过观察卡方值和 P 值可以初步判断数据之间的相关性,即两类变量之间的相关性。如果卡方值的显著性小于或等于 0.05,即 $P \leqslant 0.05$,说明自变量(年段、性别、城乡等)各水平类别在所有反应变量(问卷中的各选项)上至少有一个反应变量的人数比例间有显著差异。卡方值越大 P 值就越小,差异就越显著。具体而言:

若 $P \leqslant 0.01$,表示差异非常显著;

若 $0.01 < P \leqslant 0.05$,表示差异比较显著;

若 $P > 0.05$,表示两个类别变量之间没有显著差异。

若 $P \leqslant 0.05$,则进一步考察交叉表中调整后的残差值(AR),由此可以获知具体的哪一个或者哪一些反应变量的人数比例间存在显著差异。

若 $|AR| > 2.58$,代表差异非常显著;

若 $1.96 < |AR| \leqslant 2.58$,代表差异比较显著;

若 $|AR| \leqslant 1.96$,代表差异不显著。

本研究调查结果中个别指标因不具有统计意义或比较意义,在书中不作差异性分析和说明。由于本研究中数据的小数点后数值按四舍五入取值,部分指标加总后可能总体有轻微出入。

2 江苏省被试基本情况

江苏省被试基本情况如下表所示：

特征		样本量	百分比
性别	男	4 589 人	52.76%
	女	4 109 人	47.24%
年段(龄)	小学高段 10 岁	855 人	9.83%
	小学高段 11 岁	1 393 人	16.02%
	小学高段 12 岁	983 人	11.30%
	初中 13 岁	1 703 人	19.58%
	初中 14 岁	849 人	9.76%
	初中 15 岁	488 人	5.61%
	高中 16 岁	1 914 人	22.01%
	高中 17 岁	283 人	3.25%
	高中 18 岁	230 人	2.64%
城乡	大中城市	6 071 人	69.80%
	小城镇	2 520 人	28.97%
	乡村	107 人	1.23%
生活满意度	很满意	4 573 人	52.58%
	基本满意	3 796 人	43.64%
	不满意	329 人	3.78%

(续表)

特征		样本量	百分比
家庭生活方式	和爸妈、爷爷奶奶经常住在一起	5 285 人	60.76%
	和爸妈经常在一起	2 539 人	29.19%
	父母(1人或2人)常年在外打工	377 人	4.33%
	单亲家庭	346 人	3.98%
	离异再组合家庭	151 人	1.74%

3 基本结论

3.1 整体结论

(1) 江苏省儿童在社会主义核心价值观方面,对和谐的关注度略高于全国平均水平,对平等和文明的关注度略低于全国平均水平。相较全国平均水平,江苏省儿童对传统美德中的孝敬父母的关注度明显较低;江苏省儿童对公共道德中的廉洁奉公的关注度明显更高;同时在个人修养方面,江苏省儿童对勤奋的关注度略高。

国家层面,10到18岁儿童普遍比较看重和谐、文明两项价值观,但儿童对这两项价值观的关注度随着年龄的增长整体上呈下降趋势,对富强、民主的关注度则有所上升(见图1-3)。社会层面,10到13岁儿童看重平等的人数比例整体上呈缓慢上升趋势,14到18岁儿童看重平等的人数比例整体上呈下降趋势;随着儿童年龄的增长,看重法治的人数比例整体上呈缓慢上升的趋势,看重自由和公正的人数比例都呈上下波动状态(见图1-10)。个人层面,13到15岁儿童看重诚信的人数比例整体上呈下降趋势,看重敬业的人数比例整体上呈上升趋势,除此之外,不同年龄的儿童对各项价值观的看重程度虽然不同,但随年龄变化的趋势并不十分明显(见图1-17)。

传统美德方面,不同年龄的儿童都很看重孝敬父母;同时,不同年龄儿童之间对各项传统美德的关注度虽略有差异,但整体上随年龄变化的趋势不明显。(见图1-24)

公共道德方面,12至17岁儿童随着年龄的增长看重廉洁奉公的人数比例整体上呈下降趋势,看重按规则办事的人数比例逐渐上升。不同年龄的儿童虽然对正义、不影响他人两项公共道德的关注度不同,但整体上变化趋势不明显。(见图 1-31)

个人修养方面,随着年龄的增长,儿童对勤奋的关注度整体上呈下降趋势,对自省、节制的关注度逐渐上升,对大度的关注度则基本上不随年龄的增长而发生变化。(见图 1-38)

(2) 江苏省绝大多数儿童有明确而积极的道德情感,年龄不同,道德情感的表达存在一定差异。其中,江苏省儿童的爱国情感、关爱情感、责任感、自尊感与全国平均水平基本持平,羞耻感明显高于全国平均水平。

85.29%的儿童因中国运动员在国际比赛中获得冠军而敬佩和激动(全国:85.78%),其中38.46%的儿童表示十分激动,觉得中国人是好样的,46.83%的儿童认为这个运动员为国争光,表示很敬佩;高中年段的儿童比初中和小学年段的儿童更倾向于将此事归于运动员很厉害,小学年段的儿童更倾向于将此事归为对运动员个人的敬佩与对自己的激励。(见图 2-1,2-2)

91.71%的儿童对弱势群体具有明显的关爱情感(恻隐之心)(全国:91.07%),但儿童表现关爱情感的方式不同。小学年段的儿童更倾向于尽己所能施以援手,高中年段的儿童更倾向于希望有好心人去帮助他们。(见图 2-8,2-9)

85.65%的儿童表现出明显的集体责任感(全国:85.41%),其中38.69%的儿童会通过管好自己为他人做表率,46.96%的儿童会说服全班同学共同维护班集体的卫生。随着年级的上升,会说服全班同学共同维护班级卫生的比例整体上呈下降趋势。(见图 2-15,2-17)

82.97%的儿童自尊感普遍表现强烈(全国:82.88%),其中69.69%的儿童在犯错误被老师当众批评后,都会决心日后要改正。随着年级的升高,儿童选择"日后一定要改正,找回尊严"的比例整体上呈下降的趋势。(见图 2-22,2-24)

儿童普遍具有很强的羞耻感,54.85%的儿童会为自己因作弊得到高分受到表扬而感到羞耻(全国:50.13%);25.35%的儿童认为抄袭是作弊,以后不能这么做了。小学和初中年段的儿童为作弊感到羞耻的比例高于高中年段的儿童。

随着年龄增长,选择"很纠结,有些高兴,也有些害怕"(非羞耻感)的比例整体上呈上升趋势,认为"抄袭是作弊,以后不能这么做了"的比例各年级基本持平,变化不大。(见图 2-29,2-30,2-31)

(3) 江苏省儿童能够做出明确的道德判断的人数比例略低于全国平均水平,对规范的认同程度明显高于全国平均水平,10 到 18 岁儿童在道德推理判断、道德行为理由方面表现出不同年龄差异。

在道德理性判断方面,27.43%的儿童不能做出明确的道德判断,处于道德判断发展的矛盾期或过渡期。六年级儿童容易面临道德困惑的人数比例最高,占 35.50%。(见图 3-1,3-3)

在"肯定性"道德判断方面,随着儿童年龄的增长,处于阶段六"以普遍伦理原则为价值取向"的人数比例呈下降趋势,在阶段六选项上,小学四年级儿童人数比例最高,高一年级儿童人数比例最低;随着儿童年龄的增长,处于阶段二"以个人的功利与交换为价值取向"的儿童人数比例整体上呈上升趋势,高中二年级儿童处于阶段二的人数比例整体上高于其他年级的儿童。(见图 3-10)

在"否定性"道德判断方面,随着儿童年龄的增长,处于阶段五"以社会契约为价值取向"的人数比例整体上呈上升趋势;处于阶段四"以法律与秩序为价值取向"的人数比例整体上呈下降的趋势。(见图 3-17)

在"两难性"道德判断方面,小学四年级至高中三年级的儿童处于阶段六"以普遍伦理原则为价值取向"的人数比例高于处于其他阶段的人数比例。(见图 3-24)

在认可的道德行为理由上,70%以上的儿童把社会规范作为道德行为的理由(见图 3-29)。初中年段的儿童把主流的社会观念或者规范作为道德行为理由的人数比例随年龄的增长呈下降趋势。随着年龄的增长,儿童选择其他道德行为理由的人数比例变动不大(见图 3-31)。

(4) 10 到 18 岁儿童在道德行为方面普遍表现良好,能够做到诚信、感恩回报、遵守规则的儿童人数比例高于全国平均水平,各种道德行为的积极性表现皆呈波动状态而非线性发展模式。

86.91%(全国:85.36%)的儿童能做到诚信自律,拿到多找的钱时会还回去,但选择这样做的人数比例随着年龄的增长整体上呈现下降趋势,到高三时减

少到 86.96%(全国:75.70%)。(见图 4-1,4-3)

79.97%(全国:77.77%)的儿童在家庭生活中能经常感恩回报,人数比例随着年龄的增长变化不大,但总体差异非常显著。(见图 4-8,4-10)

69.45%(全国:68.61%)的儿童会主动提醒同伴的错误,但这样做的人数比例随着年龄的增长总体呈现下降趋势,到高一降到最低点 60.45%。(见图 4-15,4-17)

55.68%(全国:55.12%)的儿童通常不会在公共场所因一己之私违反规则,在初三达到最低值(50.00%)。(见图 4-22,4-24)

43.44%(全国:45.68%)的儿童在看到弱势人群陷入困境时会施以援手,并在必要时寻求周围人的帮助;选择上前制止的人数随着年龄的增长呈现下降的趋势,但高三又达到了最高值(51.73%),会上前劝止并提出警告的人数呈现明显的下降趋势,高三达到最低值 8.70%。(见图 4-29,4-31)

(5) 江苏省儿童在德育方式的选择方面与全国状况相同,实际锻炼法和说理教育法是儿童普遍愿意接受的德育方式。

实际锻炼法(39.48%,全国:33.34%)和说理教育法(24.38%,全国:24.80%)是儿童普遍愿意接受的道德教育方式。其中,实际锻炼法是儿童最愿意接受的道德教育方式。从整体上看,说理教育法的受欢迎程度有随着年龄的增长而略显下降的趋势。(见图 5-1,5-2)

(6) 江苏省儿童中对生活很满意的人数比例低于全国平均水平,对生活基本满意的人数比例高于全国平均水平。学业压力是江苏省儿童的主要家庭困扰,有此困扰的儿童人数比例低于全国平均水平。

学业压力是江苏省儿童感受到的最为普遍的家庭困扰,小学(26.74%)和初中(26.51%)阶段是儿童学业压力最普遍的时期(见图 6-2);上课无趣是儿童感受到的最普遍的学校困扰(小学:20.89%,初中:19.64%,高中:19.74%)(见图 6-9),儿童受学校学习环境困扰的比例波动上升,在高三时学习环境困扰甚至成为最普遍的学校困扰(见图 6-10)。

(7) 江苏省儿童在道德发展方面与全国状况相同,道德行为表现和所受道德困扰存在一定的性别差异。

相对而言,女生在诚信、感恩回报、不因私违规行为方面的比例高于男生(女生:88.95%,82.53%,62.94%,男生:85.07%,77.69%,49.18%),在扶助弱势人群和施以援手行为方面的比例稍高于男生(女生:44.03%,男生:42.91%);女生没有家庭生活困扰和学校生活困扰的比例高于男生(女生:54.32%,39.43%,男生:48.46%,36.28%)。

男生在家庭中更普遍感受到学业压力、严厉的批评与体罚、与家人关系不和谐以及家里缺钱用的困扰(男生:26.63%,5.25%,10.76%,6.23%,女生:25.07%,3.41%,9.00%,5.38%),在学校更普遍感受到同学关系、学习环境、老师上课无趣和学校处理事情不公平的困扰(男生:15.25%,12.25%,20.48%,11.51%,女生:14.75%,11.61%,19.74%,9.37%)。(见图6-4,6-11)

(8) 江苏省留守儿童处于道德发展的不利境地,各项指标的发展情况与其他家庭生活方式的儿童有着较大差距。这与全国相关结论保持一致。

留守儿童的诚信行为低于最高值约10个百分点(见图4-7),经常回报家庭的感恩行为低于最高值约12个百分点(见图4-14),提醒同伴错误的行为低于最高值约10个百分点(见图4-21),制止对弱势处境者不利的行为低于最高值约8个百分点(见图4-35);更普遍地受到来自家庭的人际关系(高出最低值约4个百分点)和经济困难问题(高出最低值约4个百分点)的困扰(见图6-7);更普遍存在来自学校的同学关系(高出最低值约3个百分点)和学习环境(高出最低值约6个百分点)的困扰(见图6-14)。

(9) 生活满意程度、家庭生活方式(是否与父母一起生活)是影响江苏省儿童道德成长的限制性因素。

和父母(46.93%,61.89%)、父母及祖辈(48.13%,59.24%)生活在一起的儿童较其他家庭生活方式的儿童更少受家庭生活和学校生活的困扰(见图6-7,6-14)。对生活很满意的儿童没有家庭生活困扰和学校生活困扰(58.63%,45.31%)的人数比例高于对生活基本满意(44.26%,30.43%)和不满意(28.88%,17.63%)的儿童(见图6-6,6-13)。与父母一起生活、生活满意度高的儿童的各项道德发展性指标处于优势,道德观念积极开放,道德情感积极稳健,道德判断理性水平较高,积极性道德行为的出现频率也较高。

3.2 分项结论

3.2.1 儿童的价值观

(1) 江苏省儿童对社会主义核心价值观中诚信和和谐的关注度高于全国平均水平,对平等和文明的关注度低于全国平均水平。

97%左右的儿童都有自己关注的社会主义核心价值观。诚信(58.82%,全国:57.98%)、和谐(34.49%,全国:32.85%)、平等(33.98%,全国:35.63%)、文明(32.87%,全国:34.57%)都是儿童普遍比较看重的社会主义核心价值观。儿童对各层面社会主义核心价值观的关注,存在多维度的显著差异。

年段差异 国家层面,小学生更看重文明、和谐(全国:和谐),初中生更看重民主(全国:文明),高中生更看重富强(全国:民主、富强)(见图1-2);社会层面,小学生更看重平等、公正(全国:平等、公正),高中生更看重自由、法治(全国:自由)(见图1-9);个人层面,小学生更看重诚信(全国:诚信),初中生更看重敬业(全国:敬业),高中生更看重友善(全国:友善)(见图1-16)。

性别差异 国家层面,男生更看重富强、民主(全国:民主、富强),女生更看重文明、和谐(全国:文明、和谐)(见图1-4);社会层面,男生更看重自由(全国:自由),女生更看重平等、公正、法治(全国:平等、公正、法治)(见图1-11);个人层面,男生更看重敬业(全国:敬业),女生更看重诚信、友善(全国:诚信、友善)(见图1-18)。

城乡差异 国家层面,大中城市儿童更看重文明、和谐(全国:文明),乡村儿童更看重富强、民主(全国:富强)(见图1-5);社会层面,大中城市儿童更看重平等、公正(全国:自由、法治),乡村儿童更看重自由、法治(全国:公正)(见图1-12);个人层面,大中城市儿童更看重诚信(全国:诚信、友善),小城镇儿童更看重友善,乡村儿童更看重敬业(全国:敬业)(见图1-19)。

生活满意度差异 国家层面,对生活很满意的儿童更看重文明、和谐(全国:文明、和谐),对生活不满意的儿童更看重富强、民主(全国:富强、民主)(见图1-6);社会层面,对生活很满意的儿童更看重平等、公正、法治(全国:平等、公正、法治),对生活不满意的儿童更看重自由(全国:自由)(见图1-13);个人层面,对生活很满意的儿童更看重敬业、诚信(全国:诚信),对生活不满意的儿童更看重友善(全国:敬业、友善)(见图1-20)。

家庭生活方式差异 国家层面,单亲家庭的儿童更看重富强、民主,与父母生活在一起的儿童更看重文明(全国:文明),离异再组合家庭的儿童更看重和谐(见图1-7);社会层面,单亲家庭的儿童更看重自由、平等和法治,离异再组合家庭的儿童更看重公正(全国:自由)(见图1-14);个人层面,留守儿童更看重敬业(全国:敬业),与父母生活在一起的儿童更看重诚信(全国:诚信),离异再组合家庭的儿童更看重友善(全国:友善)(见图1-21)。

(2) 在传统美德方面,江苏省儿童对谦虚礼让和勤劳节俭的关注度高于全国平均水平。

97.08%的儿童都有自己关注的美德。儿童最为看重的是孝敬父母,占53.60%(全国:56.43%),其次是谦虚礼让(19.31%,全国:16.53%)、忠于国家(10.66%,全国:11.77%)、勤劳节俭(10.09%,全国:9.51%)。儿童对传统美德的关注存在多维度差异。(见图1-22)

年段差异 小学生更看重忠于国家、谦虚礼让(全国:忠于国家);高中生更看重孝敬父母、勤劳节俭(全国:孝敬父母)。(见图1-23)

性别差异 男生更看重忠于国家、勤劳节俭(全国:忠于国家、勤劳节俭);女生更看重孝敬父母、谦虚礼让(全国:孝敬父母、谦虚礼让)。(见图1-25)

城乡差异 大中城市儿童更看重谦虚礼让(全国:孝敬父母、谦虚礼让);小城镇儿童更看重勤劳节俭;乡村儿童更看重孝敬父母、忠于国家(全国:忠于国家、勤劳节俭)。(见图1-26)

生活满意度差异 对生活很满意的儿童更看重孝敬父母、忠于国家(全国:孝敬父母);对生活基本满意的儿童更看重勤劳节俭(全国:谦虚礼让);对生活不满意的儿童更看重谦虚礼让(全国:忠于国家、勤劳节俭)。(见图1-27)

家庭生活方式差异 与父母生活在一起的儿童更看重孝敬父母(全国:孝敬父母);留守儿童更看重忠于国家、谦虚礼让(全国:忠于国家、勤劳节俭);单亲家庭的儿童更看重勤劳节俭(全国:谦虚礼让)。(见图1-28)

(3) 在公共道德方面,江苏省儿童对廉洁奉公的关注度高于全国平均水平,而在其他几项上,儿童的关注度与全国平均水平基本持平。

97.68%的儿童都有自己关注的公共道德。正义(29.42%,全国:30.11%)和廉洁奉公(27.35%,全国:23.96%)是受关注度最高的两项公共道德,儿童其次比较关注的是按规则办事(20.60%,全国:21.82%)、不影响他人(18.62%,全国:19.47%)。儿童对公共道德的关注存在多维度差异。(见图1-29)

年段差异 初中儿童更看重正义和廉洁奉公(全国:廉洁奉公),高中儿童更看重按规则办事、不影响他人(全国:不影响他人)。(见图1-30)

性别差异 男生更看重正义(全国:正义),女生更看重按规则办事、不影响他人、廉洁奉公(全国:不影响他人、廉洁奉公)。(见图1-32)

城乡差异 大中城市儿童更看重正义、按规则办事(全国:不影响他人),小城镇儿童更看重廉洁奉公(全国:廉洁奉公),乡村儿童更看重不影响他人。(见图1-33)

生活满意度差异 对生活很满意的儿童更看重按规则办事、正义、廉洁奉公(全国:正义、廉洁奉公),对生活不满意的儿童更看重不影响他人(全国:不影响他人)。(见图1-34)

家庭生活方式差异 与父母生活在一起的儿童更看重正义、廉洁奉公(全国:廉洁奉公);单亲家庭的儿童更看重按规则办事(全国:不影响他人);留守儿童更看重不影响他人(全国:按规则办事)。(见图1-35)

(4) 在个人修养方面,江苏省儿童对不同价值观的关注度与全国平均水平基本持平。

96.92%的儿童都有自己关注的价值观。勤奋(38.20%,全国:36.10%)是儿童关注度最高的个人修养方面的价值观,其次是大度(25.83%,全国:26.43%)、自省(18.10%,全国:19.45%)、节制(11.13%,全国:10.99%)。儿童对个人修养方面各项价值观的关注存在多维度差异。(见图1-36)

年段差异 小学儿童更看重大度、勤奋(全国:大度、勤奋),高中儿童更看重自省、节制(全国:自省)。(见图1-37)

性别差异 男生更看重大度、节制(全国:节制),女生更看重自省、勤奋(全国:自省、勤奋)。(见图1-39)

城乡差异 大中城市儿童更看重大度、勤奋(全国:自省、大度),小城镇儿童更看重节制(全国:勤奋),乡村儿童更看重自省(全国:节制)。(见图1-40)

生活满意度差异 对生活很满意的儿童更看重勤奋(全国:勤奋),对生活基本满意的儿童更看重自省(全国:自省),对生活不满意的儿童更看重大度、节制(全国:节制)。(见图1-41)

家庭生活方式差异 留守儿童更看重自省;单亲家庭的儿童更看重大度和节制;和父母及祖辈生活在一起的儿童更看重勤奋(全国:大度、勤奋)。(见图1-42)

3.2.2 道德情感发展状况

江苏省儿童整体上有较强烈的爱国情感、关爱情感(恻隐之心)、集体责任感、自尊感和羞耻感等道德情感。

(1) 爱国情感。

85.29%的儿童为中国运动员在国际比赛中获得冠军而骄傲,爱国情感表现强烈(全国:85.78%),在多个维度上存在显著差异。

年段差异 不同年段的儿童的爱国情感表现方式不同,年龄越小,儿童越易将其表现为对运动员的敬佩之情,初中生和高中生比小学生更倾向于觉得中国人是好样的。(见图2-2)

性别差异 87.73%的女生流露出明显的爱国情感(全国:87.49%),比男生(83.09%,全国:84.14%)更加强烈。(见图2-4)

城乡差异 大中城市儿童(47.09%,全国:47.05%)、小城镇儿童(46.55%,全国:48.44%)和乡村儿童(38.32%,全国:43.27%)都更倾向于以他人带来的国家荣誉激励自己。相比乡村和小城镇的儿童,大中城市儿童更倾向于将此事归结于中国人是好样的(39.37%,全国:39.32%)。(见图2-5)

生活满意度差异 88.71%的对生活很满意的儿童表现出普遍的爱国情感(全国:89.40%),对生活基本满意和对生活不满意的儿童的相应数据是83.27%、60.79%(全国:82.86%、67.53%)。(见图2-6)

家庭生活方式差异 48.40%的和祖辈及爸妈经常在一起的儿童(全国:47.01%)和47.02%的离异再组合家庭的儿童(全国:43.35%)会以他人的国家

荣誉行为激励自己;相比其他家庭生活方式的儿童,留守儿童更倾向于把这个行为看作是他人的能力(这个运动员很厉害)。(见图2-7)

(2) 关爱情感。

91.71%的儿童有对弱势人群的关爱情感(全国:91.07%),但在如何表达关心上,表现出显著的差异。

年段差异 小学生(53.33%,全国:56.78%)更倾向于尽己所能亲自去帮助别人,这种倾向随着年龄增长整体上呈下降的趋势;高中生(61.31%,全国:57.61%)更倾向于希望有好心人而非自己去帮助处境不利的人。(见图2-9)

性别差异 女生(94.65%,全国:92.95%)比男生(89.09%,全国:89.26%)表现出更普遍的关爱情感,女生(48.45%,全国:48.44%)更倾向于尽己所能帮助他人(男生相应数据为40.51%,全国:42.75%),男生把帮助他人的希望寄托在好心人身上的比例(48.57%,全国:46.51%)高于女生(46.19%,全国:44.51%)。(见图2-11)

城乡差异 在表达关爱的方式上,大中城市的儿童(45.69%,全国:44.47%)更倾向于尽己所能去帮助他们,小城镇和乡村儿童的相应数据分别为41.59%和26.17%(全国对应数据:48.64%,43.50%)。乡村儿童希望有好心人帮助他们的比例为53.27%(全国:41.09%),高于大中城市儿童(46.48%,全国:48.07%)和小城镇儿童(49.52%,全国:40.68%)。(见图2-12)

生活满意度差异 对生活很满意的儿童(52.13%,全国:54.12%)比对生活基本满意的儿童(36.38%,全国:36.04%)和对生活不满意的儿童(25.84%,全国:27.63%)更倾向于尽己所能去帮忙处境不利的人,而对生活基本满意的儿童(55.74%,全国:54.02%)更倾向于希望有好心人帮助他们(对生活很满意的儿童的相应数据为40.54%,对生活不满意的儿童的相应数据为47.72%,全国对应的数据分别为:38.88%,48.36%)。(见图2-13)

家庭生活方式差异 与父母或者与父母及祖辈生活在一起的儿童,更倾向于尽己所能帮助处境不利的人,数据分别为44.54%和45.18%(全国对应数据分别为:45.58%,48.25%),而单亲、离异再组合家庭的儿童和留守儿童的数据则分别为40.17%、39.07%和40.05%(全国对应数据分别为:39.83%,39.40%,39.39%)。和父母经常在一起及离异再组合家庭的儿童希望好心人帮

助他们的比例最高,分别为48.40%,48.34%(全国对应数据分别为:46.55%,47.05%)。(见图2-14)

(3) 集体责任感。

85.65%的儿童表现出明显的集体责任感(全国:85.41%),但在集体责任感的落实上,存在多维度的显著差异。

年段差异 儿童的集体责任行为呈现随年龄上升整体上呈下降的趋势。小学年段的儿童(四年级最高,为63.16%,全国:63.66%)更倾向于通过说服全班同学一起努力,改变集体的卫生情况(高一最低,为26.33%,全国:34.20%)。高中生更倾向于维护自己所在区域的卫生(49.86%,全国:49.06%),高于小学年段(35.22%,全国:27.73%)和初中年段(33.45%,全国:34.08%)。(见图2-16,2-17)

性别差异 女生(89.25%,全国:87.46%)比男生(82.43%,全国:83.44%)更积极地维护好自己所在区域的卫生或说服全班同学共同维持班级卫生,选择会说服其他同学一起努力(49.23%,全国:49.46%)和会打扫好我所在区域的卫生(40.01%,全国:38.00%)的人数比例均高于男生(比例分别为44.93%,37.50%,全国:47.71%,35.73%)。(见图2-18)

城乡差异 更多大中城市儿童(49.27%,全国:45.97%)会说服全班同学一起努力(乡村儿童和小城镇儿童的相应数据分别为32.71%和42.02%,全国相应数据分别为:49.21%,54.58%),而更多小城镇儿童(40.87%,全国:30.82%)会选择打扫好自己所在的区域的卫生(大中城市和乡村儿童的相应数据分别为37.82%和36.45%,全国相应数据分别为:40.16%,29.81%)。(见图2-19)

生活满意度差异 更多对生活很满意的儿童(54.62%,全国:58.34%)会说服全班同学一起努力(对生活基本满意、不满意的儿童的相应数据是39.41%,27.66%,全国:37.86%,27.15%),更多对生活基本满意(44.18%,全国:44.14%)和不满意(35.87%,全国:38.53%)的儿童会只打扫好自己所在区域的卫生(对生活很满意的儿童的相应比例为34.33%,全国:31.18%)。(见图2-20)

家庭生活方式差异 跟父母及祖辈或者跟父母生活在一起的儿童,更普遍地表现出集体责任感,倾向于说服全班同学一起努力,相应数据分别为48.25%和48.02%(全国相应数据分别为:51.91%,48.64%),然后依次是留守儿童

(39.52%,全国:42.61%)、单亲家庭儿童(34.97%,全国:40.26%)和离异再组合家庭的儿童(34.44%,全国:38.08%)。单亲和离异再组合家庭的儿童更倾向于打扫好自己所在区域的卫生(相应数据分别为44.22%和45.70%,全国相应数据分别为:41.14%,40.84%)。(见图2-21)

(4) 自尊感。

82.97%的儿童有很强的自尊感(全国:70.69%),如果犯错误被当众批评了,会觉得很丢人,没面子或者决心日后改正,找回尊严,但在很多维度上存在显著差异。

年段差异 随着年龄上升,儿童决心日后改正,找回尊严的比例整体呈下降趋势。高中生认为老师不应该当众批评的比例最高(17.10%,全国:16.44%),高于小学生(9.53%,全国:8.19%)和初中生(10.20%,全国:10.35%)。(见图2-23)

性别差异 女生在受到当众批评时会决心日后改正,找回尊严的比例(74.03%,全国:72.32%)高于男生(65.81%,全国:69.13%)。(见图2-25)

城乡差异 在受到当众批评时,大中城市儿童决心日后改正,找回尊严的比例(70.14%,全国:71.53%)最高(乡村和小城镇儿童的相应数据分别为52.34%和69.37%,全国相应数据分别为:60.52%,71.44%)。(见图2-26)

生活满意度差异 对生活很满意的儿童(76.08%,全国:78.91%)表现出强烈的自尊感,在受到当众批评时会决心日后改正,找回尊严,对生活基本满意和不满意的儿童的相应数据分别是64.59%,39.82%(全国:62.81%,41.69%)。(见图2-27)

家庭生活方式差异 与父母生活在一起(71.54%,全国:71.71%)的儿童都表现出更强烈的自尊感,与父母及祖辈生活在一起的儿童、单亲家庭的儿童、留守儿童和离异再组合家庭的儿童相应的数据分别是70.15%,58.09%,55.70%和58.94%(全国对应数据分别为:72.16%,63.41%,62.60%和61.17%)。(见图2-28)

(5) 羞耻感。

由于抄袭得了高分而受到表扬时,54.85%的儿童(全国:50.13%)会对自己的行为感到很羞耻,有25.35%的儿童知道抄袭不好,决定以后不再抄袭(全国:28.58%)。但在很多维度上差异显著。

年段差异 小学和初中年段的儿童羞耻感整体表现得比高中年段的儿童强烈。随着年龄的增长,各年级认为"抄袭是作弊,以后不能这么做了"的比例基本稳定在25%左右,表示"很纠结,有些高兴,也有些害怕"的比例整体上呈上升的趋势。(见图2-30,2-31)

性别差异 女生(83.23%,全国:80.48%)的羞耻感比男生(77.49%,全国:77.02%)强烈,女生对自己的作弊行为感到很羞耻的比例(59.19%,全国:52.73%)高于男生(50.97%,全国:47.64%)。(见图2-32)

城乡差异 在因抄袭得高分而受到表扬时,大中城市儿童(56.15%,全国:52.36%)和小城镇儿童(52.10%,全国:47.17%)更容易感到很羞耻,乡村儿童比例较低(45.79%,全国:41.44%)。更多乡村儿童(22.43%,全国:21.16%)会处于纠结中,有些高兴,也有些害怕(大中城市和小城镇的儿童相应数据分别是15.24%和20.04%,全国相应数据分别为:17.51%,16.93%)。(见图2-33)

生活满意度差异 生活满意度高的儿童的羞耻感更为强烈,有60.18%的对生活很满意的儿童会在抄袭得高分被表扬时感到很羞耻(全国:56.13%),而对生活基本满意和不满意的儿童的相应数据是49.60%,41.34%(全国:43.98%,32.90%)。(见图2-34)

家庭生活方式差异 在因抄袭得高分被表扬时,与父母生活在一起的儿童(56.46%,全国:50.97%)更容易感到很羞耻,同样情况下,与父母及祖辈生活在一起的儿童、单亲家庭的儿童、离异再组合家庭的儿童及留守儿童的数据分别为53.72%,48.55%,51.66%和46.95%(全国相应数据分别为:50.85%,45.97%,44.29%和43.71%)。(见图2-35)

3.2.3 道德理性发展状况

(1) 儿童道德判断理由。

年段差异 江苏省67.87%的小学儿童、75.30%的初中儿童、75.40%的高中儿童都能够做出明确的道德判断。小学儿童与初中、高中儿童相比,更容易面临道德困惑与迷茫。(见图3-2)

在小学阶段,江苏省儿童的"肯定性"道德判断集中以社会契约、普遍伦理原则为价值取向(见图3-9);"否定性"道德判断集中以社会契约、法律与秩序为价值取向,其次主要以普遍伦理原则为价值取向(见图 3-16);"两难性"道德判断主要以普遍伦理原则为价值取向,其次是以协调人际关系及惩罚与服从为价值取向(见图 3-23)。

在初中阶段,江苏省儿童的"肯定性"道德判断主要以个人的功利主义与交换为价值取向,其次是以社会契约为价值取向(见图 3-9);"否定性"道德判断集中以社会契约、法律与秩序为价值取向(见图 3-16);"两难性"道德判断主要以普遍伦理原则为价值取向,其次以协调人际关系为价值取向(见图 3-23)。

在高中阶段,江苏省儿童的"肯定性"道德判断主要以个人的功利主义与交换为价值取向,其次则是以社会契约为价值取向(见图 3-9);"否定性"道德判断主要以社会契约为价值取向,其次是以法律与秩序为价值取向(见图 3-16);"两难性"道德判断主要以普遍伦理原则为价值取向,其次是以惩罚与服从为价值取向(见图 3-23)。

性别差异 男生更容易做出明确的道德判断,女生比男生更容易面临道德困惑与迷茫(见图 3-4)。在"肯定性"道德判断上,男生和女生都更倾向于以个人的功利主义与交换为价值取向,其次是以社会契约为价值取向(见图 3-11);在"否定性"道德判断上,男女生都更倾向于以社会契约和法律与秩序为价值取向,其次是以普遍伦理原则为价值取向(见图 3-18);在"两难性"道德判断上,男女生都倾向于以普遍伦理原则为价值取向(见图 3-25)。

城乡差异 小城镇儿童比大中城市和乡村的儿童更容易面临道德困惑(见图 3-5)。在"肯定性"道德判断上,大中城市和小城镇的儿童更倾向于以个人的功利主义与交换为价值取向,其次是以社会契约为价值取向;乡村儿童更倾向于以个人的功利主义与交换为价值取向(见图 3-12)。在"否定性"道德判断上,大中城市、小城镇、乡村的儿童都更倾向于以社会契约和法律与秩序为价值取向,其中小城镇儿童以社会契约为价值取向的比例高于大中城市和乡村的儿童(见图3-19)。在"两难性"道德判断上,大中城市、小城镇的儿童都更倾向于以普遍伦理原则为价值取向,乡村儿童更倾向于以惩罚与服从为价值取向,其次是以普遍伦理原则为价值取向(见图 3-26)。

生活满意度差异 对生活基本满意和不满意的儿童更容易面临道德困惑(见图 3-6)。在"肯定性"道德判断上,对生活很满意的儿童更倾向于以社会契约为价值取向,其次是以个人的功利主义与交换为价值取向;对生活基本满意的儿童更倾向于以个人的功利主义与交换为价值取向,其次是以社会契约为价值取向;对生活不满意的儿童更倾向于以个人的功利主义与交换为价值取向(见图3-13);在"否定性"道德判断上,三种生活满意度的儿童都更倾向于以社会契约为价值取向,其次是以法律与秩序为价值取向(见图3-20);在"两难性"道德判断上,三种生活满意度的儿童都更倾向于以普遍伦理原则为价值取向(见图3-27)。

家庭生活方式差异 单亲家庭的儿童选择"不知道是否支持"的人数比例比其他家庭的儿童低,选择"不支持"的比例高于其他家庭的儿童(见图3-7)。在"肯定性"道德判断上,和父母及祖辈生活在一起的儿童与其他家庭生活方式的儿童相比,更倾向于以社会契约为价值取向(见图3-14);在"否定性"道德判断上,不同家庭生活方式的儿童都更倾向于以社会契约为价值取向,其次是以法律与秩序为价值取向(见图3-21);在"两难性"道德判断上,不同家庭生活方式的儿童都更倾向于以普遍的伦理原则为价值取向(见图3-28)。

(2) 儿童道德行为理由。

江苏省儿童普遍把社会观念或者规范(文明)作为行为认可的理由,同时也存在着其他维度的显著差异。(见图3-29)

年段差异 小学生、初中生、高中生均更倾向于把社会规范看作道德行为的理由(全国数据分别为:个体功利,权威要求,道德榜样,社会规范)。(见图3-30)

性别差异 男生、女生均更倾向于把社会规范看作道德行为的理由(全国:社会规范,社会规范)。(见图3-32)

城乡差异 大中城市、小城镇、乡村的儿童均更倾向于把社会规范看作道德行为的理由(全国数据分别为:社会规范,社会规范,社会规范)。(见图3-33)

生活满意度差异 三种生活满意度的儿童都更倾向于把社会规范看作道德行为的理由(全国:对生活很满意的儿童更多把社会规范作为道德行为的理由,而更多对生活不满意的儿童则将个体功利作为道德行为的理由)。(见图3-34)

家庭生活方式差异 五种家庭生活方式的儿童都更倾向于把社会规范看作道德行为的理由。相比其他家庭,留守儿童和离异再组合家庭的儿童更倾向于把道德榜样看作道德行为的理由(全国:各种生活方式的儿童都倾向把社会规范看作道德行为的理由,其中留守儿童比其他家庭的儿童更倾向于把道德榜样看作道德行为的理由)。(见图3-35)

3.2.4 道德行为发展状况

(1) 86.91%(全国:85.36%)的江苏省儿童能做到诚信自律。儿童的诚信行为在年龄、性别、城乡、生活满意度和家庭生活方式维度上均存在显著差异。

年段差异 诚信行为随着年龄的增长整体呈下降趋势,最高的比例出现在四年级时,为97.89%,到高三降低到86.96%。(见图4-3)

性别差异 女生(88.95%,全国:86.57%)诚信行为表现好于男生(85.07%,全国:84.21%)。(见图4-4)

城乡差异 大中城市儿童(89.38%,全国:87.01%)诚信行为表现好于小城镇和乡村儿童(小城镇81.31%,乡村78.50%,全国:84.38%,74.40%)。(见图4-5)

生活满意度差异 对生活很满意的儿童(91.27%,全国:90.78%)诚信行为表现好于对生活基本满意的儿童(83.80%,全国:80.78%)和对生活不满意的儿童(62.01%,全国:60.29%)。(见图4-6)

家庭生活方式差异 与父母或与父母祖辈共同生活(比例在86%以上,全国:86.20%、86.48%)的儿童诚信行为表现好于其他家庭生活方式的儿童。(见图4-7)

(2) 在家庭感恩回报行为方面,79.97%(全国:77.77%)的江苏省儿童能感恩回报,略高于全国平均水平。儿童的感恩回报行为在年龄、性别、城乡、生活满意度和家庭生活方式维度上均存在显著差异。

年段差异 各年段感恩回报行为的人数比例总体较稳定,最高的比例出现在高三时,为84.78%,五年级时为最低值75.09%。(见图4-9,4-10)

性别差异 女生(82.53%,全国:78.94%)感恩回报行为比例高于男生(77.69%,全国:76.64%)。(见图4-11)

城乡差异 大中城市儿童(80.81%,全国:78.81%)的感恩回报行为比例高于小城镇儿童(78.06%,全国:77.41%)和乡村儿童(77.57%,全国:69.80%)。

(见图4-12)

生活满意度差异 对生活很满意的儿童(85.02%,全国:84.31%)比对生活基本满意和不满意的儿童(75.13%,65.65%,全国:71.17%,57.76%)的感恩回报行为比例高。(见图4-13)

家庭生活方式差异 与父母生活在一起的儿童(81.31%,全国:79.35%)、与父母及祖辈生活在一起的儿童(79.68%,全国:78.20%)相对于其他家庭类型的儿童更常回应家人的爱和关心。(见图4-14)

(3) 在指出同伴过错行为方面,**69.45%(全国:68.61%)** 的江苏省儿童能坦诚相待,指出对方的错误,略高于全国平均水平。儿童的同伴错误提醒行为在年龄、性别、城乡、生活满意度和家庭生活方式维度上均存在显著差异。

年段差异 愿意指出同伴错误的儿童随着年龄增长呈倒V形趋势,最高值(80.47%,全国:77.27%)出现在四年级时,最低值(60.45%,全国:58.77%)出现在高一时。(见图4-16,4-17)

性别差异 愿意指出同伴错误的儿童中男生比例(68.62%,全国:68.30%)略低于女生(70.38%,全国:68.94%)。(见图4-18)

城乡差异 大中城市的儿童更经常提醒同学的错误,高出最低的小城镇儿童近6个百分点。(见图4-19)

生活满意度差异 对生活很满意的儿童(75.38%,全国:76.25%)比对生活基本满意的儿童(63.44%,全国:60.52%)和对生活不满意的儿童(56.53%,全国:49.12%)更经常指出同伴的错误。(见图4-20)

家庭生活方式差异 与父母共同生活的儿童(70.56%,全国:69.36%)、与父母及祖辈一起生活的儿童(70.54%,全国:70.28%)相比其他家庭类型的儿童更经常指出同伴的错误。(见图4-21)

(4) 在遵守公共规则与制止欺负行为方面,**55.68%(全国:55.12%)** 的江苏省儿童遵守公共规则,不会因私利而不顾他人感受违反规则;**43.44%(全国:59.97%)** 的江苏省儿童会对需要帮助的人伸出援助之手或制止欺负弱小及特殊儿童的行为,远远低于全国平均水平。江苏省儿童的遵守公共规则与制止欺负行为在年段、性别、城乡、生活满意度和家庭生活方式维度上均表现出显著差异。

① 在不因私利而不顾他人感受违反规则方面：

年段差异 整体人数比例呈现先降后升的趋势，最低点出现在初三（50.00%），最高点是高二（66.08%）。（见图4-23,4-24）

性别差异 男生（49.18%，全国：50.49%）的比例低于女生（62.94%，全国：59.95%）。（见图4-25）

城乡差异 大中城市儿童（57.26%，全国：56.86%）的比例高于乡村儿童（41.12%，全国：48.02%）和小城镇儿童（52.50%，全国：52.91%）。（见图4-26）

生活满意度差异 对生活很满意的儿童（57.71%，全国：55.66%）的比例高于对生活基本满意的儿童（53.90%，全国：53.78%）和对生活不满意的儿童（48.02%，全国：48.45%）。（见图4-27）

家庭生活方式差异 单亲家庭儿童比例最高，离异再组合家庭的儿童比例最低。数据从高到低依次为：单亲家庭儿童（57.51%，全国：53.97%），和父母及祖辈经常在一起的儿童（55.81%，全国：54.42%），和父母经常在一起的儿童（55.70%，全国：55.91%），父母（1人或2人）常年在外打工的儿童（54.64%，全国：50.99%），离异再组合家庭的儿童（50.99%，全国：56.21%）。（见图4-28）

② 在制止欺负与帮助他人行为方面：

年段差异 会伸出援手且寻求周围人帮助的儿童人数在五年级、高一和高二时有所下降，高二时会去制止的人数比例下降到32.15%（高三最高，为51.73%），而选择漠视的儿童人数有随年级上升的趋势，最高值为高一时13.58%（最低为四年级2.22%）。（见图4-31）

性别差异 42.91%（全国：61.02%）的男生倾向于出面制止和伸出援手，女生相应数值为44.03%（全国：48.87%）。（见图4-32）

城乡差异 更多大中城市儿童（14.36%，全国：12.85%）会出面劝止欺负行为（小城镇儿童和乡村儿童相应的数据分别为12.50%和10.28%，全国：10.28%，18.46%），更多大中城市儿童（44.31%，全国：45.45%）会出面制止并在必要时求助他人（小城镇儿童和乡村儿童的相应数据分别为41.67%和35.51%，全国：47.81%，39.86%）。（见图4-33）

生活满意度差异 对生活很满意的儿童（49.40%，全国：52.77%）更倾向于出面制止并在必要时求助于人,对生活基本满意和不满意的儿童相应的数据为37.17%,32.83%(全国:38.01%,29.28%)。(见图4-34)

家庭生活方式差异 与父母共同生活(44.63%,全国:46.43%)、与父母及祖辈共同生活的儿童(43.04%,全国:47.43%)更倾向于出面制止欺负行为或者对有需要的人伸出援手。(见图4-35)

3.2.5 愿意接受的德育方式

实际锻炼法(39.48%)、说理教育法(24.38%)是儿童最愿意接受的两种德育方式,其中实际锻炼法受到从小学到高中的儿童的普遍喜欢。儿童在愿意接受的德育方式上,表现出多维的显著差异。

年段差异 除实际锻炼法以外,相对而言,小学生更愿意接受的德育方式是说理教育法(26.74%),高中生更愿意接受陶冶教育法(8.94%)和榜样示范法(14.26%)。(见图5-2)

性别差异 相对而言,女生(44.10%)更愿意接受的德育方式是实际锻炼法(男生相应的数据是35.35%);而男生更愿意接受陶冶教育法(9.20%)和讨论法(9.81%),女生相应的数据分别为6.42%和7.35%。(见图5-4)

城乡差异 相对而言,乡村儿童更愿意接受说理教育法(30.84%),小城镇儿童更愿意接受实际锻炼法(42.98%)。(见图5-5)

生活满意度差异 对生活很满意的儿童更愿意接受实际锻炼法(40.02%)、说理教育法(25.63%),对生活不满意的儿童更愿意接受榜样示范法(15.81%)、陶冶教育法(12.16%)、讨论法(10.33%)和协商法(9.12%)。(见图5-6)

家庭生活方式差异 相对而言,离异再组合家庭的儿童更愿意接受实际锻炼法(44.37%),其他家庭生活方式的儿童虽有各自喜欢的德育方式,但并不存在显著差异。(见图5-7)

3.2.6 生活困扰

(1) 江苏省儿童受到来自家庭生活的困扰的比例远远低于全国平均水平。

48.77%(全国:53.43%)的儿童受到来自家庭生活的困扰。儿童最普遍的家庭生活困扰是学业压力(25.89%,全国:25.54%),其后依次为家庭关系

(9.93%,全国:12.53%)、家庭经济问题(5.83%,全国:7.15%)、在家受到严厉批评与体罚(4.38%,全国:5.57%)。儿童受到的家庭困扰表现出多维度的显著差异。

年段差异 学业压力是学生感受到的最普遍的家庭生活困扰,26.74%(全国:24.08%)的小学生有此困扰,初中生有 26.51%(全国:29.40%),高中生有 23.98%(全国:22.69%)。(见图 6-2)

性别差异 相对于男生(48.46%,全国:44.77%),未感受到家庭生活困扰的女生更多(54.32%,全国:48.46%)。在有困扰的女生中,除了"其他"项外,女生各种困扰的人数比例都低于男生。(见图 6-4)

城乡差异 更多乡村儿童(57.01%,全国:35.27%)没有家庭生活困扰(小城镇和大中城市儿童的相应比例分别为 51.94% 和 50.83%,全国:38.03%,44.77%),更多大中城市儿童(26.85%,全国:23.82%)受到家庭学业压力的困扰(小城镇和乡村儿童的相应数据是 23.89% 和 18.69%,全国:29.13%,26.39%),更多乡村儿童(9.35%,全国:11.27%)受到经济问题的困扰。(见图6-5)

生活满意度差异 58.63%(全国:54.63%)的对生活很满意的儿童没有家庭生活困扰,高于对生活基本满意和不满意的儿童(44.26%,28.88%,全国:38.14%,25.02%);家人给予很大的学习压力方面,对生活基本满意的儿童比例最高(30.06%,全国:29.39%),不满意的儿童次之(29.18%,全国:26.23%),很满意的儿童比例最低(22.20%,全国:22.56%);家人间的关系不和谐方面,对生活不满意的儿童比例最高(12.16%,全国:18.44%),基本满意的儿童次之(11.06%,全国:14.37%),很满意的儿童比例最低(8.83%,全国:10.68%);家庭经济上困难方面,对生活不满意的儿童比例最高(17.02%,全国:16.62%),基本满意的儿童次之(7.30%,全国:9.11%),很满意的儿童比例最低(3.80%,全国:4.94%)。(见图 6-6)

家庭生活方式差异 更多与父母(53.07%,全国:48.90%)、与父母及祖辈(51.87%,全国:47.53%)生活在一起的儿童没有家庭生活困扰。离异再组合家庭的儿童(30.46%,全国:27.98%)受学习困扰比例最高,除此之外,离异再组合家庭的儿童(16.56%,全国:17.63%)受到家庭人际关系的困扰的比例也最高;留守儿童感受到的严厉批评甚至体罚(8.22%,全国:8.56%)与家庭经济困扰

(9.55%,全国:12.14%)的比例最高。(见图6-7)

(2) 江苏省儿童受到来自学校生活的困扰的比例低于全国平均水平。

62.23%(全国:65.16%)的江苏省儿童受到来自学校生活的困扰。儿童最普遍的学校生活困扰是教师上课无趣(20.13%,全国:19.01%),其次是同学关系(15.01%,全国:16.36%),然后是学习环境问题(11.95%,全国:14.25%),最后是学校处理事件公平程度(10.50%,全国:11.49%)。儿童受到的学校困扰表现出多维度的显著差异。

年段差异 受到学校生活困扰的儿童人数比例波动较大,有随着年龄先减后增、再减后增的趋势,高一受困扰的比例达到68.91%。更多五年级儿童(23.04%)受到"上课无趣"的困扰,高二(占21.55%)紧随其后;更多四年级儿童(17.54%)受到同学关系的困扰;初二儿童对学校处理问题的公平性最敏感(12.84%);高一儿童受学习环境困扰的比例最高(15.83%)。(见图6-9,6-10)

性别差异 更多女生(39.43%,全国:35.74%)没有感受到来自学校生活的困扰,男生更普遍地感受到上课趣味问题(20.48%,全国:19.27%)、学校处理问题的公平程度(11.51%,全国:12.50%)以及学习环境问题(12.25%,全国:14.38%)的困扰。(见图6-11)

城乡差异 61.68%(全国:74.92%)的乡村儿童感受到来自学校生活的困扰,人数比例低于小城镇(61.98%,全国:71.16%)和大中城市(62.35%,全国:61.54%)的儿童。在所受困扰中,小城镇儿童最普遍的困扰是上课无趣(18.93%,全国:21.25%)和同学关系(16.03%,全国:18.03%);除上课无趣外,农村儿童还更明显感受到学习环境(16.82%,全国:19.15%)的困扰。(见图6-12)

生活满意度差异 对生活很满意的儿童没有受到学校生活困扰的比例最高(45.31%,全国:43.32%),基本满意的儿童次之(30.43%,全国:25.50%),不满意的儿童比例最低(17.63%,全国:16.62%);在"渴望改善同学关系"方面,对生活基本满意的儿童比例最高(16.15%,全国:17.09%),不满意的儿童比例最低(13.37%,全国:17.26%);在"希望老师上课有趣些"方面,对生活基本满意的儿童比例最高(22.89%,全国:22.37%),很满意的儿童比例最低(17.87%,全国:16.36%);在"渴望改善学习环境"和"希望学校的事情能公平处理"方面,对生活不满意的儿童比例最高(19.15%,18.54%,全国:20.30%,17.04%),很满意的儿童比例最低(9.93%,9.27%,全国:11.40%,10.16%)。(见图6-13)

家庭生活方式差异 75.50%(全国:76.71%)的离异再组合家庭的儿童受到学校生活的困扰,比例最高,比最低的跟父母及祖辈一起生活的儿童高出约16个百分点。(见图6-14)

Ⅱ
江苏省各项指标的详细数据分析

1 江苏省儿童价值观发展状况

儿童关注的社会主义核心价值观分为国家、社会、个人三个层面。国家层面包括富强、民主、文明、和谐,儿童关注程度较高的是和谐(34.49%);社会层面包括自由、平等、公正、法治,儿童关注程度较高的是平等(33.98%);个人层面包括爱国、敬业、诚信、友善,儿童普遍比较看重的是诚信(58.82%)。

传统美德方面包括孝敬父母、忠于国家、谦虚礼让、勤劳节俭等,儿童最为关注的是孝敬父母(53.60%)。

公共道德方面包括正义、按规则办事、不影响他人、廉洁奉公等,儿童对正义和廉洁奉公两项价值观的看重程度大致相当,看重这两项公共道德的儿童人数比例分别为29.42%、27.35%。

个人修养方面包括自省、大度、勤奋、节制等,看重勤奋的儿童人数比例最高,占38.20%。

1.1 社会主义核心价值观

江苏省儿童普遍比较关注的社会主义核心价值观包括诚信(58.82%)、和谐(34.49%)、平等(33.98%)、文明(32.87%),诚信是儿童关注度最高的社会主义核心价值观。儿童对国家、社会、个人层面社会主义核心价值观的关注存在不同维度的差异。

1.1.1 国家层面价值观的关注状况

国家层面,近97.00%的江苏省儿童都有自己最为看重的价值观。看重富强、民主、文明、和谐的儿童人数比例分别为 12.73%、16.87%、32.87%、34.49%。和谐是受江苏省儿童关注程度最高的国家层面价值观,江苏省儿童对文明的关注程度仅次于和谐。(见图1-1)

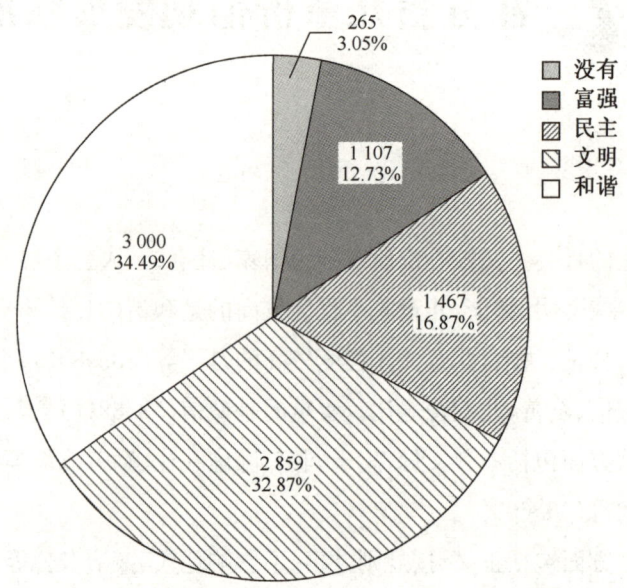

图 1-1　国家层面价值观与儿童人数百分比分布图

(1) 年段差异。

经差异检验发现,江苏省不同年段儿童对国家层面价值观的关注,总体上存在非常显著的差异(卡方值=248.463,$P \leqslant 0.01$)。

不同年段儿童各选项百分比如图 1-2 所示,经进一步统计分析发现:

小学生和初中生对民主的关注程度表现出非常显著的差异($|AR|>2.58$)。看重民主的人数比例随年段的增长呈倒 V 形趋势。

小学生和高中生对和谐的关注程度表现出非常显著的差异($|AR|>2.58$)。看重和谐的人数比例随年段的增长呈下降趋势。

小学生、初中生、高中生对富强和文明的关注程度表现出比较显著的差异($1.96<|AR| \leqslant 2.58$)。看重富强的人数比例随年段的增长呈上升趋势,看重文明的人数比例随年段的增长呈下降趋势。

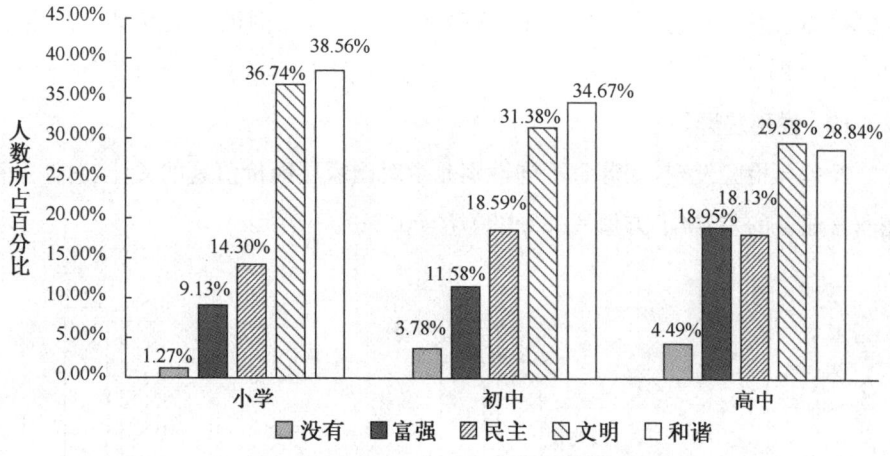

图1-2 国家层面价值观与儿童年段分布图

高中生与小学生、初中生相比,对民主的关注程度不存在显著差异($|AR|\leqslant 1.96$)。

初中生与小学生、高中生相比,对和谐的关注程度不存在显著差异($|AR|\leqslant 1.96$)。

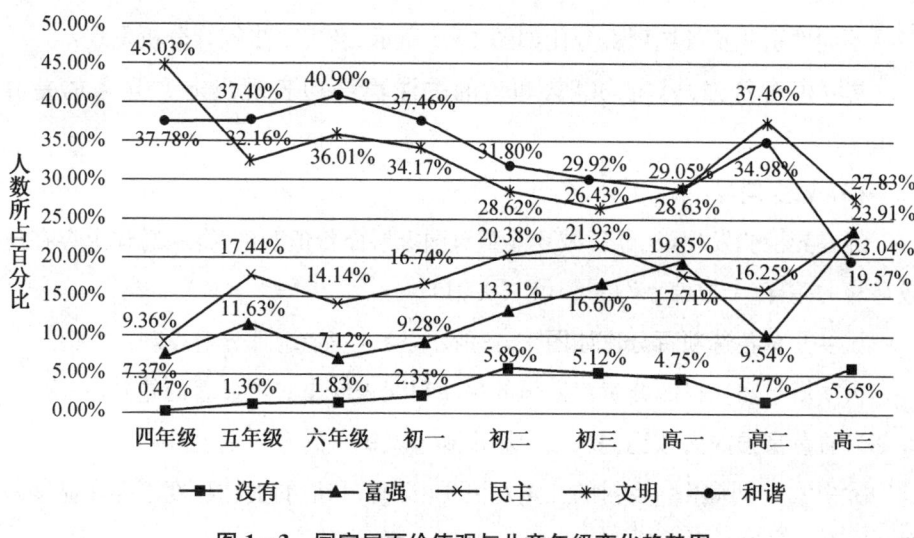

图1-3 国家层面价值观与儿童年级变化趋势图

从国家层面价值观与儿童年级变化趋势图可以看出,不同年龄的儿童普遍比较关注文明与和谐,但从小学四年级至高中三年级儿童看重文明、和谐的人数

比例整体上呈下降趋势,看重民主、富强的儿童人数比例整体上则呈上升趋势。(见图 1-3)

(2) 性别差异。

经差异检验发现,江苏省不同性别儿童对国家层面价值观的关注,总体上存在非常显著的差异(卡方值=182.290,$P \leqslant 0.01$)。

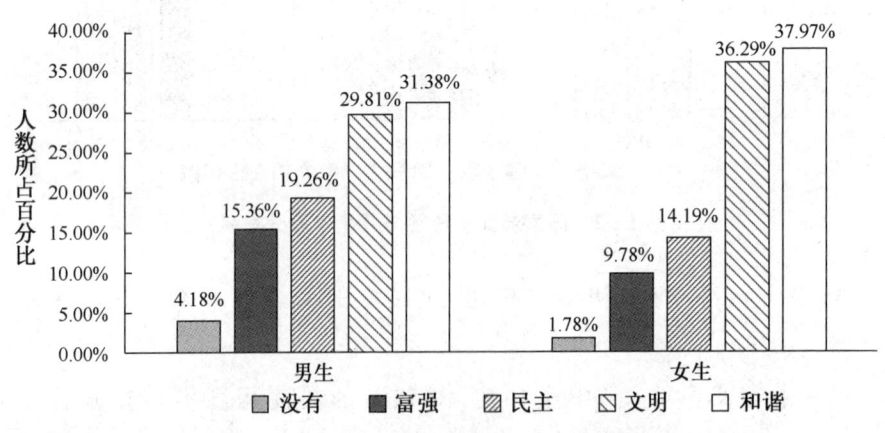

图 1-4 国家层面价值观与儿童性别分布图

不同性别儿童各选项百分比如图 1-4 所示,经进一步统计分析发现:

男女生对富强、民主、文明、和谐的关注程度均表现出非常显著的差异($|AR|>2.58$)。

(3) 城乡差异。

经差异检验发现,江苏省城乡儿童对国家层面价值观的关注,总体上存在比较显著的差异(卡方值=74.665,$P \leqslant 0.01$)。

城乡儿童各选项百分比如图 1-5 所示,经进一步统计分析发现:

大中城市和乡村的儿童对富强的关注程度表现出非常显著的差异($|AR|>2.58$),看重富强的人数比例从大中城市到小城镇再到乡村呈上升趋势。

大中城市、小城镇、乡村的儿童对民主、文明、和谐的关注程度不存在显著差异($|AR| \leqslant 1.96$)。

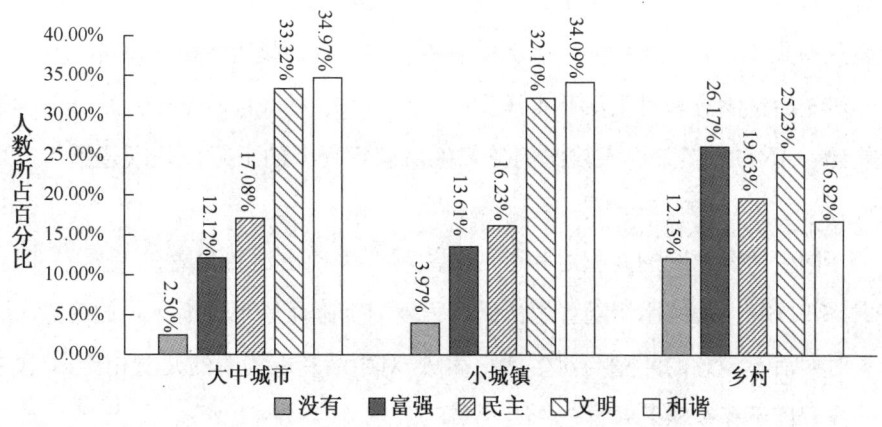

图 1-5 国家层面价值观与儿童城乡分布图

(4) 生活满意度差异。

经差异检验发现,不同生活满意度的儿童关注的国家层面价值观,总体上存在非常显著的差异(卡方值=364.840,$P \leqslant 0.01$)。

不同生活满意度的儿童各选项百分比如图 1-6 所示,经进一步统计分析发现:

不同生活满意度的儿童对富强、文明的关注程度均表现出非常显著的差异($|AR|>2.58$)。对生活不满意的儿童看重富强的人数比例高于对生活很满意和对生活基本满意的儿童。人数比例随着生活满意程度的下降而呈现逐渐增长的

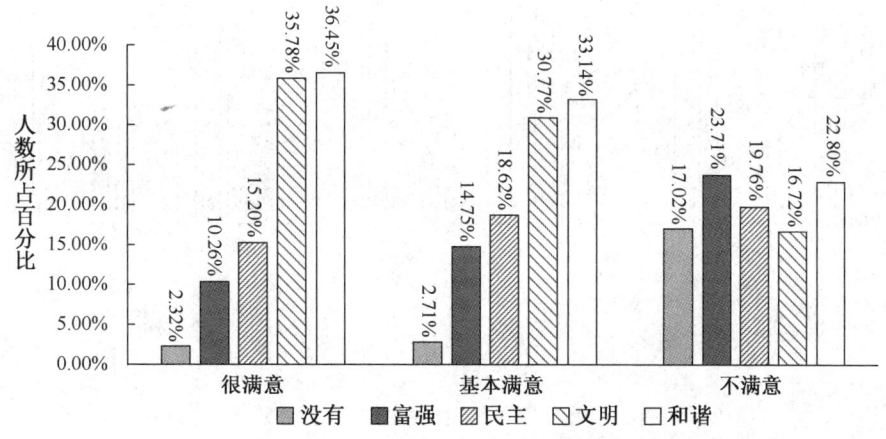

图 1-6 国家层面价值观与儿童生活满意度分布图

趋势。对生活不满意的儿童看重文明的人数比例低于对生活很满意和对生活基本满意的儿童。人数比例随着生活满意程度的下降而呈现逐渐下降的趋势。

对生活很满意和对生活基本满意的儿童对民主的关注程度表现出非常显著的差异($|AR|>2.58$)。人数比例随着生活满意程度的下降而呈现逐渐上升的趋势。

不同生活满意度的儿童对和谐的关注程度表现出比较显著的差异($1.96<|AR|\leq2.58$)。人数比例随着生活满意程度的下降而呈现逐渐下降的趋势。

对生活不满意的儿童与对生活很满意、对生活基本满意的儿童相比,对民主的关注程度不存在显著差异($|AR|\leq1.96$)。

(5)家庭生活方式差异。

经差异检验发现,江苏省不同家庭生活方式的儿童对国家层面价值观的关注,总体上存在非常显著的差异(卡方值=52.322,$P\leq0.01$),但差异集中体现在被试对"没有"项的选择上,儿童对富强、民主、文明、和谐四项价值观的关注均不存在显著差异($|AR|\leq1.96$)。不同家庭生活方式的儿童各选项百分比如图1-7所示。

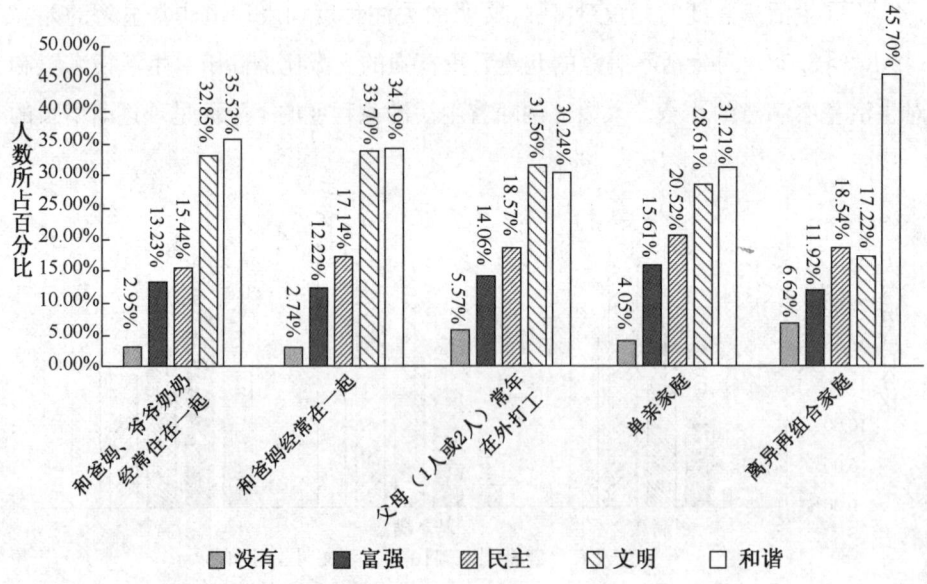

图1-7 国家层面价值观与儿童家庭生活方式分布图

1.1.2 社会层面价值观的关注状况

社会层面,97.00%以上的江苏省儿童都有自己看重的价值观。看重自由、平等、公正、法治的人数比例分别为 29.60%、33.98%、24.19%、9.58%。儿童最为看重的是平等,其次是自由和公正。(见图 1-8)

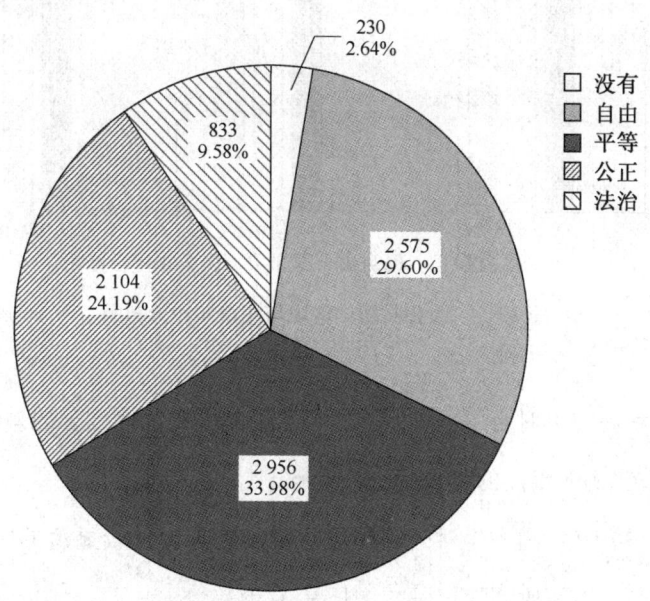

图 1-8　社会层面价值观与儿童人数百分比分布图

(1) 年段差异。

经差异检验发现,江苏省不同年段儿童对社会层面价值观的关注,总体上存在非常显著的差异(卡方值=198.872,$P \leqslant 0.01$)。

不同年段儿童各选项百分比如图 1-9 所示,经进一步统计分析发现:

小学生、初中生、高中生对平等的关注程度表现出非常显著的差异($|AR|>2.58$)。人数比例随年段的增长呈下降趋势。

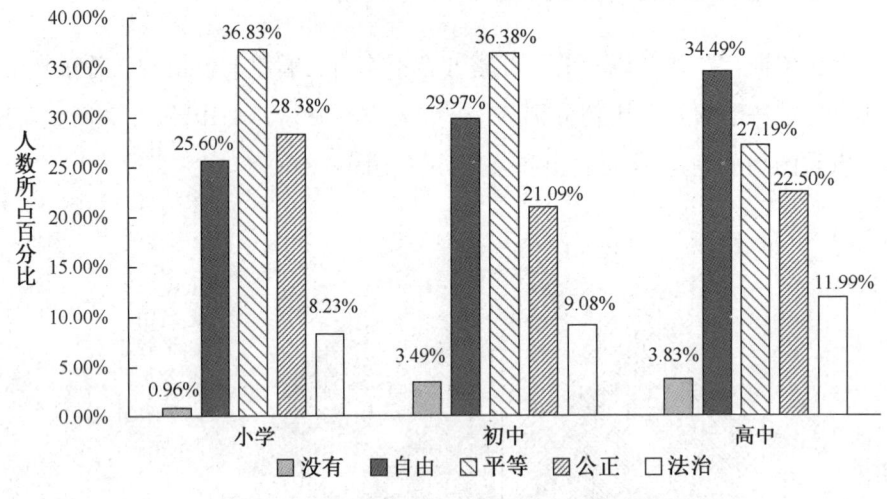

图1-9 社会层面价值观与儿童年段分布图

小学生和高中生对自由、法治的关注程度表现出非常显著的差异（|AR|>2.58）。人数比例随年段的增长呈上升趋势。

小学生、初中生、高中生对公正的关注程度表现出比较显著的差异（1.96<|AR|≤2.58）。人数比例随年段的增长呈V形趋势。

初中生与小学生、高中生相比，对自由、法治的关注程度不存在显著差异（|AR|≤1.96）。

从社会层面价值观与儿童年级变化趋势图可以看出，小学四年级至初中一年级看重平等的人数比例整体上呈上升趋势，初中二年级至高中三年级看重平等的人数比例整体上则呈下降趋势；随着儿童年龄的增长，看重法治的人数比例整体上呈缓慢上升的趋势。看重由自、公正的人数比例整体上呈上下波动状态。（见图1-10）

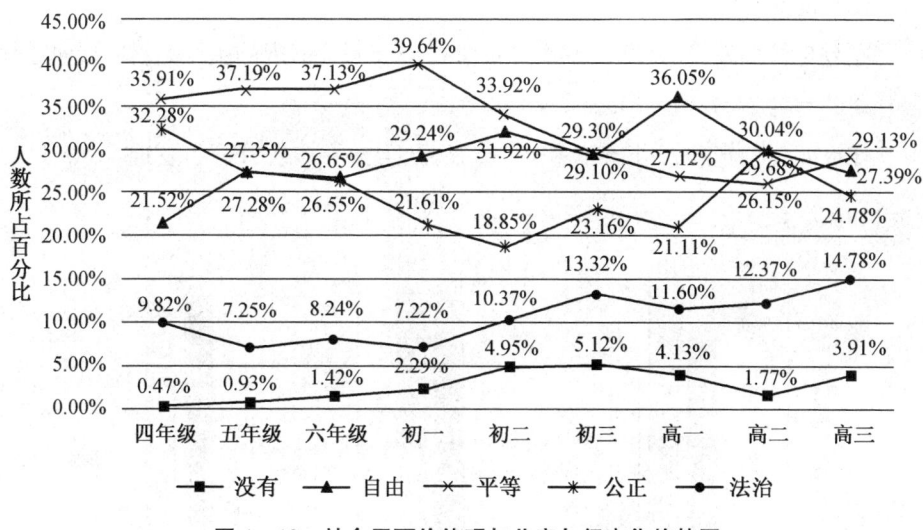

图1-10 社会层面价值观与儿童年级变化趋势图

(2) 性别差异。

经差异检验发现,江苏省不同性别儿童对社会层面价值观的关注,总体上存在非常显著的差异(卡方值=85.830,$P \leqslant 0.01$)。

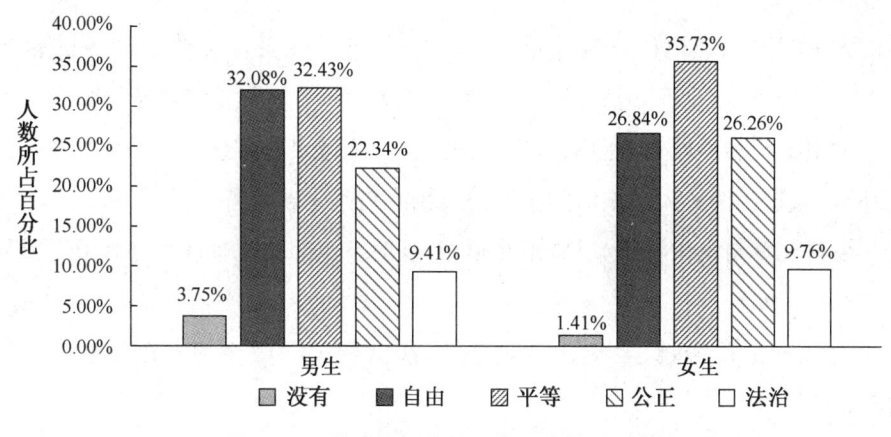

图1-11 社会层面价值观与儿童性别分布图

不同性别儿童各选项百分比如图1-11所示,经进一步统计分析发现:

男女生对自由、平等、公正的关注程度均表现出非常显著的差异($|AR|>2.58$)。

男生对法治的关注程度与女生相比,不存在显著差异($|AR| \leqslant 1.96$)。

39

(3) 城乡差异。

经差异检验发现,江苏省城乡儿童对社会层面价值观的关注,总体上存在非常显著的差异(卡方值=81.165,$P \leqslant 0.01$)。

城乡儿童各选项百分比如图1-12所示,经进一步统计分析发现:

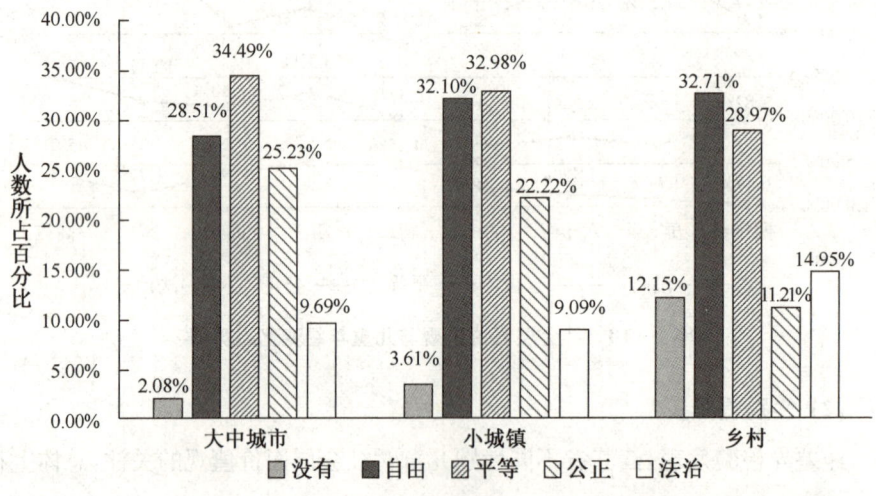

图1-12 社会层面价值观与儿童城乡分布图

大中城市、小城镇、乡村儿童对公正的关注程度表现出非常显著的差异($|AR|>2.58$)。人数比例从大中城市到小城镇再到乡村呈下降趋势。

大中城市和小城镇儿童对自由的关注程度表现出非常显著的差异($|AR|>2.58$)。人数比例从大中城市到小城镇再到乡村呈上升趋势。

乡村儿童与大中城市、小城镇儿童相比,对自由的关注程度不存在显著差异($|AR| \leqslant 1.96$)。

大中城市、小城镇、乡村儿童对平等、法治的关注程度均不存在显著差异($|AR| \leqslant 1.96$)。

(4) 生活满意度差异。

经差异检验发现,江苏省不同生活满意度的儿童对社会层面价值观的关注,总体上存在非常显著的差异(卡方值=256.997,$P \leqslant 0.01$)。

不同生活满意度的儿童各选项百分比如图1-13所示,经进一步统计分析发现:

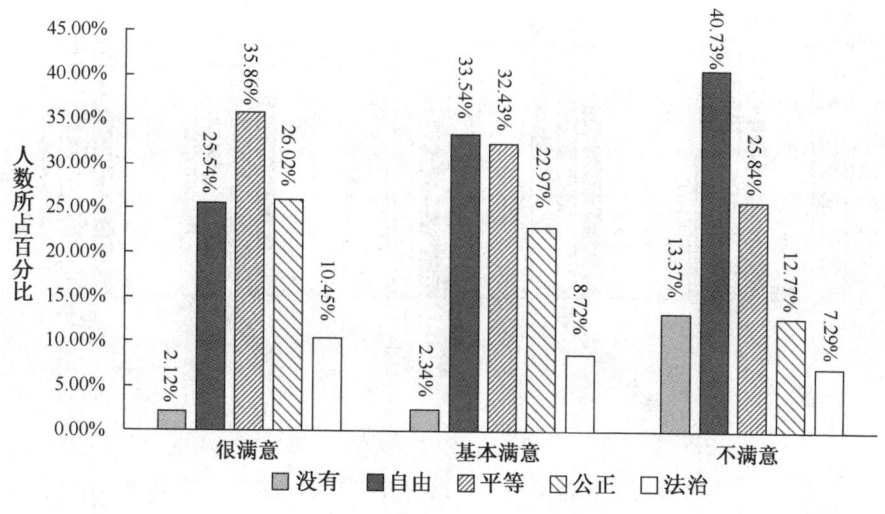

图 1-13 社会层面价值观与儿童生活满意度分布图

不同生活满意度的儿童对自由和平等的关注程度表现出非常显著的差异($|AR|>2.58$)。对生活不满意的儿童看重自由的人数比例高于对生活基本满意和对生活很满意的儿童。人数比例随着生活满意程度的下降呈现上升趋势。对生活很满意的儿童看重平等的人数比例高于对生活基本满意和对生活不满意的儿童。人数比例随着生活满意程度的下降呈现下降趋势。

对生活很满意和对生活基本满意的儿童对法治的关注程度表现出非常显著的差异($|AR|>2.58$)。人数比例随着生活满意程度的下降呈现下降趋势。

不同生活满意度的儿童对公正的关注程度表现出比较显著的差异($1.96<|AR|\leqslant 2.58$)。人数比例随着生活满意程度的下降呈现下降趋势。

对生活不满意的儿童对法治的关注程度与对生活很满意、对生活基本满意的儿童相比,不存在显著差异($|AR|\leqslant 1.96$)。

(5) 家庭生活方式差异。

经差异检验发现,江苏省不同家庭生活方式的儿童对社会层面价值观的关注,总体上存在非常显著的差异(卡方值=42.391,$P\leqslant 0.01$)。

不同家庭生活方式的儿童各选项百分比如图 1-14 所示,经进一步统计分析发现:

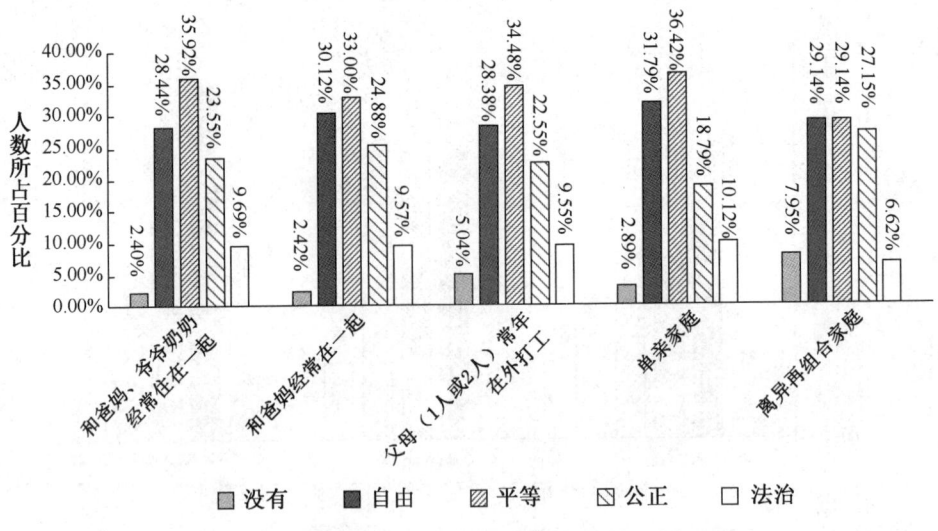

图1-14 社会层面价值观与儿童家庭生活方式分布图

"和爸妈、爷爷奶奶经常住在一起"的儿童与"和爸妈经常在一起"的儿童对平等的关注程度表现出比较显著的差异（$1.96 < |AR| \leqslant 2.58$）。

"父母（1人或2人）常年在外打工"、"单亲家庭"、"离异再组合家庭"的儿童与其他家庭生活方式的儿童相比，对平等的关注程度不存在显著差异（$|AR| \leqslant 1.96$）。

不同家庭生活方式的儿童对自由、公正、法治的关注程度均不存在显著差异（$|AR| \leqslant 1.96$）。

1.1.3 个人层面价值观的关注状况

个人层面，96.00%以上的江苏省儿童都有自己关注的价值观。儿童看重敬业、诚信、友善的人数比例分别为7.51%、58.82%、26.85%，儿童最为关注的个人层面的价值观是诚信。（见图1-15）

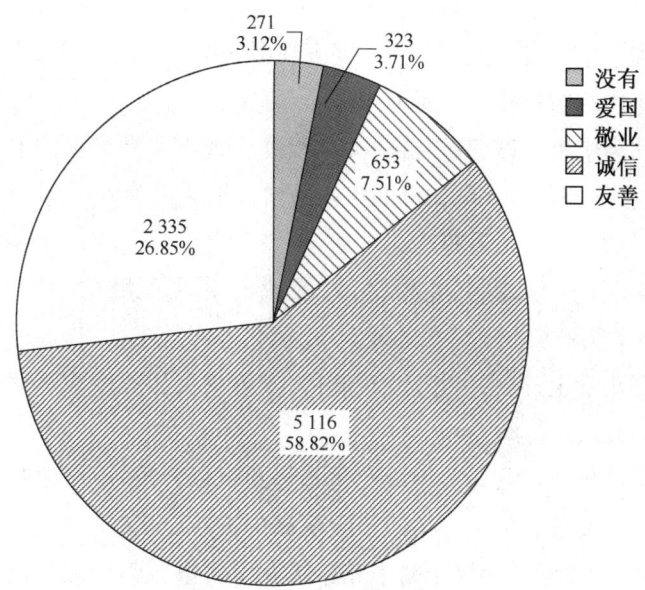

图1-15 个人层面价值观与儿童人数百分比分布图

(1) 年段差异。

经差异检验发现,江苏省不同年段儿童对个人层面价值观的关注,总体上存在非常显著的差异(卡方值=89.266,$P \leqslant 0.01$)。

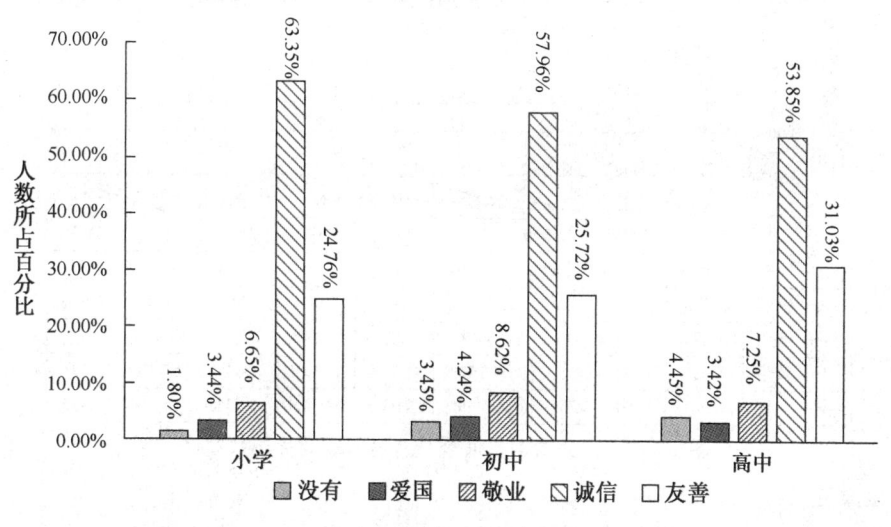

图1-16 个人层面价值观与儿童年段分布图

不同年段儿童各选项百分比如图1-16所示,经进一步统计分析发现:

初中生和小学生对敬业的关注程度表现出非常显著的差异($|AR|>2.58$)。人数比例随年段的增长呈倒V形趋势。

小学生和高中生对诚信、友善的关注程度表现出非常显著的差异($|AR|>2.58$)。看重诚信的儿童人数比例随年段的增长呈下降趋势,看重友善的儿童人数比例随年段的增长呈上升趋势。

高中生与小学生、初中生相比,对敬业的关注程度均不存在显著差异($|AR|\leqslant 1.96$)。

初中生与小学生、高中生相比,对诚信、友善的关注程度均不存在显著差异($|AR|\leqslant 1.96$)。

从个人层面价值观与儿童年级变化趋势图可以看出,不同年龄的儿童普遍比较关注诚信和友善。但从小学四年级至高中三年级,看重诚信的人数比例整体波动较大,其中小学六年级至初中三年级儿童看重诚信的人数比例一直呈下降趋势。除此以外,不同年龄的儿童对其余各项价值观的看重程度虽然不同,但变化趋势不太明显。(见图1-17)

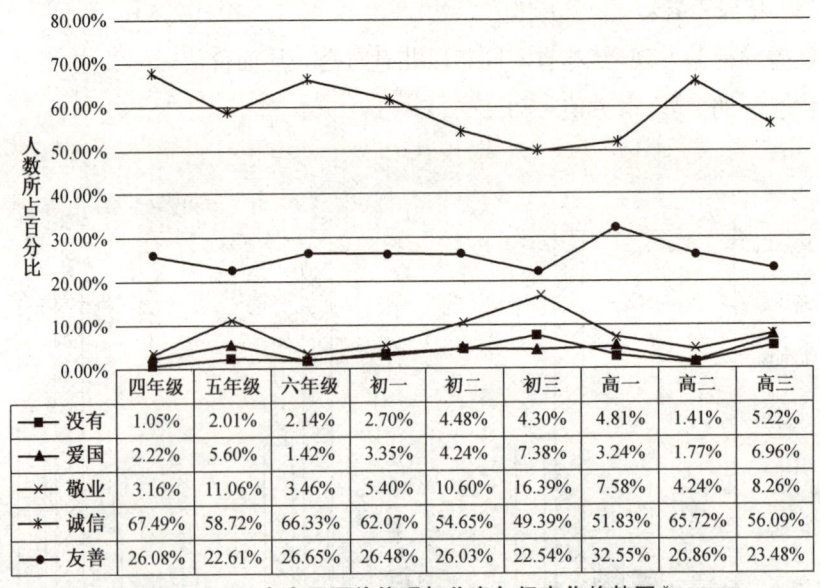

	四年级	五年级	六年级	初一	初二	初三	高一	高二	高三
没有	1.05%	2.01%	2.14%	2.70%	4.48%	4.30%	4.81%	1.41%	5.22%
爱国	2.22%	5.60%	1.42%	3.35%	4.24%	7.38%	3.24%	1.77%	6.96%
敬业	3.16%	11.06%	3.46%	5.40%	10.60%	16.39%	7.58%	4.24%	8.26%
诚信	67.49%	58.72%	66.33%	62.07%	54.65%	49.39%	51.83%	65.72%	56.09%
友善	26.08%	22.61%	26.65%	26.48%	26.03%	22.54%	32.55%	26.86%	23.48%

图1-17 个人层面价值观与儿童年级变化趋势图*

* 由于版面原因,本书中部分折线图中数据无法全部清晰标出。为更完整地呈现数据情况,该部分折线图中数据以表格的形式呈现,附于图后。

(2) 性别差异。

经差异检验发现,江苏省不同性别儿童对个人层面价值观的关注,总体上存在非常显著的差异(卡方值=88.078,$P\leqslant0.01$)。

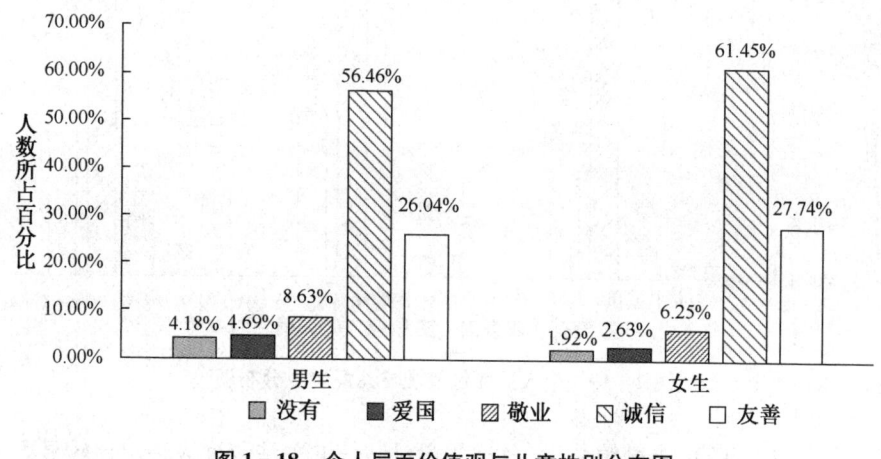

图1-18 个人层面价值观与儿童性别分布图

不同性别儿童各选项百分比如图1-18所示,经进一步统计分析发现:

男女生对敬业、诚信的关注程度表现出非常显著的差异($|AR|>2.58$)。

男女生对友善的关注程度不存在显著差异($|AR|\leqslant1.96$)。

(3) 城乡差异。

经差异检验发现,江苏省城乡儿童对个人层面价值观的关注,总体上存在非常显著的差异(卡方值=89.030,$P\leqslant0.01$)。

城乡儿童各选项百分比如图1-19所示,经进一步统计分析发现:

大中城市儿童与小城镇儿童对友善的关注程度表现出比较显著的差异($1.96<|AR|\leqslant2.58$)。人数比例从大中城市到小城镇再到乡村呈倒V形趋势。

大中城市儿童与小城镇儿童对敬业的关注程度表现出比较显著的差异($1.96<|AR|\leqslant2.58$)。人数比例从大中城市到小城镇再到乡村呈V形趋势。

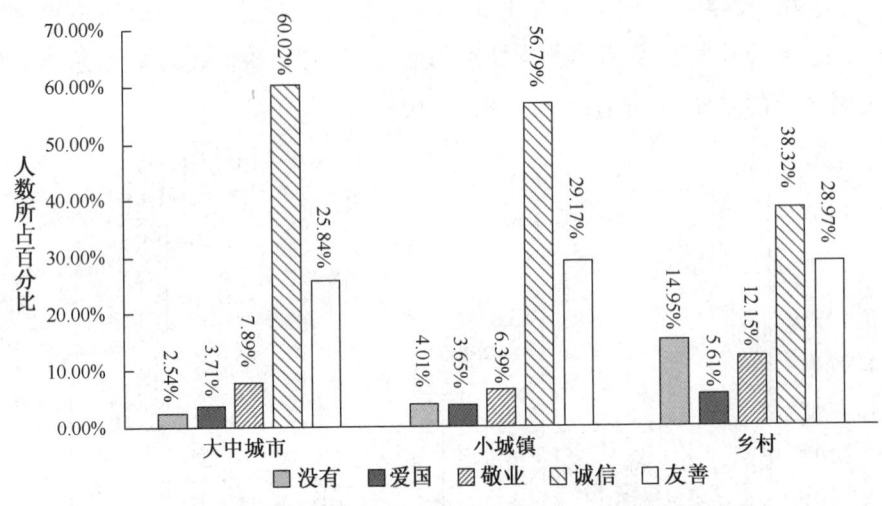

图1-19 个人层面价值观与儿童城乡分布图

大中城市儿童、小城镇儿童、乡村儿童对诚信的关注程度表现出比较显著的差异($1.96 < |AR| \leq 2.58$)。人数比例从大中城市到小城镇再到乡村呈下降趋势。

乡村儿童对敬业、友善的关注程度与大中城市儿童、小城镇儿童相比,均不存在显著差异($|AR| \leq 1.96$)。

(4) 生活满意度差异。

经差异检验发现,江苏省不同生活满意度的儿童对个人层面价值观的关注,总体上存在非常显著的差异(卡方值$=381.296$,$P \leq 0.01$)。

不同生活满意度的儿童各选项百分比如图1-20所示,经进一步统计分析发现:

对生活很满意和对生活基本满意的儿童对敬业、友善的关注程度表现出非常显著的差异($|AR| > 2.58$)。看重敬业的人数比例随着生活满意程度的下降而呈V形趋势。看重友善的人数比例随着生活满意程度的下降而呈上升趋势。

不同生活满意度的儿童对诚信的关注程度表现出比较显著的差异($1.96 < |AR| \leq 2.58$)。人数比例随着生活满意程度的下降而呈下降趋势。

对生活不满意的儿童对敬业、友善的关注程度与对生活很满意、对生活基本满意的儿童相比,不存在显著差异($|AR| \leq 1.96$)。

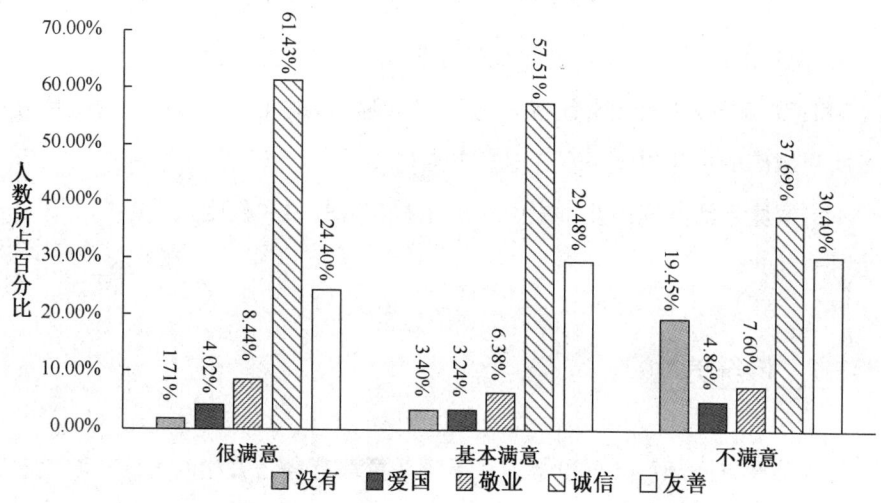

图 1-20　个人层面价值观与儿童生活满意度分布图

(5) 家庭生活方式差异。

经差异检验发现,江苏省不同家庭生活方式的儿童对个人层面价值观的关注,总体上存在非常显著的差异(卡方值=50.753,$P \leqslant 0.01$)。

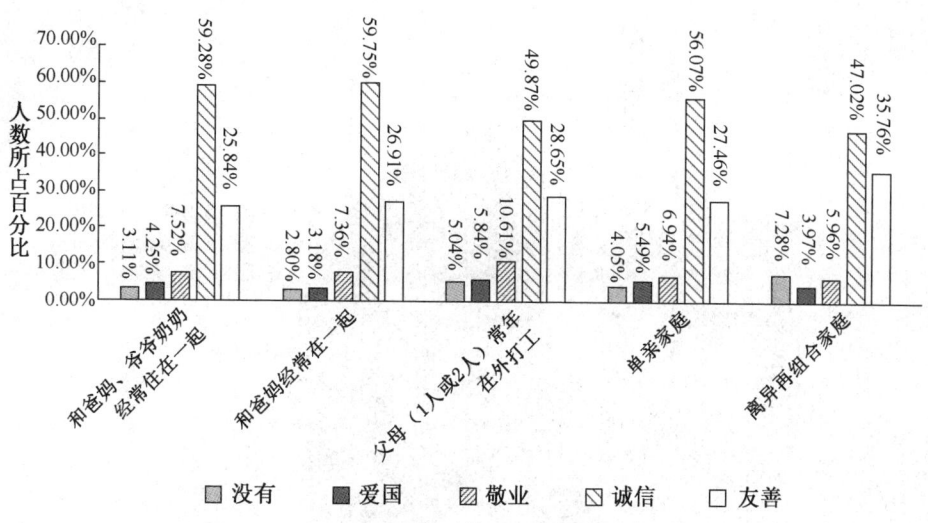

图 1-21　个人层面价值观与儿童家庭生活方式分布图

不同家庭生活方式的儿童各选项百分比如图 1-21 所示,经进一步统计分析发现:

"和爸妈经常在一起"、"父母(1人或2人)常年在外打工"、"离异再组合家庭"的儿童对诚信的关注程度差异比较显著($1.96<|AR|\leqslant 2.58$)。

"和爸妈、爷爷奶奶经常住在一起"、"单亲家庭"的儿童与其他家庭生活方式儿童间对诚信的关注程度不存在显著差异($|AR|\leqslant 1.96$)。

不同家庭生活方式的儿童之间对敬业和友善的关注程度均不存在显著差异($|AR|\leqslant 1.96$)。

1.2 传统美德

传统美德方面,97.00%以上的江苏省儿童都有自己关注的美德。看重孝敬父母、忠于国家、谦虚礼让、勤劳节俭的人数比例分别为53.60%、10.66%、19.31%、10.09%,孝敬父母是儿童最为看重的传统美德。(见图1-22)

(1) 年段差异。

经差异检验发现,江苏省不同年段儿童对传统美德的关注,总体上存在非常显著的差异(卡方值=66.476,$P\leqslant 0.01$),差异集中体现在被试对"没有"项的选择上。

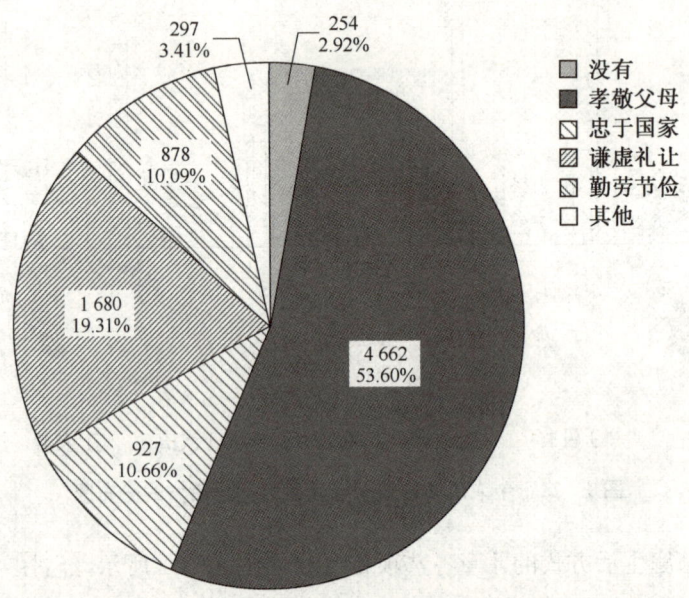

图1-22 传统美德与儿童人数百分比分布图

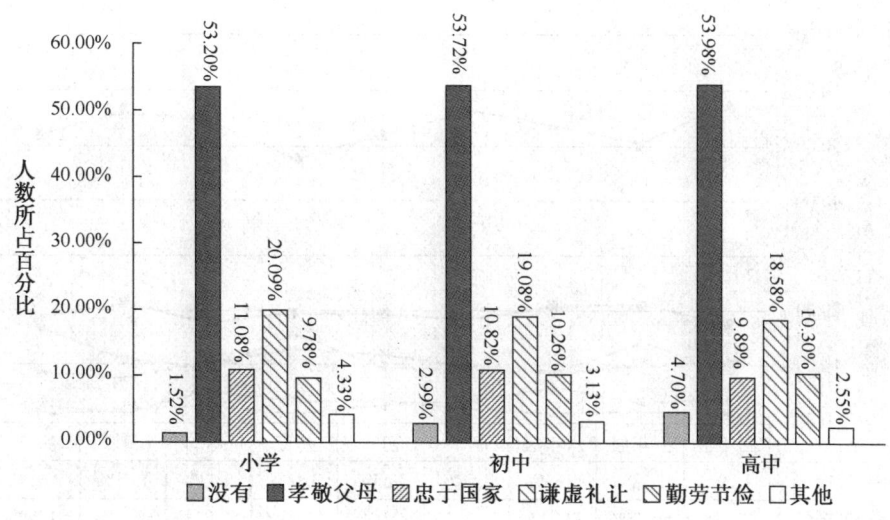

图 1-23 传统美德与儿童年段分布图

不同年段儿童各选项百分比如图 1-23 所示,经进一步统计分析发现:

小学生、初中生、高中生对孝敬父母、忠于国家、谦虚礼让、勤劳节俭的关注程度均不存在显著差异($|AR|\leqslant 1.96$)。

从传统美德与儿童年级变化趋势图可以看出,不同年龄的儿童都很看重孝敬父母,同时不同年龄儿童之间对各项传统美德的关注程度略有差异,但整体上年龄变化趋势不明显。(见图 1-24)

(2) 性别差异。

经差异检验发现,江苏省不同性别儿童对传统美德的关注,总体上存在非常显著的差异(卡方值=103.174,$P\leqslant 0.01$)。

不同性别儿童各选项百分比如图 1-25 所示,经进一步统计分析发现:

男女生对孝敬父母、忠于国家、勤劳节俭的关注程度均表现出非常显著的差异($|AR|>2.58$)。

男女生对谦虚礼让的关注程度不存在显著差异($|AR|\leqslant 1.96$)。

(3) 城乡差异。

经差异检验发现,江苏省城乡儿童对传统美德的关注,总体上存在非常显著的差异(卡方值=65.501,$P\leqslant 0.01$)。

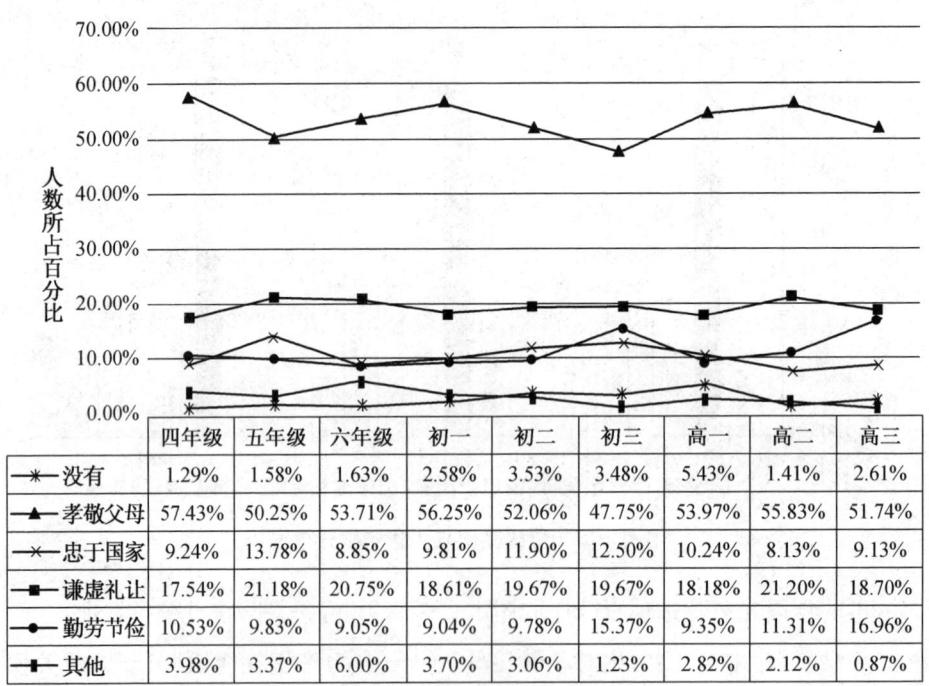

图 1-24 传统美德与儿童年级变化趋势图

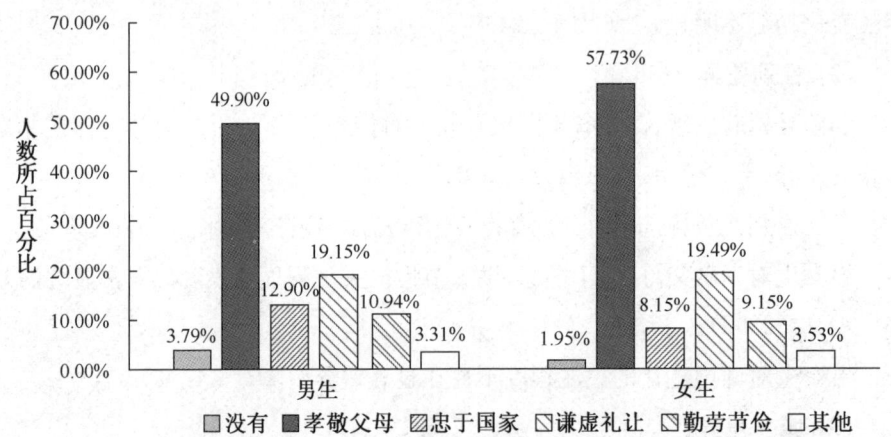

图 1-25 传统美德与儿童性别分布图

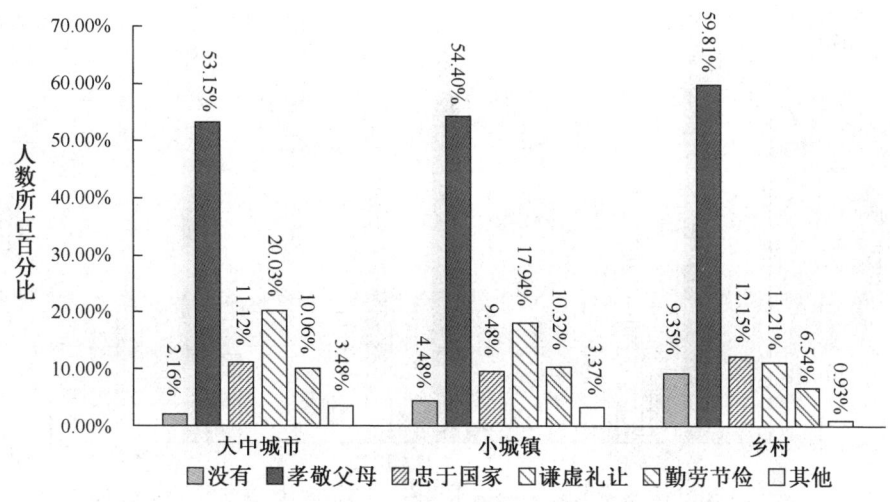

图 1-26 传统美德与儿童城乡分布图

城乡儿童各选项百分比如图 1-26 所示,经进一步统计分析发现:

大中城市儿童与小城镇儿童相比,对忠于国家的关注程度存在比较显著的差异,前者人数比例略高于后者($1.96<|AR|\leqslant 2.58$)。

大中城市儿童、小城镇儿童、乡村儿童对谦虚礼让的关注程度存在比较显著的差异($1.96<|AR|\leqslant 2.58$)。人数比例从大中城市到小城镇再到乡村呈下降趋势。

乡村儿童与大中城市儿童、小城镇儿童相比,对忠于国家的关注程度不存在显著差异($|AR|\leqslant 1.96$)。

城乡儿童之间对孝敬父母、勤劳节俭的关注程度均不存在显著差异($|AR|\leqslant 1.96$)。

(4) 生活满意度差异。

经差异检验发现,江苏省不同生活满意度的儿童对传统美德的关注,总体上存在非常显著的差异(卡方值$=173.425,P\leqslant 0.01$)。

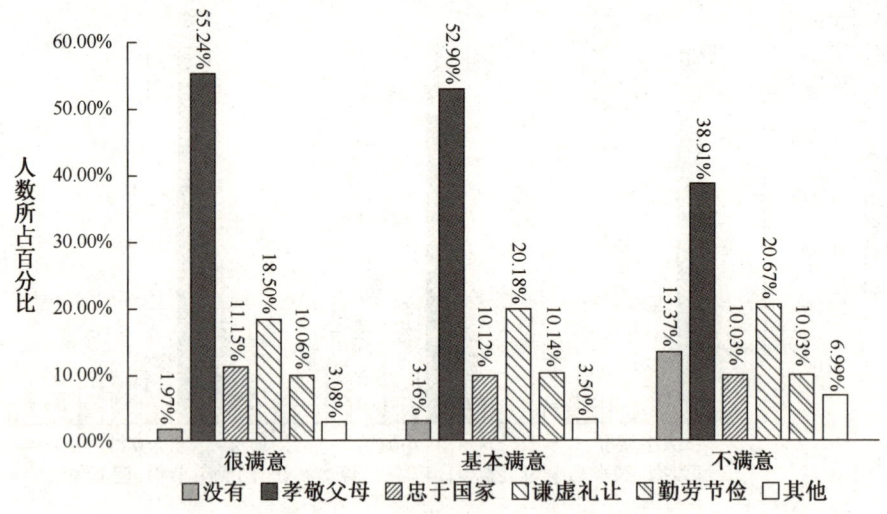

图 1-27 传统美德与儿童生活满意度分布图

不同生活满意度的儿童各选项百分比如图 1-27 所示,经进一步统计分析发现:

对生活很满意的儿童和对生活不满意的儿童对孝敬父母的关注程度表现出非常显著的差异($|AR|>2.58$)。人数比例随着生活满意程度的下降而呈现逐渐下降的趋势。

对生活基本满意与对生活很满意、对生活不满意的儿童相比,对孝敬父母的关注程度不存在显著差异($|AR|\leqslant 1.96$)。

不同生活满意度的儿童之间对忠于国家、谦虚礼让、勤劳节俭的关注程度均不存在显著差异($|AR|\leqslant 1.96$)。

(5) 家庭生活方式差异。

经差异检验发现,江苏省不同家庭生活方式的儿童对传统美德的关注,总体上存在非常显著的差异(卡方值=65.596,$P\leqslant 0.01$)。

不同家庭生活方式的儿童各选项百分比如图 1-28 所示,经进一步统计分析发现:

"和爸妈、爷爷奶奶经常住在一起"、"和爸妈经常在一起"、"父母(1人或2人)常年在外打工"、"离异再组合家庭"的儿童对孝敬父母的关注程度差异比较显著($1.96<|AR|\leqslant 2.58$);"父母(1人或2人)常年在外打工"、"和爸妈、爷爷

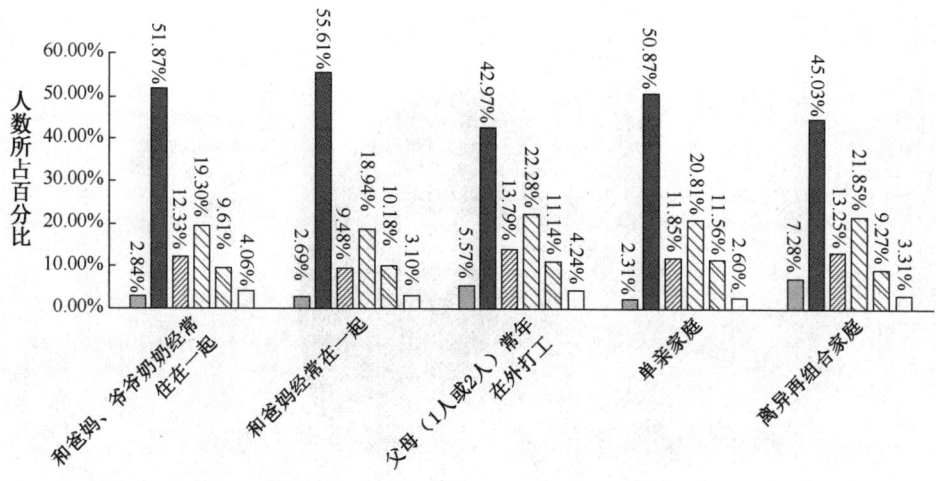

图1-28 传统美德与儿童家庭生活方式分布图

奶奶经常住在一起"、"和爸妈经常在一起"的儿童对忠于国家的关注程度差异比较显著($1.96 < |AR| \leq 2.58$)。

"单亲家庭"的儿童对孝敬父母的关注程度与其他家庭生活方式的儿童相比,不存在显著差异($|AR| \leq 1.96$)。

"单亲家庭"、"离异再组合家庭"的儿童对忠于国家的关注程度与其他家庭生活方式的儿童相比,不存在显著差异($|AR| \leq 1.96$)。

不同家庭生活方式的儿童之间对谦虚礼让、勤劳节俭的关注程度均不存在显著差异($|AR| \leq 1.96$)。

1.3 公共道德

公共道德方面,97.00%以上的江苏省儿童都有自己关注的公共道德。看重正义、按规则办事、不影响他人、廉洁奉公的人数比例分别为29.42%、20.60%、18.62%、27.35%。正义和廉洁奉公是受关注度较高的两项公共道德。(见图1-29)

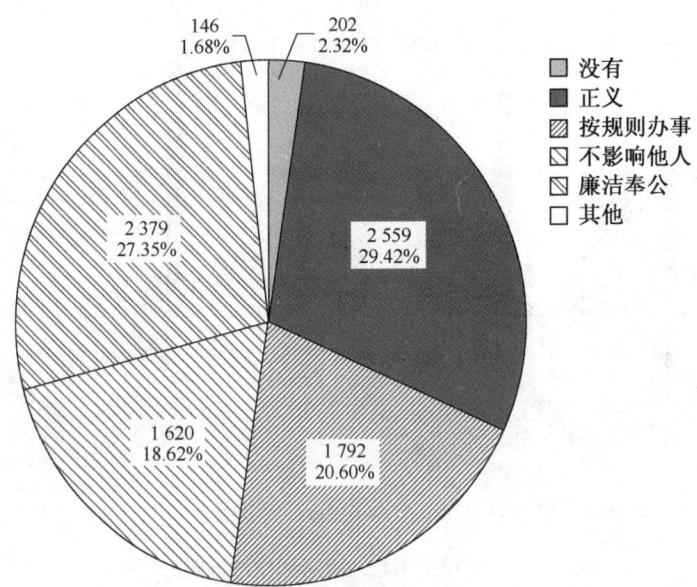

图1-29 公共道德与儿童人数百分比分布图

(1) 年段差异。

经差异检验发现,江苏省不同年段儿童对公共道德的关注,总体上存在非常显著的差异(卡方值=129.401,$P \leqslant 0.01$)。

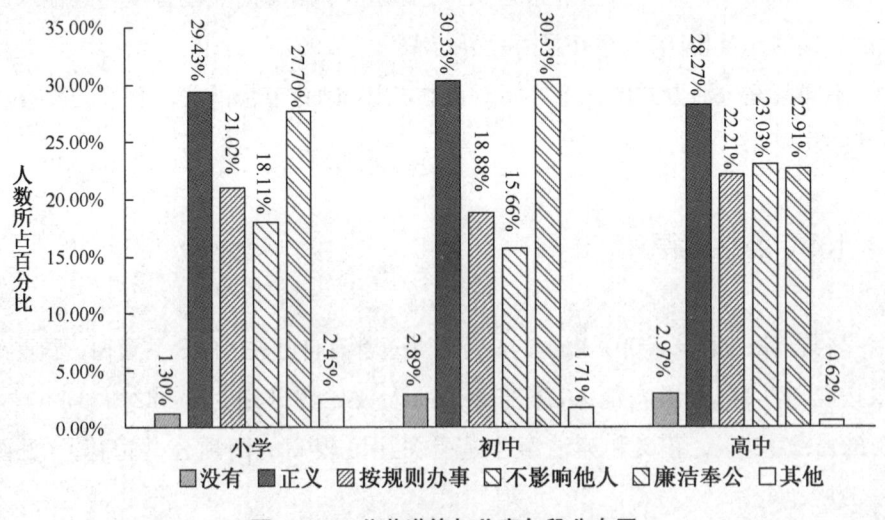

图1-30 公共道德与儿童年段分布图

不同年段儿童各选项百分比如图1-30所示,经进一步统计分析发现:

初中生和高中生对按规则办事、不影响他人、廉洁奉公的关注程度表现出非常显著的差异($|AR|>2.58$)。看重按规则办事和不影响他人的高中生人数比例高于初中生。人数比例随年段的增长呈V形趋势。看重廉洁奉公的初中生人数比例高于高中生。人数比例随年段的增长呈倒V形趋势。

小学生与初中生、高中生相比,对按规则办事、不影响他人、廉洁奉公的关注程度均不存在显著差异($|AR|\leqslant1.96$)。

小学生、初中生、高中生对正义的关注程度均不存在显著差异($|AR|\leqslant1.96$)。

从公共道德与儿童年级变化趋势图可以看出,小学六年级至高中二年级儿童,随着年龄的增长看重廉洁奉公的人数比例整体上呈下降趋势;看重按规则办事的人数比例在高中阶段波动较大。不同年龄的儿童对正义、不影响他人两项公共道德的关注程度不同,整体呈上下波动状态。(见图1-31)

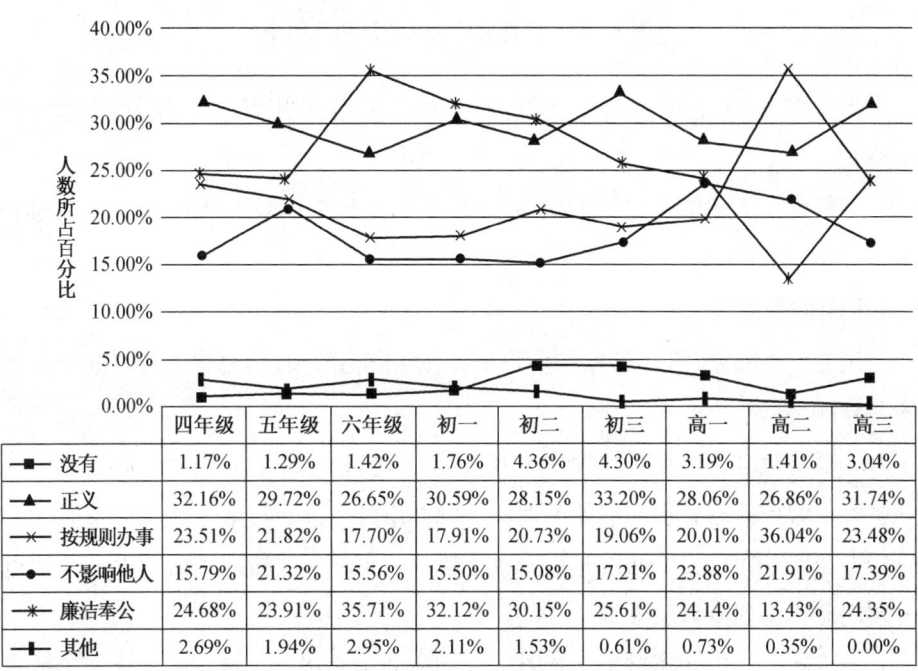

图1-31 公共道德与儿童年级变化趋势图

(2) 性别差异。

经差异检验发现,江苏省不同性别的儿童对公共道德的关注,总体上存在非常显著的差异(卡方值=40.702,$P \leqslant 0.01$)。

不同性别的儿童各选项百分比如图1-32所示,经进一步统计分析发现:

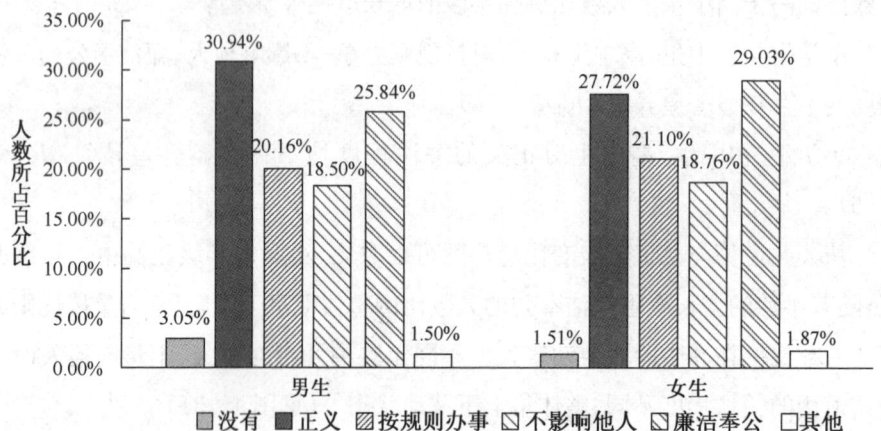

图1-32 公共道德与儿童性别分布图

男女生对正义、廉洁奉公的关注程度表现出非常显著的差异($|AR|>2.58$)。

不同性别的儿童之间对按规则办事、不影响他人的关注程度均不存在显著差异($|AR| \leqslant 1.96$)。

(3) 城乡差异。

经差异检验发现,江苏省城乡儿童对公共道德的关注,总体上存在非常显著的差异(卡方值=89.201,$P \leqslant 0.01$)。

城乡儿童各选项百分比如图1-33所示,经进一步统计分析发现:

大中城市儿童和小城镇儿童对按规则办事的关注程度表现出非常显著的差异($|AR|>2.58$)。大中城市儿童人数比例高于小城镇儿童。人数比例从大中城市到小城镇再到乡村呈V形趋势。

大中城市儿童和小城镇儿童对廉洁奉公的关注程度表现出非常显著的差异($|AR|>2.58$)。小城镇儿童人数比例高于大中城市儿童。人数比例从大中城市到小城镇再到乡村呈倒V形趋势。

1 江苏省儿童价值观发展状况

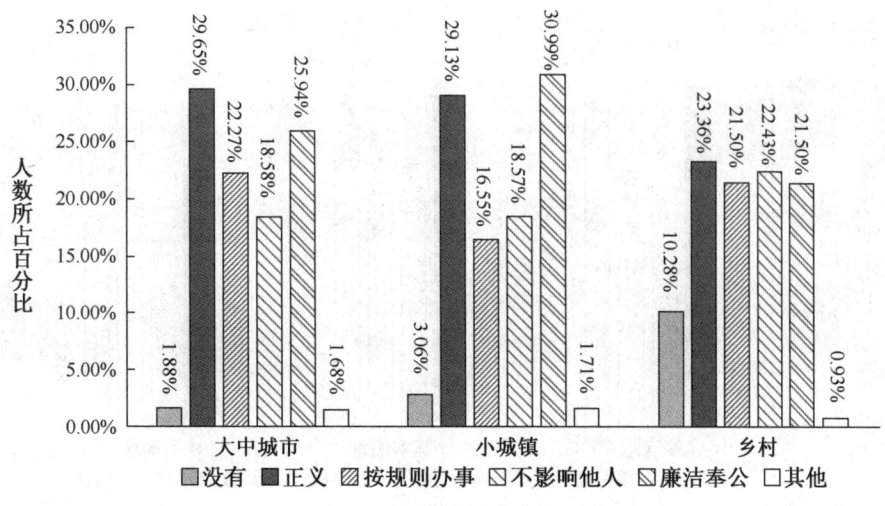

图1-33 公共道德与儿童城乡分布图

乡村儿童与大中城市儿童、小城镇儿童相比,对按规则办事的关注程度不存在显著差异($|AR|\leqslant 1.96$)。

乡村儿童与大中城市儿童、小城镇儿童相比,对廉洁奉公的关注程度不存在显著差异($|AR|\leqslant 1.96$)。

大中城市儿童、小城镇儿童、乡村儿童对正义、不影响他人的关注程度均不存在显著差异($|AR|\leqslant 1.96$)。

(4) 生活满意度差异。

经差异检验发现,江苏省不同生活满意度的儿童对公共道德的关注,总体上存在非常显著的差异(卡方值=132.856,$P\leqslant 0.01$)。

不同生活满意度的儿童各选项百分比如图1-34所示,经进一步统计分析发现:

不同生活满意度的儿童对不影响他人的关注程度表现出非常显著的差异($|AR|>2.58$)。人数比例随着生活满意程度的下降呈现逐渐增长的趋势。

对生活很满意和对生活不满意的儿童对廉洁奉公的关注程度表现出非常显著的差异($|AR|>2.58$)。人数比例随着生活满意程度的下降而呈现逐渐下降的趋势。

对生活基本满意的儿童对廉洁奉公的关注程度与对生活很满意、对生活不

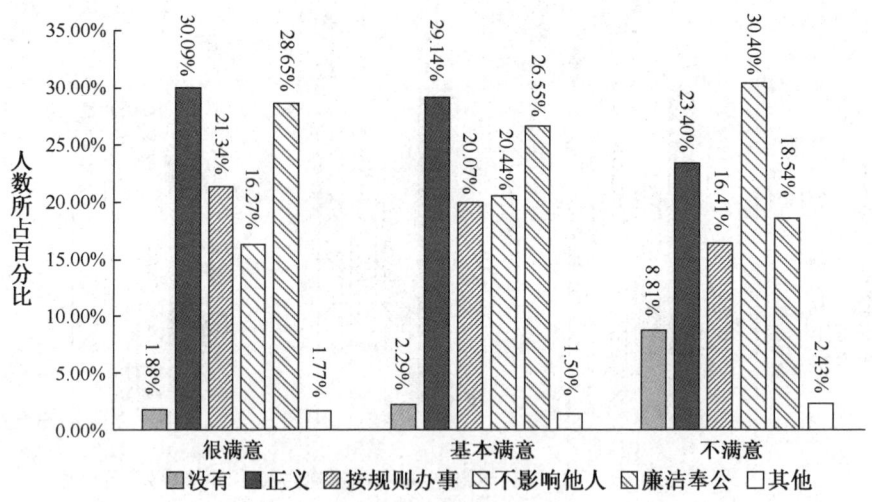

图 1-34 公共道德与儿童生活满意度分布图

满意的儿童相比,均不存在显著差异($|AR|\leqslant 1.96$)。

不同生活满意度的儿童对正义、按规则办事的关注程度不存在显著差异($|AR|\leqslant 1.96$)。

(5) 家庭生活方式差异。

经差异检验发现,江苏省不同家庭生活方式的儿童对公共道德的关注,总体上存在非常显著的差异(卡方值=48.358,$P\leqslant 0.01$)。

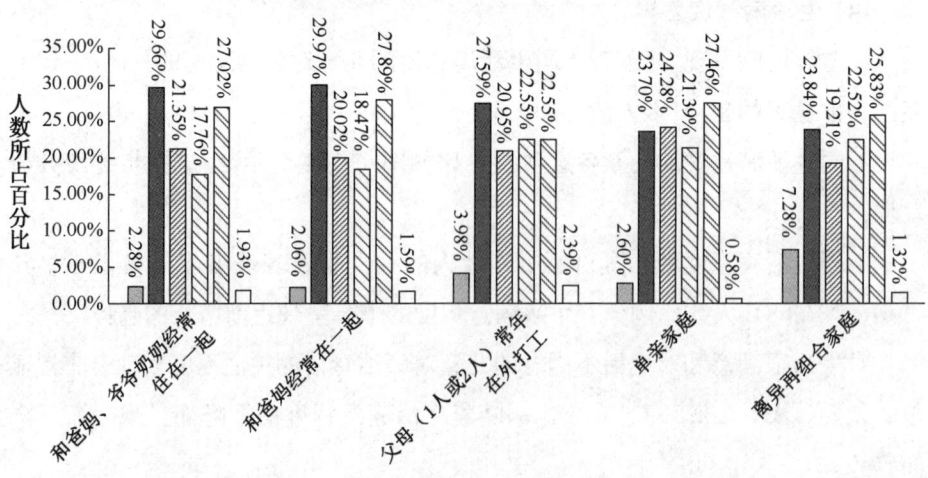

图 1-35 公共道德与儿童家庭生活方式分布图

不同家庭生活方式的儿童各选项百分比如图 1-35 所示,经进一步统计分析发现:

不同家庭生活方式的儿童之间对正义、按规则办事、不影响他人、廉洁奉公的关注程度均不存在显著差异($|AR|\leqslant 1.96$)。

1.4 个人修养

个人修养方面,近 97.00% 的江苏省儿童都有自己关注的价值观。勤奋是儿童关注度最高的个人修养方面的价值观,其次是大度和自省,看重节制的人数比例最低。(见图 1-36)

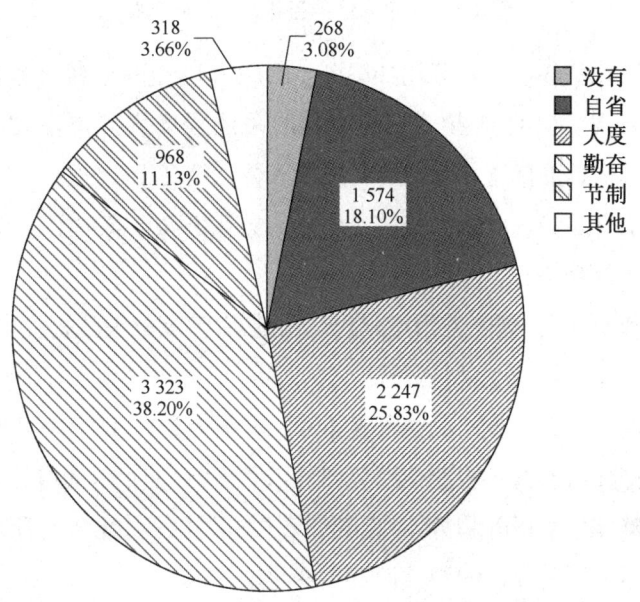

图 1-36 个人修养与儿童人数百分比分布图

(1) 年段差异。

经差异检验发现,江苏省不同年段儿童对个人修养的关注,总体上存在非常显著的差异(卡方值=387.867,$P\leqslant 0.01$)。

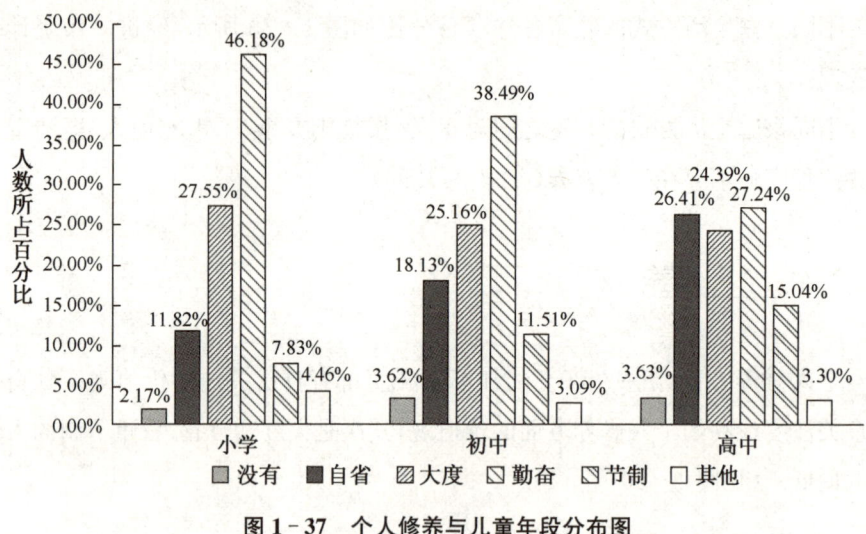

图 1-37　个人修养与儿童年段分布图

不同年段儿童各选项百分比如图 1-37 所示,经进一步统计分析发现:

小学生和高中生对自省、勤奋、节制的关注程度表现出非常显著的差异($|AR|>2.58$)。看重自省和节制的高中生人数比例高于小学生。人数比例随年段的增长呈上升趋势。看重勤奋的小学生人数比例高于高中生。人数比例随年段的增长呈下降趋势。

初中生与小学生、高中生相比,对自省、勤奋、节制的关注程度均不存在显著差异($|AR|\leqslant 1.96$)。

不同年段儿童对大度的关注程度不存在显著差异($|AR|\leqslant 1.96$)。

从个人修养与儿童年级变化趋势图可以看出,随着年龄的增长,儿童对勤奋的关注程度整体上呈下降趋势,对自省、节制的关注程度逐渐上升,对大度的关注程度则基本上不随年龄的增长而发生变化。(见图 1-38)

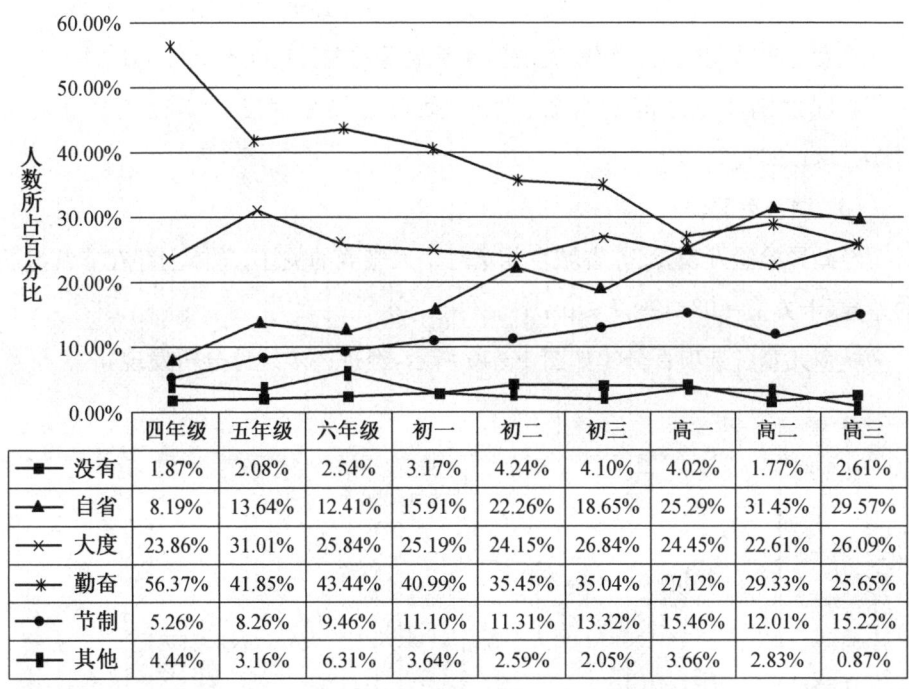

图 1-38 个人修养与儿童年级变化趋势图

(2) 性别差异。

经差异检验发现,江苏省不同性别儿童对个人修养的关注,总体上存在非常显著的差异(卡方值=28.132, $P \leqslant 0.01$)。

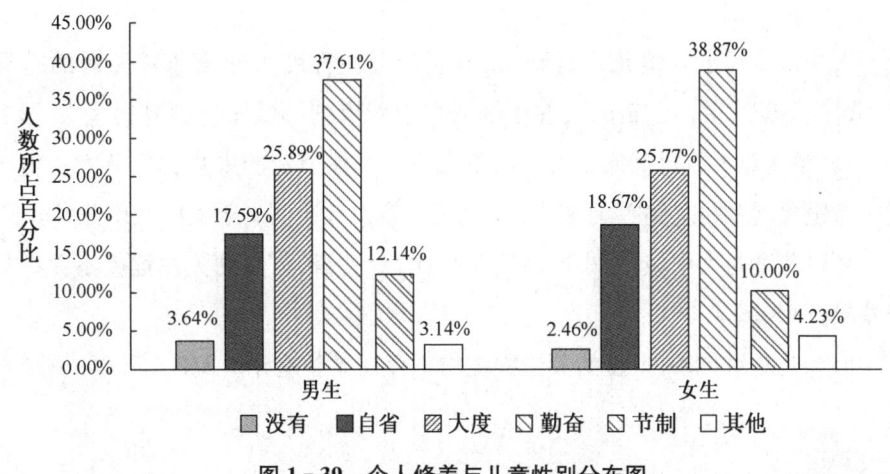

图 1-39 个人修养与儿童性别分布图

不同性别儿童各选项百分比如图1-39所示,经进一步统计分析发现:

男女生对节制的关注程度表现出非常显著的差异($|AR|>2.58$)。

不同性别儿童之间对自省、大度、勤奋的关注程度均不存在显著差异($|AR|\leqslant 1.96$)。

(3) 城乡差异。

经差异检验发现,江苏省城乡儿童对个人修养的关注,总体上存在非常显著的差异(卡方值=98.499,$P\leqslant 0.01$)。

城乡儿童各选项百分比如图1-40所示,经进一步统计分析发现:

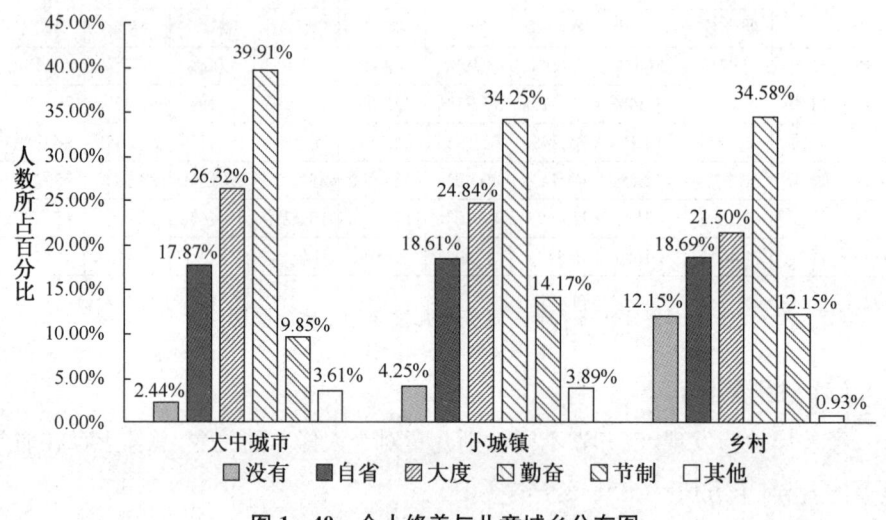

图1-40 个人修养与儿童城乡分布图

大中城市和小城镇儿童对勤奋、节制的关注程度表现出非常显著的差异($|AR|>2.58$)。关注勤奋的人数比例从大中城市到小城镇再到乡村呈V形趋势,小城镇儿童人数比例低于大中城市儿童。关注节制的人数比例从大中城市到小城镇再到乡村呈倒V形趋势,小城镇儿童人数比例高于大中城市儿童。

乡村儿童与大中城市、小城镇儿童相比,对勤奋、节制的关注程度不存在显著差异($|AR|\leqslant 1.96$)。

城乡儿童对自省、大度的关注程度均不存在显著差异($|AR|\leqslant 1.96$)。

(4) 生活满意度差异。

经差异检验发现,江苏省不同生活满意度的儿童对个人修养的关注,总体上存在非常显著的差异(卡方值=245.689,$P\leqslant0.01$)。

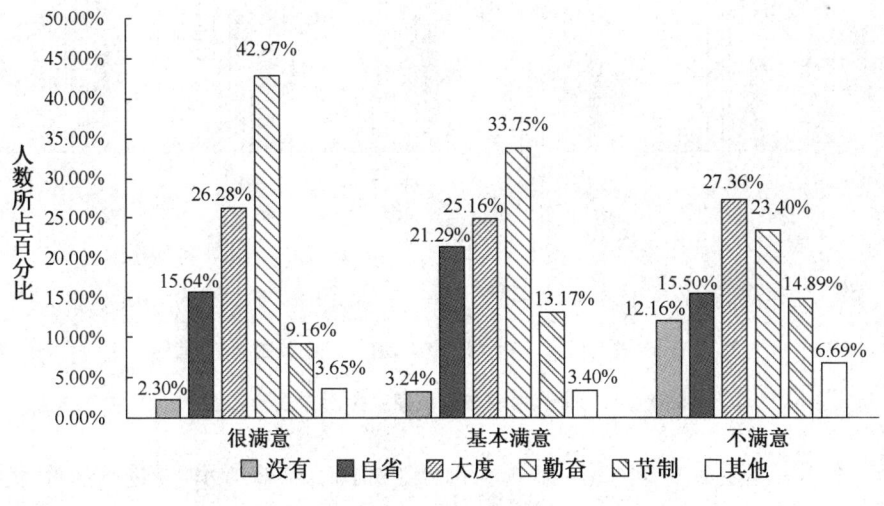

图1-41 个人修养与儿童生活满意度分布图

不同生活满意度的儿童各选项百分比如图1-41所示,经进一步统计分析发现:

不同生活满意度的儿童对勤奋的关注程度表现出非常显著的差异($|AR|>2.58$)。人数比例随着生活满意程度的下降而呈逐渐下降的趋势。

不同生活满意度的儿童对节制的关注程度表现出比较显著的差异($1.96<|AR|\leqslant2.58$)。人数比例随着生活满意程度的下降而呈逐渐上升的趋势。

不同生活满意度的儿童对自省、大度的关注程度不存在显著差异($|AR|\leqslant1.96$)。

(5) 家庭生活方式差异。

经差异检验发现,江苏省不同家庭生活方式的儿童对个人修养的关注,总体上存在非常显著的差异(卡方值=42.410,$P\leqslant0.01$)。

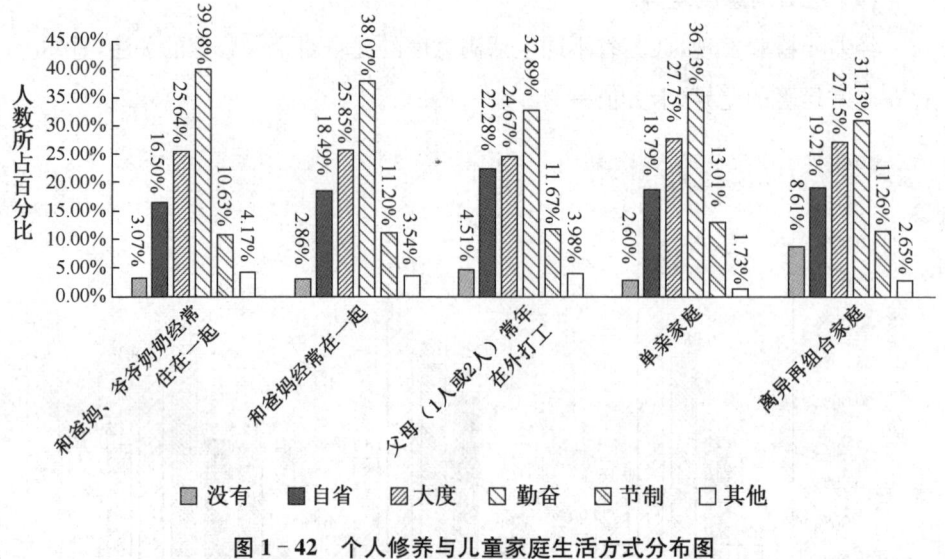

图1-42 个人修养与儿童家庭生活方式分布图

不同家庭生活方式的儿童各选项百分比如图1-42所示,经进一步统计分析发现:

部分不同家庭生活方式的儿童对自省、勤奋的关注程度表现出比较显著的差异($1.96<|AR|\leqslant 2.58$)。"父母(1人或2人)常年在外打工"的儿童与"和爸妈、爷爷奶奶经常住在一起"的儿童相比,对自省的关注程度存在比较显著的差异($1.96<|AR|\leqslant 2.58$),前者人数比例高于后者;"和爸妈、爷爷奶奶经常住在一起"的儿童与"父母(1人或2人)常年在外打工"的儿童相比,对勤奋的关注程度存在比较显著的差异($1.96<|AR|\leqslant 2.58$),前者人数比例高于后者。

"和爸妈经常在一起"、"单亲家庭"、"离异再组合家庭"的儿童与其他家庭生活方式的儿童相比,对自省、勤奋的关注程度不存在显著差异($|AR|\leqslant 1.96$)。

不同家庭生活方式的儿童之间对大度、节制的关注程度均不存在显著差异($|AR|\leqslant 1.96$)。

2 江苏省儿童道德情感发展状况

儿童道德情感发展状况主要涉及爱国情感、关爱情感、集体责任感、自尊感、羞耻感等方面的发展。统计分析显示,江苏省儿童在这些具体的道德情感发展方面整体表现良好。

2.1 爱国情感

经统计发现,江苏省中小学儿童普遍具有爱国情感。85.29%的江苏省儿童

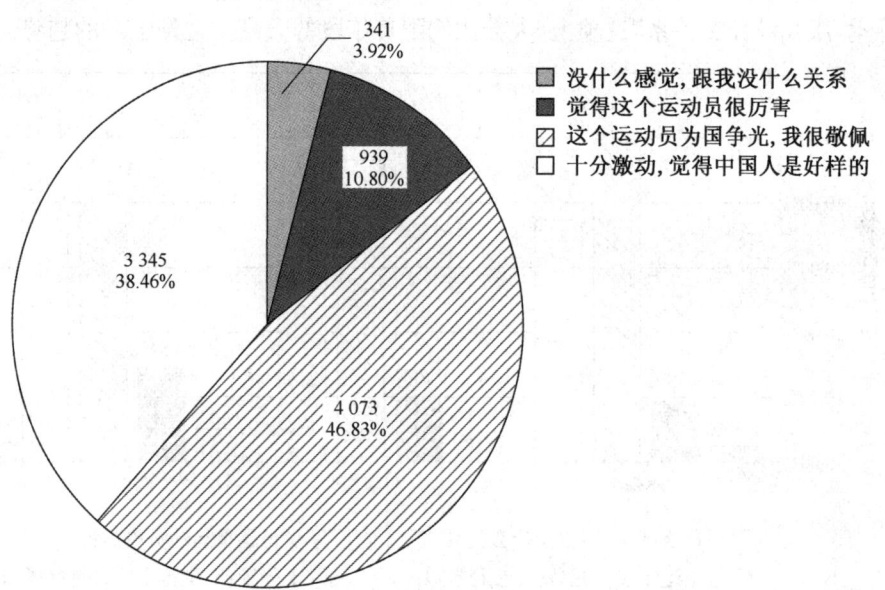

图 2-1 爱国情感与儿童人数百分比分布图

因中国运动员在国际比赛中获得冠军而激动和骄傲,其中 38.46% 的江苏省儿童十分激动,觉得中国人是好样的,46.83% 的江苏省儿童认为这个运动员为国争光,表示很敬佩(本调查视此两种选择为具有爱国情感的表现);同时,3.92% 的江苏省儿童认为中国运动员在国际比赛中获得冠军与自己没有什么关系,还有 10.80% 的江苏省儿童仅仅认为中国运动员很厉害。由此可见,江苏省儿童的爱国情感表现不尽相同,但整体发展良好。(见图 2-1)

(1) 年段差异。

经差异检验发现,江苏省不同年段的儿童在爱国情感方面总体上存在非常显著的差异(卡方值=107.052,$P \leqslant 0.01$)。

不同年段的儿童各选项百分比如图 2-2 所示,经进一步统计分析发现:

在"觉得这个运动员很厉害"选项上,小学生、初中生、高中生之间表现出非常显著的差异($|AR| > 2.58$)。人数比例随着年段的升高呈逐渐上升的趋势。

在"这个运动员为国争光,我很敬佩"、"没什么感觉,跟我没什么关系"选项上,小学生和高中生之间差异非常显著($|AR| > 2.58$)。在"这个运动员为国争光,我很敬佩"选项上,人数比例随着年段的升高呈逐渐下降的趋势;在"没什么感觉,跟我没什么关系"选项上,人数比例随着年段的升高呈逐渐上升的趋势。

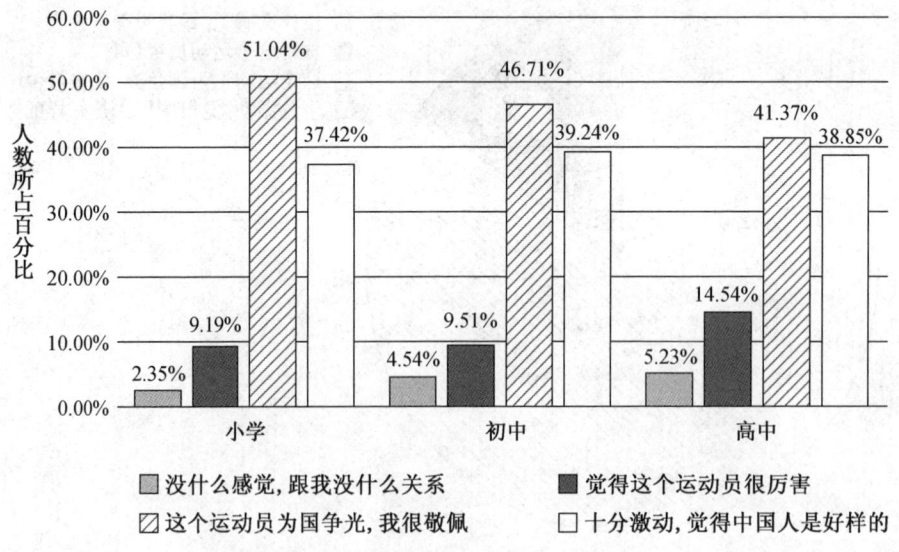

图 2-2 爱国情感与儿童年段分布图

在"十分激动,觉得中国人是好样的"选项上,三个年段之间差异不显著($|AR|\leqslant 1.96$)。

在"这个运动员为国争光,我很敬佩"、"没什么感觉,跟我没什么关系"选项上,初中生与小学生、高中生相比,差异不显著($|AR|\leqslant 1.96$)。

经差异检验发现,江苏省不同年级的儿童在爱国情感方面总体上存在非常显著的差异(卡方值=228.523,$P\leqslant 0.01$)。

不同年级的儿童各选项百分比如图2-3所示,经进一步统计分析发现:

当中国运动员在国际比赛中获得冠军时,各年级儿童选择"十分激动,觉得中国人是好样的"的比例整体上随着年级的升高呈上升的趋势,选择"这个运动员为国争光,我很敬佩"的比例随着年级的升高整体呈下降的趋势,年级越低越倾向于将他人的荣誉行为归结于敬佩并因此激励自己。儿童选择"没什么感觉,跟我没什么关系"和"觉得这个运动员很厉害"的比例随着年级的升高变化不大。

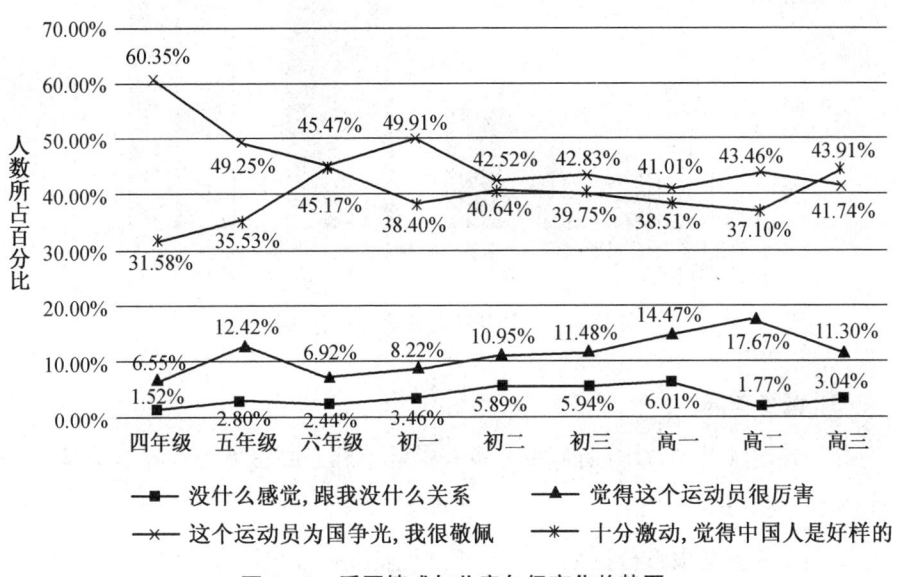

图2-3 爱国情感与儿童年级变化趋势图

(2) 性别差异。

经差异检验发现,江苏省不同性别的儿童在爱国情感方面总体上存在非常显著的差异(卡方值=53.015,$P\leqslant 0.01$)。

不同性别的儿童各选项百分比如图2-4所示,经进一步统计分析发现:

在"十分激动,觉得中国人是好样的"、"没什么感觉,跟我没什么关系"、"觉得这个运动员很厉害"选项上,男女生差异均非常显著($|AR|>2.58$)。

在"这个运动员为国争光,我很敬佩"选项上,男女生之间差异不显著($|AR|\leqslant 1.96$)。

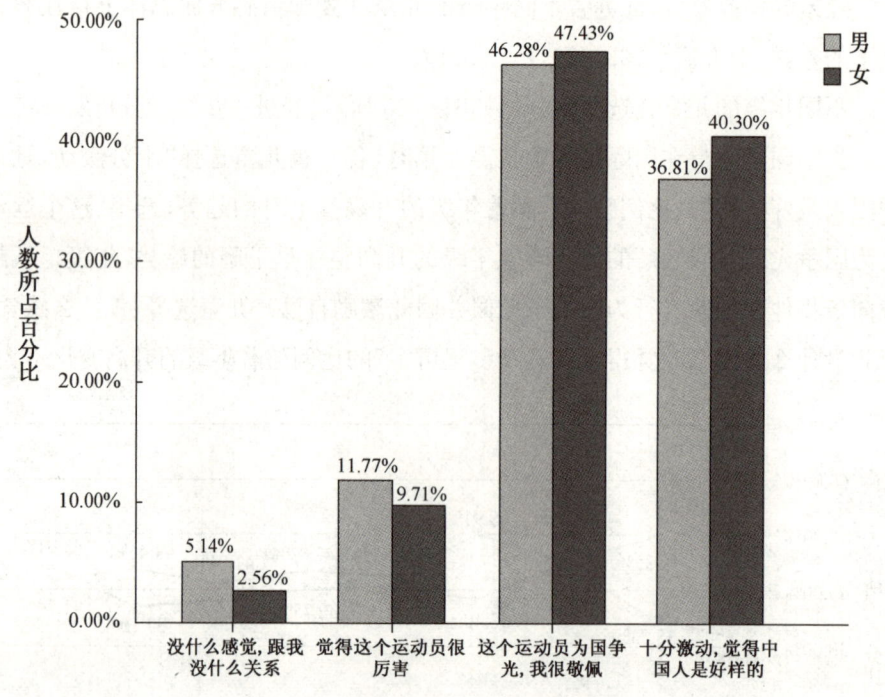

图 2-4　爱国情感与儿童性别分布图

(3) 城乡差异。

经差异检验发现,江苏省城乡儿童在爱国情感方面总体上差异非常显著(卡方值$=49.388$, $P\leqslant 0.01$)。

城乡儿童各选项百分比如图 2-5 所示,经进一步统计分析发现:

在"没什么感觉,跟我没什么关系"选项上,大中城市、小城镇和乡村的儿童之间差异非常显著($|AR|>2.58$)。人数比例从大中城市到小城镇再到乡村呈上升趋势。

在"觉得这个运动员很厉害"、"这个运动员为国争光,我很敬佩"、"十分激动,觉得中国人是好样的"选项上,城乡儿童之间不存在显著差异($|AR|\leqslant$

1.96)。

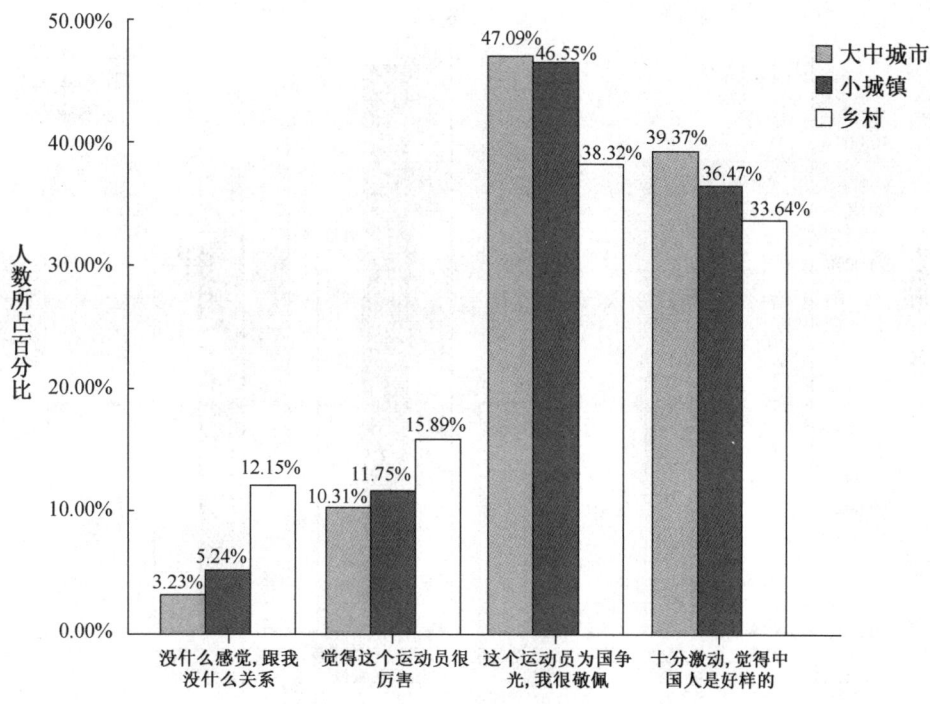

图 2-5 爱国情感与儿童城乡分布图

(4) 生活满意度差异。

经差异检验发现,江苏省不同生活满意度的儿童在爱国情感方面总体上存在非常显著的差异(卡方值=338.048,$P \leqslant 0.01$)。

不同生活满意度的儿童各选项百分比如图 2-6 所示,经进一步统计分析发现:

在"觉得这个运动员很厉害"选项上,不同满意度的儿童之间差异非常显著($|AR|>2.58$),人数比例随着生活满意度的下降呈上升趋势。

在"没什么感觉,跟我没什么关系"、"这个运动员为国争光,我很敬佩"、"十分激动,觉得中国人是好样的"选项上,对生活很满意和对生活不满意的儿童间差异非常显著($|AR|>2.58$)。在"没什么感觉,跟我没什么关系"选项上,人数比例随着生活满意度的下降呈上升趋势;在"这个运动员为国争光,我很敬佩"选项上,人数比例随着生活满意度的下降呈下降趋势;在"十分激动,觉得中国人是

好样的"选项上,人数比例随着生活满意度的下降呈下降趋势。

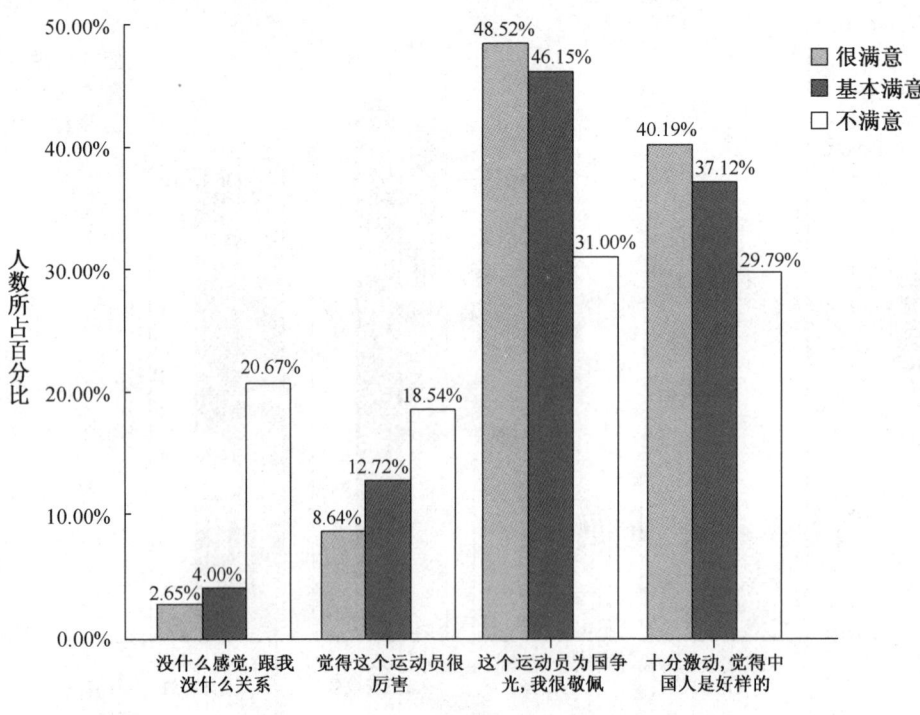

图 2-6 爱国情感与儿童生活满意度分布图

(5) 家庭生活方式差异。

经差异检验发现,江苏省不同家庭生活方式的儿童在爱国情感方面总体上存在非常显著的差异(卡方值=37.817,$P \leqslant 0.01$)。

不同家庭生活方式的儿童各选项百分比如图 2-7 所示,经进一步统计分析发现:

在"十分激动,觉得中国人是好样的"选项上,"和爸妈、爷爷奶奶经常住在一起"、"和爸妈经常在一起"的儿童之间差异非常显著($|AR|>2.58$)。

在"没什么感觉,跟我没什么关系"选项上,"和爸妈经常在一起"、"离异再组合家庭"的儿童之间差异非常显著($|AR|>2.58$)。

在"十分激动,觉得中国人是好样的"选项上,"父母(1 人或 2 人)常年在外打工"、"单亲家庭"、"离异再组合家庭"的儿童与其他家庭生活方式的儿童相比,不存在显著差异($|AR| \leqslant 1.96$)。

在"没什么感觉,跟我没什么关系"选项上,"和爸妈、爷爷奶奶经常住在一起"、"父母(1人或2人)常年在外打工"、"单亲家庭"的儿童与其他家庭生活方式的儿童相比,不存在显著差异($|AR|\leqslant 1.96$)。

在"这个运动员为国争光,我很敬佩"、"觉得这个运动员很厉害"选项上,不同家庭生活方式的儿童之间差异不显著($|AR|\leqslant 1.96$)。

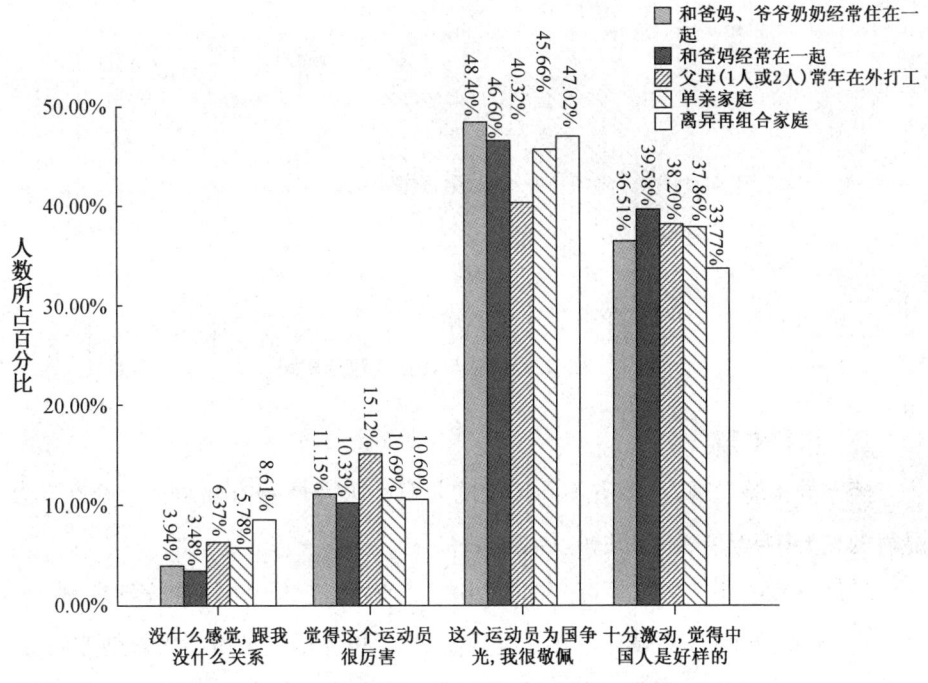

图2-7 爱国情感与儿童家庭生活方式分布图

2.2 关爱情感

统计显示,江苏省91.71%的儿童具有明显的关爱情感;3.90%的江苏省儿童当从新闻中知道山区孩子上不了学时,觉得无所谓,跟自己无关;还有4.39%的江苏省儿童不相信我国还有这样贫穷的地方。儿童表现关爱情感的方式不同,47.45%的江苏省儿童对贫困地区的孩子上不了学给予的关爱和同情是希望有好心人能帮他们;另外44.26%的江苏省儿童想尽自己的努力帮助关爱他人。(见图2-8)

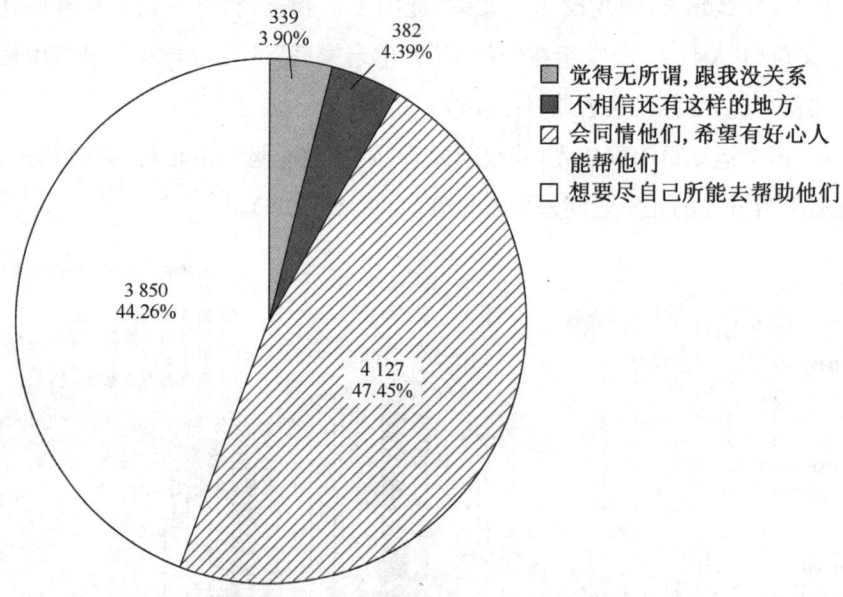

图 2-8 关爱情感与儿童人数分布图

(1) 年段差异。

经差异检验发现,江苏省不同年段的儿童在关爱情感方面总体上存在非常显著的差异(卡方值=384.900,$P \leqslant 0.01$)。

不同年段的儿童各选项百分比如图 2-9 所示,经进一步统计分析发现:

在"会同情他们,希望有好心人能帮他们"、"想要尽自己所能去帮助他们"选项上,小学生、初中生、高中生之间的差异非常显著($|AR|>2.58$)。在"会同情他们,希望有好心人能帮他们"选项上,人数比例随着年段的升高呈逐渐上升趋势;在"想要尽自己所能去帮助他们"选项上,人数比例随着年段的升高呈逐渐下降趋势。

在"觉得无所谓,跟我没关系"选项上,小学生和高中生间差异非常显著($|AR|>2.58$)。人数比例随着年段的升高呈上升趋势。

在"觉得无所谓,跟我没关系"选项上,初中生与小学生、高中生相比,不存在显著差异($|AR| \leqslant 1.96$)。

在"不相信还有这样的地方"选项上,不同年段的儿童间差异不显著($|AR| \leqslant 1.96$)。

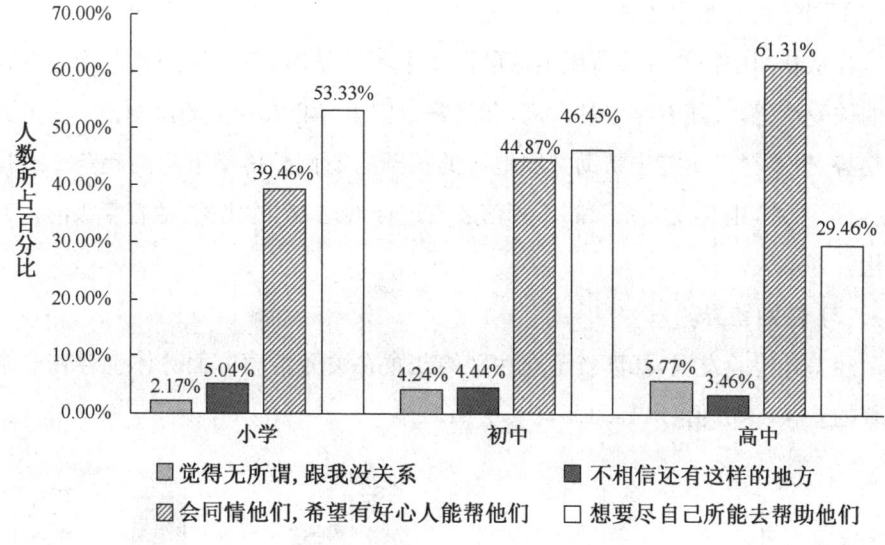

图 2-9 关爱情感与儿童年段分布图

经差异检验发现,江苏省不同年级的儿童在关爱情感方面总体上存在非常显著的差异(卡方值=568.093,$P \leqslant 0.01$)。

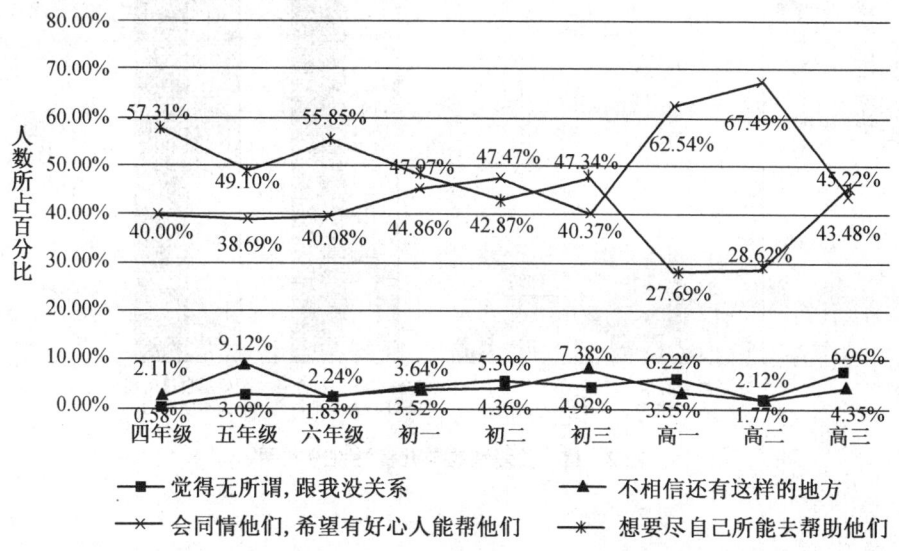

图 2-10 关爱情感与儿童年级变化趋势图

不同年级的儿童各选项百分比如图 2-10 所示,经进一步统计分析发现:

当从新闻中得知许多贫困地区的孩子上不了学时,各年级的儿童均具有良好的关爱情感,且随着年级的升高,儿童寄希望于好心人身上的比例整体呈上升的趋势,想要尽己所能去帮助贫困地区的孩子的比例整体呈下降的趋势。选择"觉得无所谓,跟我没关系"和"不相信还有这样的地方"的比例,随着年级的上升变化幅度不大。

(2) 性别差异。

经差异检验发现,江苏省不同性别的儿童在关爱情感方面总体上存在非常显著的差异(卡方值=115.375,$P \leqslant 0.01$)。

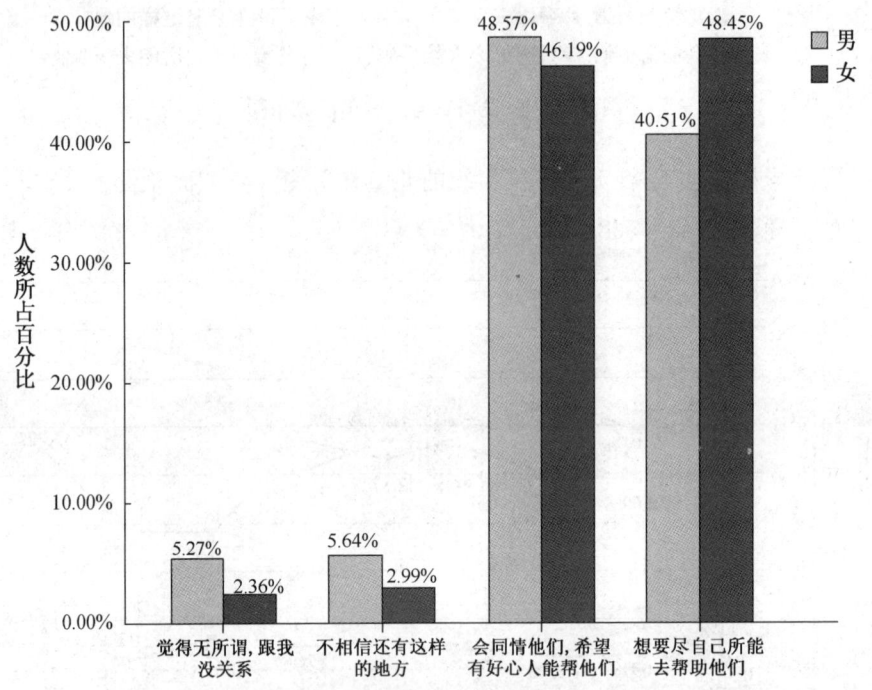

图 2-11 关爱情感与儿童性别分布图

不同性别的儿童各选项百分比如图2-11所示,经进一步统计分析发现:

在"觉得无所谓,跟我没关系"、"不相信还有这样的地方"、"想要尽自己所能去帮助他们"选项上,男女生差异非常显著($|AR|>2.58$)。

在"会同情他们,希望有好心人能帮他们"选项上,男女生差异比较显著($1.96<|AR|\leqslant 2.58$)。

(3) 城乡差异。

经差异检验发现,江苏省城乡儿童在关爱情感方面总体上差异非常显著(卡方值=82.219,$P\leqslant 0.01$)。

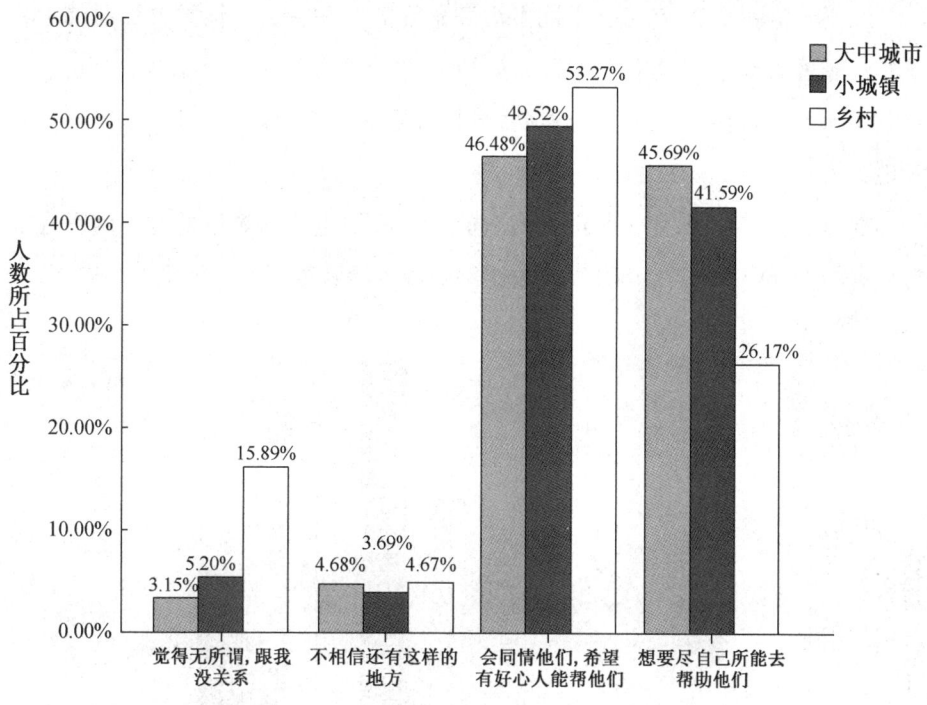

图2-12 关爱情感与儿童城乡分布图

城乡儿童各选项百分比如图2-12所示,经进一步统计分析发现:

在"会同情他们,希望有好心人能帮他们"、"想要尽自己所能去帮助他们"、"觉得无所谓,跟我没关系"选项上,城乡儿童存在非常显著的差异($|AR|>2.58$)。在"会同情他们,希望有好心人能帮他们"选项上,人数比例从大中城市到小城镇再到乡村呈上升趋势;在"想要尽自己所能去帮助他们"选项上,人数比

例从大中城市到小城镇再到乡村呈下降趋势;在"觉得无所谓,跟我没关系"选项上,人数比例从大中城市到小城镇再到乡村呈上升趋势。

在"不相信还有这样的地方"选项上,大中城市和小城镇儿童之间的差异比较显著($1.96 < |AR| \leqslant 2.58$)。人数比例从大中城市到小城镇再到乡村呈 V 形趋势。

在"不相信还有这样的地方"选项上,乡村儿童与大中城市、小城镇儿童相比,不存在显著差异($|AR| \leqslant 1.96$)。

(4) 生活满意度差异。

经差异检验发现,江苏省不同生活满意度的儿童在关爱情感方面总体上存在非常显著的差异(卡方值=477.779,$P \leqslant 0.01$)。

不同生活满意度的儿童各选项百分比如图 2-13 所示,经进一步统计分析发现:

在"想要尽自己所能去帮助他们"选项上,不同生活满意度的儿童间存在非常显著的差异($|AR| > 2.58$)。人数比例随着生活满意度的下降呈下降趋势。

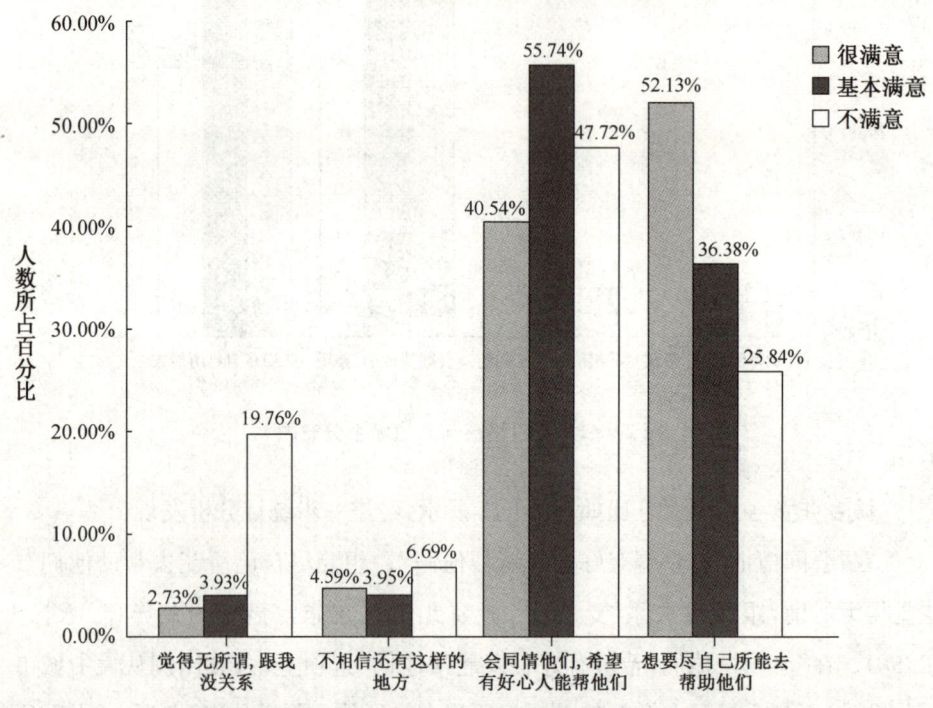

图 2-13 关爱情感与儿童生活满意度分布图

在"觉得无所谓,跟我没关系"选项上,对生活很满意和对生活不满意的儿童之间差异非常显著($|AR|>2.58$)。人数比例随着生活满意度的下降呈上升趋势。

在"会同情他们,希望有好心人能帮他们"选项上,对生活很满意和基本满意的儿童之间差异非常显著($|AR|>2.58$)。人数比例随着生活满意度的下降呈倒 V 形趋势。

在"不相信还有这样的地方"选项上,不同生活满意度的儿童间不存在显著差异($|AR|\leqslant1.96$)。

在"觉得无所谓,跟我没关系"选项上,对生活基本满意的儿童与对生活很满意、对生活不满意的儿童相比,不存在显著差异($|AR|\leqslant1.96$)。

在"会同情他们,希望有好心人能帮他们"选项上,对生活不满意的儿童与对生活很满意、基本满意的儿童相比,不存在显著差异($|AR|\leqslant1.96$)。

(5)家庭生活方式差异。

经差异检验发现,江苏省不同家庭生活方式的儿童在关爱情感方面总体上存在非常显著的差异(卡方值$=69.501,P\leqslant0.01$)。

不同家庭生活方式的儿童各选项百分比如图 2-14 所示,经进一步统计分析发现:

在"不相信还有这样的地方"选项上,"和爸妈经常在一起"、"和爸妈、爷爷奶奶经常住在一起"、"单亲家庭"、"父母(1 人或 2 人)常年在外打工"的儿童间差异非常显著($|AR|>2.58$)。

在"会同情他们,希望有好心人能帮他们"选项上,"和爸妈、爷爷奶奶经常住一起"、"和爸妈经常在一起"的儿童间差异比较显著($1.96<|AR|\leqslant2.58$)。

在"不相信还有这样的地方"选项上,"离异再组合家庭"的儿童与其他家庭生活方式的儿童相比,不存在显著差异($|AR|\leqslant1.96$)。

在"会同情他们,希望有好心人能帮他们"选项上,"离异再组合家庭"、"单亲家庭"、"父母(1 人或 2 人)常年在外打工"的儿童与其他家庭生活方式的儿童相比,不存在显著差异($|AR|\leqslant1.96$)。

在"想要尽自己所能去帮助他们"、"觉得无所谓,跟我没关系"选项上,不同家庭生活方式的儿童间不存在显著差异($|AR|\leqslant1.96$)。

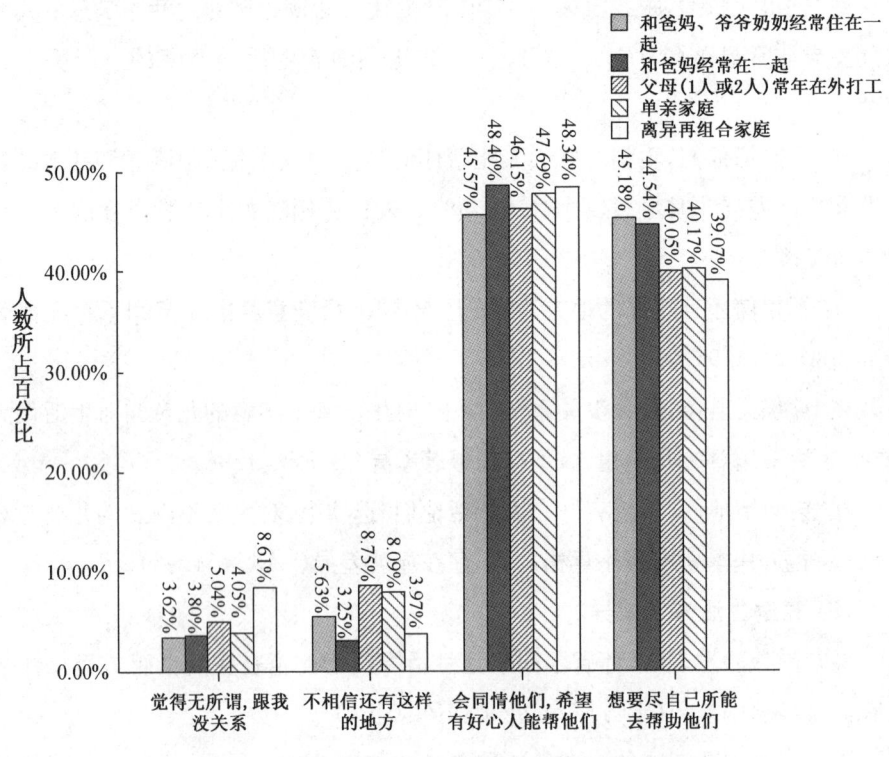

图 2-14 关爱情感与儿童家庭生活方式分布图

2.3 集体责任感

统计显示,85.65%的江苏省儿童表现出明显的集体责任感,38.69%的江苏省儿童选择通过管好自己给他人做表率,46.96%的江苏省儿童选择说服全班同学共同维护班集体的卫生,承担起作为班集体一分子的责任。但仍有3.20%的江苏省儿童认为教室卫生不好无所谓,自己会随着大家一起乱扔垃圾,另外11.15%的江苏省儿童看到教室卫生不好时,虽然不开心,但不会去管。(见图2-15)

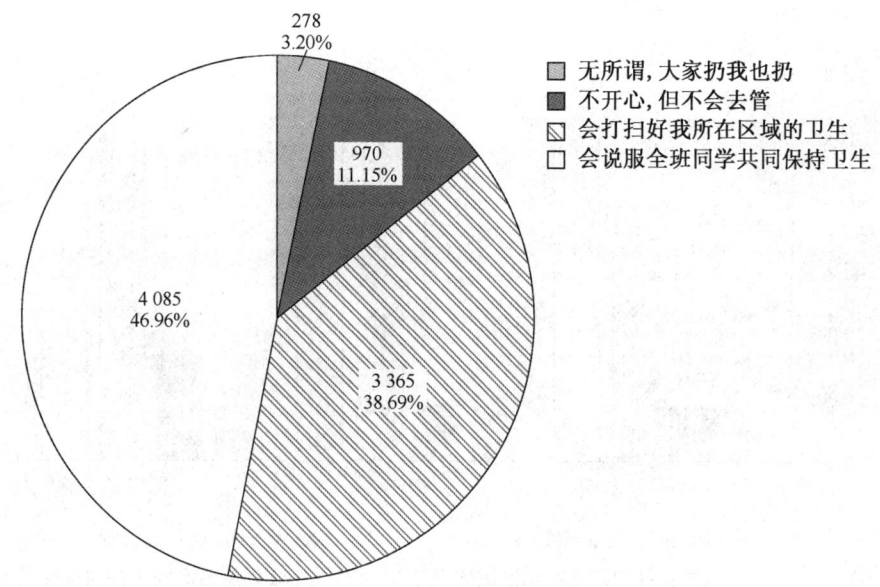

图 2-15 集体责任感与儿童人数百分比分布图

(1) 年段差异。

经差异检验发现,江苏省不同年段的儿童在集体责任感方面总体上存在非常显著的差异(卡方值=506.121,$P \leqslant 0.01$)。

不同年段的儿童各选项百分比如图 2-16 所示,经进一步统计分析发现:

在"会说服全班同学共同保持卫生"、"会打扫好我所在区域的卫生"选项上,三个年段的儿童间差异非常显著($|AR|>2.58$)。在"会说服全班同学共同保持卫生"选项上,人数比例随着年段的上升呈逐渐下降趋势;在"会打扫好我所在区域的卫生"选项上,人数比例随着年段的上升呈 V 形趋势。

在"不开心,但不会去管"选项上,小学生和初中生之间差异非常显著($|AR|>2.58$)。人数比例随着年段的上升呈上升趋势。

在"无所谓,大家扔我也扔"选项上,小学生和高中生之间差异非常显著($|AR|>2.58$)。人数比例随着年段的上升呈上升趋势。

在"不开心,但不会去管"选项上,高中生与小学生、初中生相比,不存在显著差异($|AR| \leqslant 1.96$)。

在"无所谓,大家扔我也扔"选项上,初中生与小学生、高中生相比,不存在显

著差异($|AR| \leqslant 1.96$)。

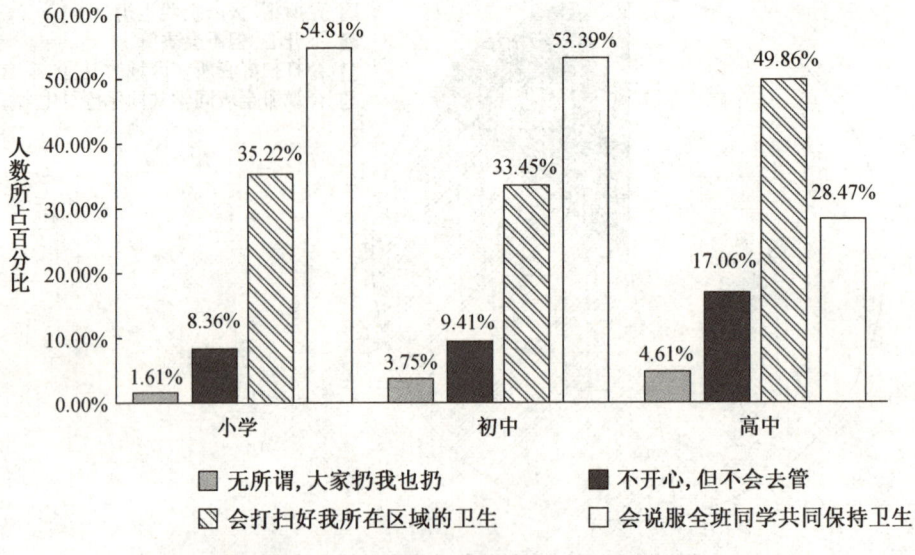

图 2-16 集体责任感与儿童年段分布图

经差异检验发现,江苏省不同年级的儿童在集体责任感方面总体上存在非常显著的差异(卡方值=621.531,$P \leqslant 0.01$)。

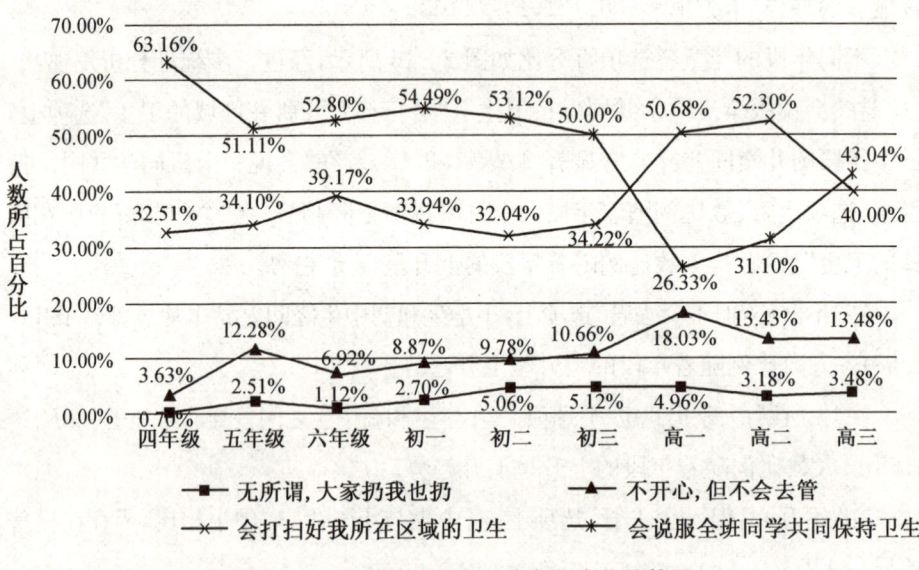

图 2-17 集体责任感与儿童年级变化趋势图

不同年级的儿童各选项百分比如图 2-17 所示,经进一步统计分析发现:

在维持班集体卫生的行动方面,低年级儿童比高年级儿童更加积极主动,集体责任感表现得更为突出。随着年级的升高,选择"会说服全班同学共同保持卫生"的比例整体呈下降的趋势,其中四年级儿童的比例最高,高一年级儿童的比例最低,各年级之间差异非常显著($|AR|>2.58$)。选择"会打扫好我所在区域的卫生"的比例随年级的升高整体呈上升的趋势。选择"无所谓,大家扔我也扔"的比例随年级升高的变化幅度不大,选择"不开心,但不会去管"的比例随年级升高整体呈上升趋势。

(2) 性别差异。

经差异检验发现,江苏省不同性别的儿童在集体责任感方面总体上存在非常显著的差异(卡方值=99.288,$P \leqslant 0.01$)。

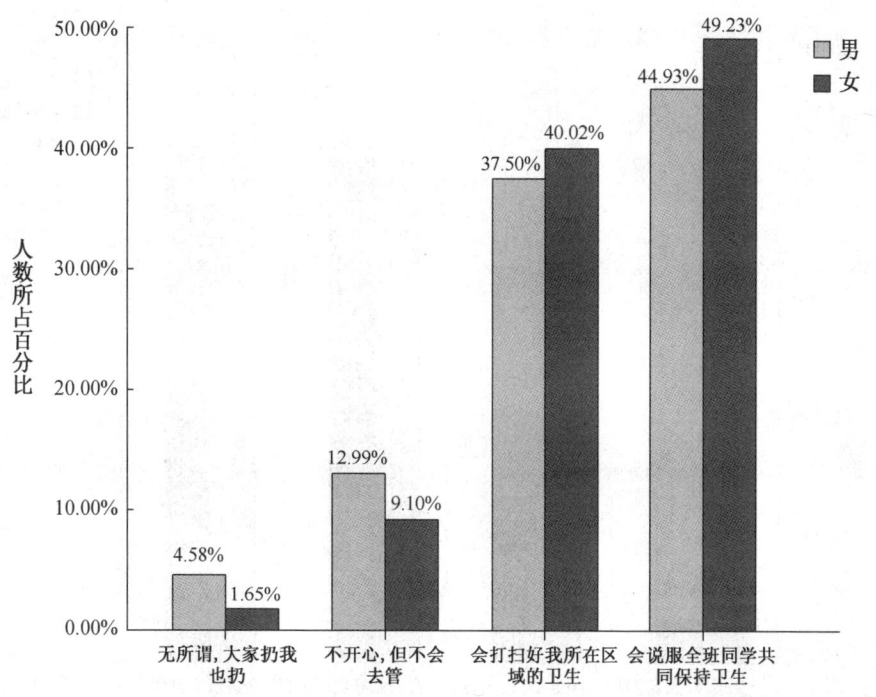

图 2-18 集体责任感与儿童性别分布图

不同性别的儿童各选项百分比如图 2-18 所示,经进一步统计分析发现:

在"无所谓,大家扔我也扔"、"会说服全班同学共同保持卫生"、"不开心,但

不会去管"选项上,男女生差异非常显著($|AR|>2.58$)。

在"会打扫好我所在区域的卫生"选项上,男女生差异比较显著($1.96<|AR|\leqslant 2.58$)。

(3) 城乡差异。

经差异检验发现,江苏省城乡儿童在集体责任感方面总体上存在非常显著的差异(卡方值=93.793,$P\leqslant 0.01$)。

城乡儿童各选项百分比如图 2-19 所示,经进一步统计分析发现:

在"会说服全班同学共同保持卫生"选项上,城乡儿童间差异非常显著($|AR|>2.58$)。人数比例从大中城市到小城镇再到乡村呈下降趋势。

在"无所谓,大家扔我也扔"选项上,大中城市和乡村儿童之间差异非常显著($|AR|>2.58$)。人数比例从大中城市到小城镇再到乡村呈上升趋势。

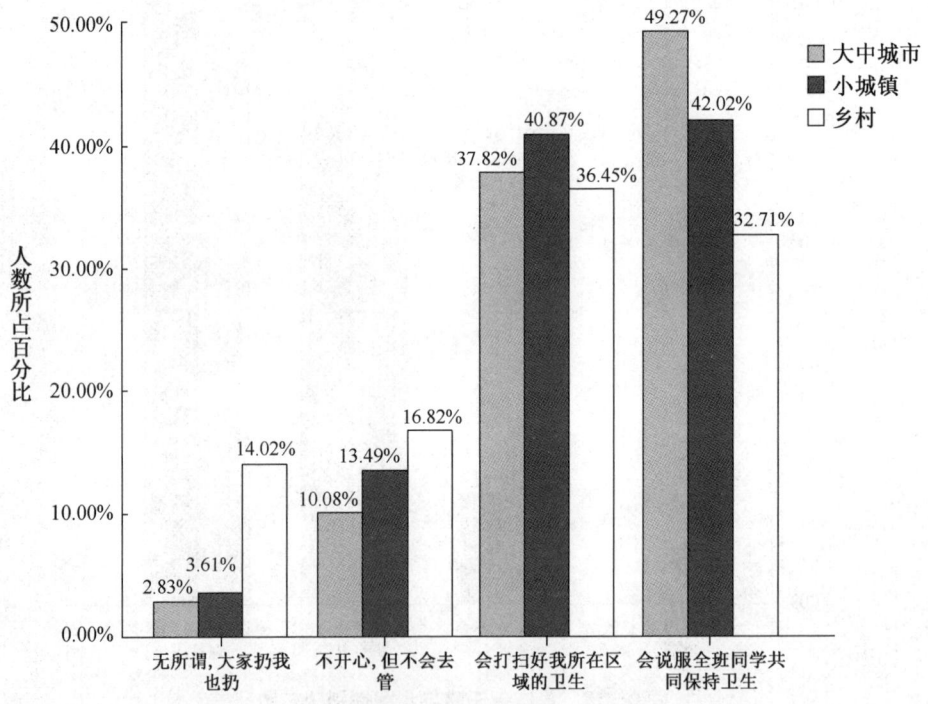

图 2-19 集体责任感与儿童城乡分布图

在"不开心,但不会去管"选项上,大中城市和小城镇儿童之间差异非常显著($|AR|>2.58$)。人数比例从大中城市到小城镇再到乡村呈上升趋势。

在"会打扫好我所在区域的卫生"选项上,小城镇和乡村儿童之间差异非常显著($|AR|>2.58$)。人数比例从大中城市到小城镇再到乡村呈倒 V 形趋势。

在"无所谓,大家扔我也扔"选项上,小城镇儿童与大中城市、乡村儿童相比,差异不显著($|AR|\leqslant1.96$)。

在"不开心,但不会去管"选项上,乡村儿童与大中城市、小城镇儿童相比,差异不显著($|AR|\leqslant1.96$)。

在"会打扫好我所在区域的卫生"选项上,大中城市儿童与小城镇、乡村儿童相比,差异不显著($|AR|\leqslant1.96$)。

(4) 生活满意度差异。

经差异检验发现,江苏省不同生活满意度的儿童在集体责任感方面总体上存在非常显著的差异(卡方值=385.868,$P\leqslant0.01$)。

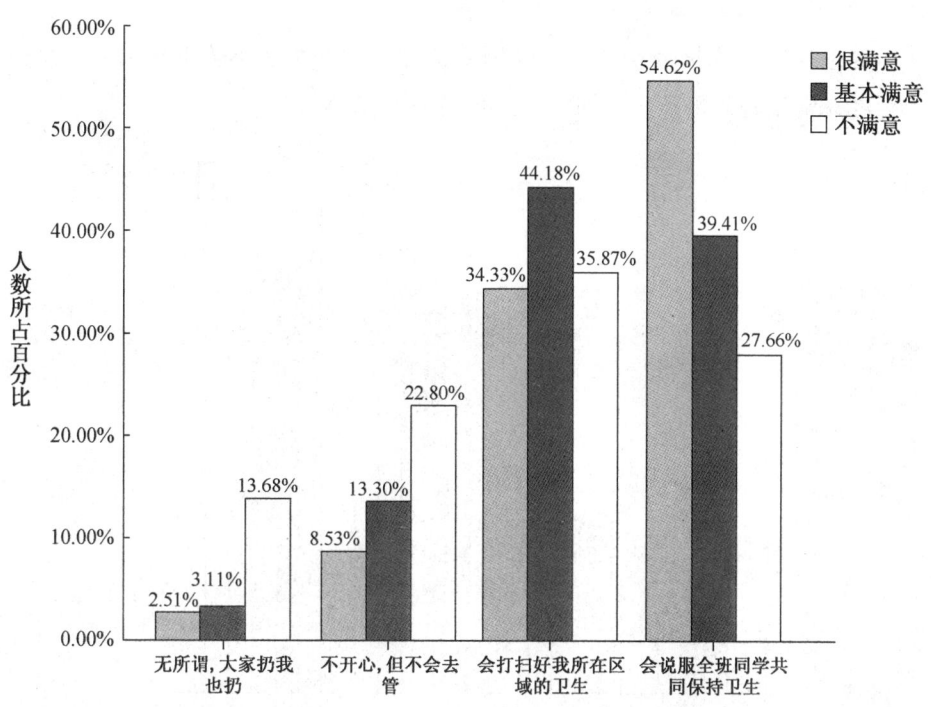

图 2-20　集体责任感与儿童生活满意度分布图

生活满意度不同的儿童各选项百分比如图 2-20 所示,经进一步统计分析发现:

在"不开心,但不会去管"、"会说服全班同学共同保持卫生"选项上,生活满意度不同的儿童之间差异非常显著($|AR|>2.58$)。在"不开心,但不会去管"选项上,人数比例随着生活满意度的下降呈逐渐上升的趋势;在"会说服全班同学共同保持卫生"选项上,人数比例随着生活满意度的下降呈逐渐下降的趋势。

在"无所谓,大家扔我也扔"、"会打扫好我所在区域的卫生"选项上,对生活很满意和对生活不满意的儿童之间差异非常显著($|AR|>2.58$)。在"无所谓,大家扔我也扔"选项上,对生活不满意的儿童占比最高,人数比例随着生活满意度的下降呈逐渐上升的趋势;在"会打扫好我所在区域的卫生"选项上,对生活不满意的儿童占比最高,人数比例随着生活满意度的下降呈倒 V 形趋势。

在"无所谓,大家扔我也扔"、"会打扫好我所在区域的卫生"选项上,对生活基本满意的儿童与对生活很满意、对生活不满意的儿童相比,不存在显著差异($|AR|\leqslant1.96$)。

(5) 家庭生活方式差异。

经差异检验发现,江苏省不同家庭生活方式的儿童在集体责任感方面总体上存在非常显著的差异(卡方值$=71.803,P\leqslant0.01$)。

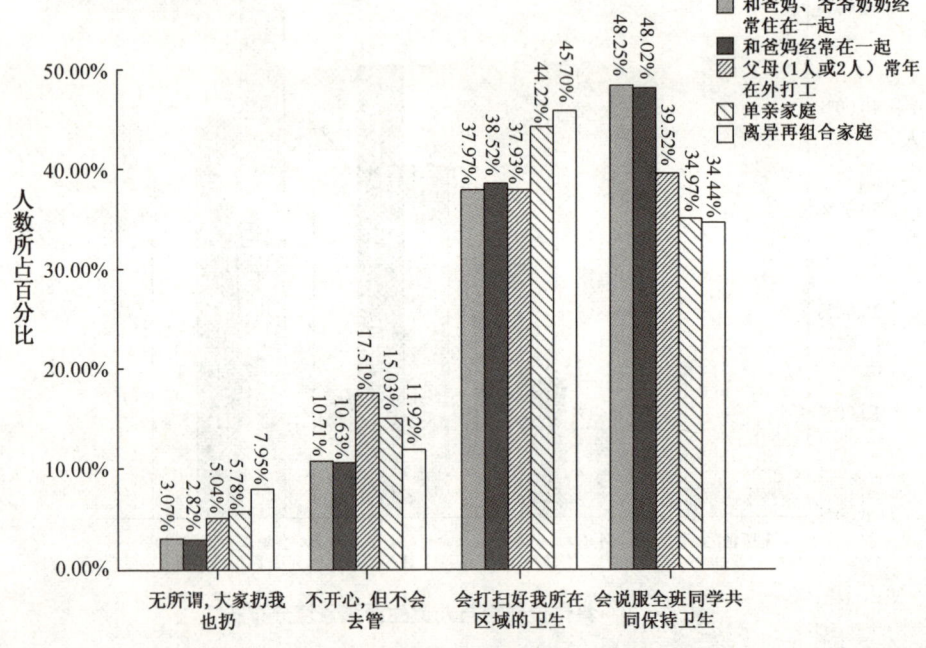

图 2-21　集体责任感与儿童家庭生活方式分布图

不同家庭生活方式的儿童各选项百分比如图 2-21 所示,经进一步统计分析发现:

在"无所谓,大家扔我也扔"选项上,"单亲家庭"和"离异再组合家庭"的儿童间差异非常显著($|AR|>2.58$);在"不开心,但不会去管"选项上,"父母(1人或2人)常年在外打工"和"单亲家庭"的儿童间差异非常显著($|AR|>2.58$);在"会打扫好我所在区域的卫生"选项上,"和爸妈经常在一起"、"和爸妈、爷爷奶奶经常住在一起"、"父母(1人或2人)常年在外打工"、"离异再组合家庭"的儿童间差异非常显著($|AR|>2.58$);在"会说服全班同学共同保持卫生"选项上,"父母(1人或2人)常年在外打工"、"单亲家庭"、"离异再组合家庭"的儿童间差异非常显著($|AR|>2.58$)。

在"无所谓,大家扔我也扔"选项上,"和爸妈经常在一起"和"父母(1人或2人)常年在外打工"的儿童间差异比较显著($1.96<|AR|\leqslant 2.58$),"和爸妈、爷爷奶奶经常住在一起"的儿童与其他家庭生活方式的儿童相比,差异不显著($|AR|\leqslant 1.96$)。

在"不开心,但不会去管"选项上,"和爸妈、爷爷奶奶经常住在一起"、"和爸妈经常在一起"、"离异再组合家庭"的儿童与其他家庭生活方式的儿童相比,差异不显著($|AR|\leqslant 1.96$)。

在"会说服全班同学共同保持卫生"选项上,"和爸妈经常在一起"、"和爸妈、爷爷奶奶经常住在一起"的儿童与其他家庭生活方式的儿童相比,差异不显著($|AR|\leqslant 1.96$)。

2.4 自尊感

统计显示,江苏省的大部分中小学儿童(82.97%)自尊感普遍表现强烈,69.69%的儿童在犯错误被老师当众批评后,都会决心日后要改正,找回尊严。13.28%的儿童觉得当众被老师批评很丢人,没面子。还有11.88%的儿童受到老师的当众批评时,表示有些难过,并认为老师不应该当众批评自己。仅有5.15%的儿童在受到老师的当众批评时,觉得无所谓,反正又不只自己受过批评。(见图 2-22)

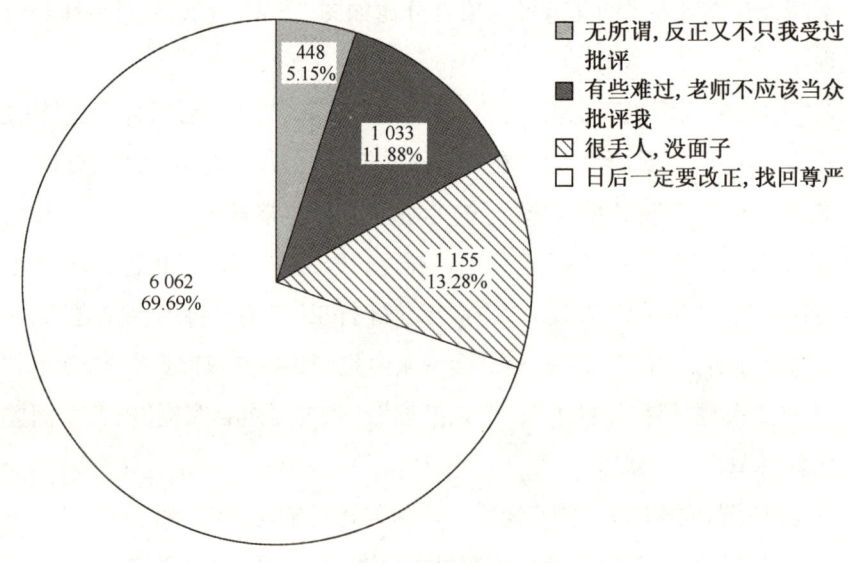

图 2‑22 自尊感与儿童人数分布图

(1) 年段差异。

经差异检验发现,江苏省不同年段的儿童在自尊感方面总体上存在非常显著的差异(卡方值=223.995,$P\leqslant0.01$)。

不同年段的儿童各选项百分比如图 2‑23 所示,经进一步统计分析发现:

在"日后一定要改正,找回尊严"、"有些难过,老师不应该当众批评我"选项上,小学生、初中生、高中生间差异非常显著($|AR|>2.58$)。在"日后一定要改正,找回尊严"选项上,人数比例随着年段的上升呈下降趋势;在"有些难过,老师不应该当众批评我"选项上,人数比例随着年段的上升呈上升趋势。

在"很丢人,没面子"选项上,高中生和初中生差异非常显著($|AR|>2.58$)。人数比例随着年段的上升呈 V 形趋势。

在"无所谓,反正又不只我受过批评"选项上,小学生和高中生差异非常显著($|AR|>2.58$)。人数比例随着年段的上升呈上升趋势。

在"很丢人,没面子"选项上,小学生与初中生、高中生相比,不存在显著差异($|AR|\leqslant1.96$)。

在"无所谓,反正又不只我受过批评"选项上,初中生与小学生、高中生相比,不存在显著差异($|AR|\leqslant1.96$)。

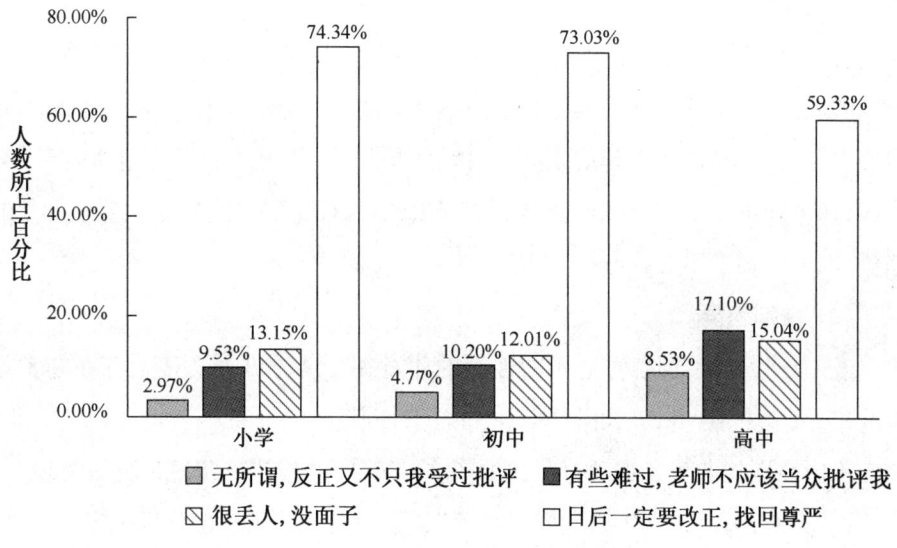

图 2-23 自尊感与儿童年段分布图

经差异检验发现,江苏省不同年级的儿童在自尊感方面总体上存在非常显著的差异(卡方值＝321.907,$P \leqslant 0.01$)。

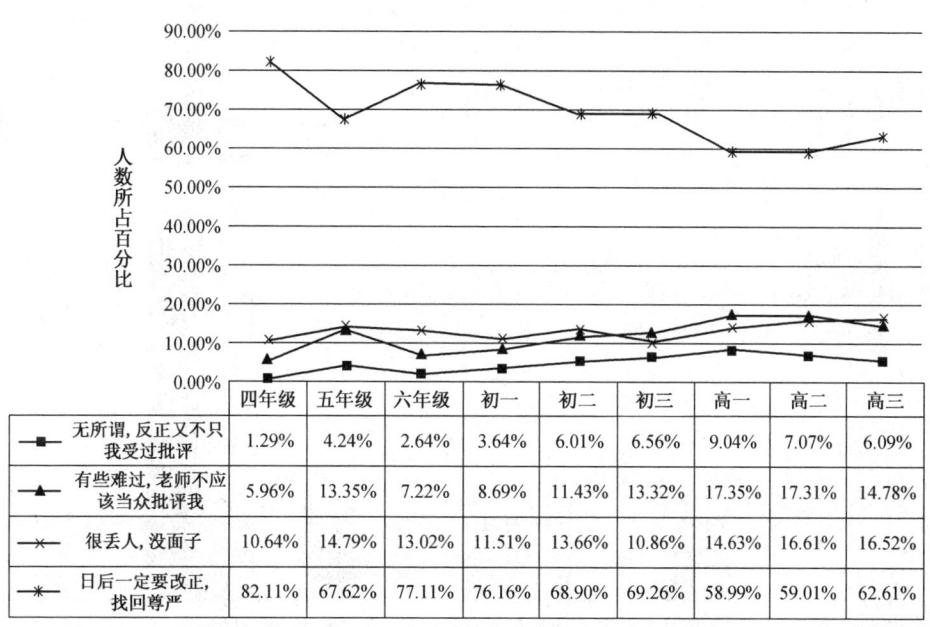

图 2-24 自尊感与儿童年级变化趋势图

不同年级的儿童各选项百分比如图 2-24 所示,经进一步统计分析发现:

各年级儿童都有强烈的自尊感,对比不同年级儿童自尊感的表现发现,年级越低的儿童,自尊感表现得越明显。随着年级的升高,选择"日后要一定改正,找回尊严"的比例整体呈下降的趋势;选择"无所谓,反正又不只我受过批评"、"有些难过,老师不应该当众批评我"以及"很丢人,没面子"的比例,整体都呈上升的趋势,但变化幅度不大。

(2) 性别差异。

经差异检验发现,江苏省不同性别的儿童在自尊感方面总体上存在非常显著的差异(卡方值=116.908,$P \leqslant 0.01$)。

不同性别的儿童各选项百分比如图 2-25 所示,经进一步统计分析发现:

在"无所谓,反正又不只我受过批评"、"很丢人,没面子"、"日后一定要改正,找回尊严"选项上,男女生差异非常显著($|AR|>2.58$)。

在"有些难过,老师不应该当众批评我"选项上,男女生差异比较显著($1.96<|AR| \leqslant 2.58$)。

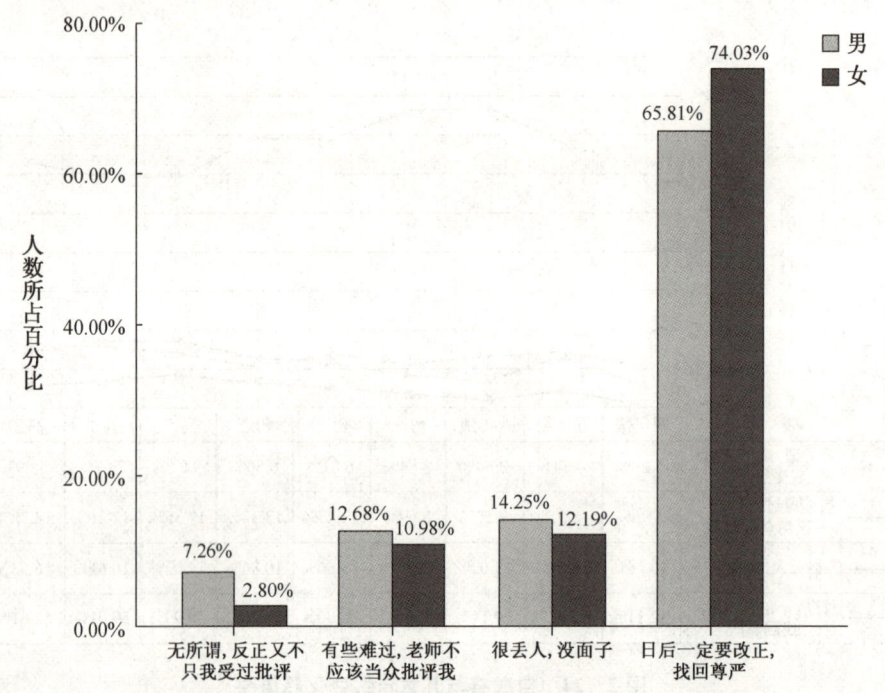

图 2-25　自尊感与儿童性别分布图

(3) 城乡差异。

经差异检验发现,江苏省城乡的儿童在自尊感方面总体上存在非常显著的差异(卡方值=35.214,$P\leqslant0.01$)。

城乡儿童各选项百分比如图 2-26 所示,经进一步统计分析发现:

在"无所谓,反正又不只我受过批评"选项上,大中城市、小城镇、乡村儿童间差异非常显著($|AR|>2.58$)。人数比例从大中城市到小城镇再到乡村呈上升趋势。

在"有些难过,老师不应该当众批评我"、"很丢人,没面子"、"日后一定要改正,找回尊严"选项上,城乡儿童间的差异不显著($|AR|\leqslant1.96$)。

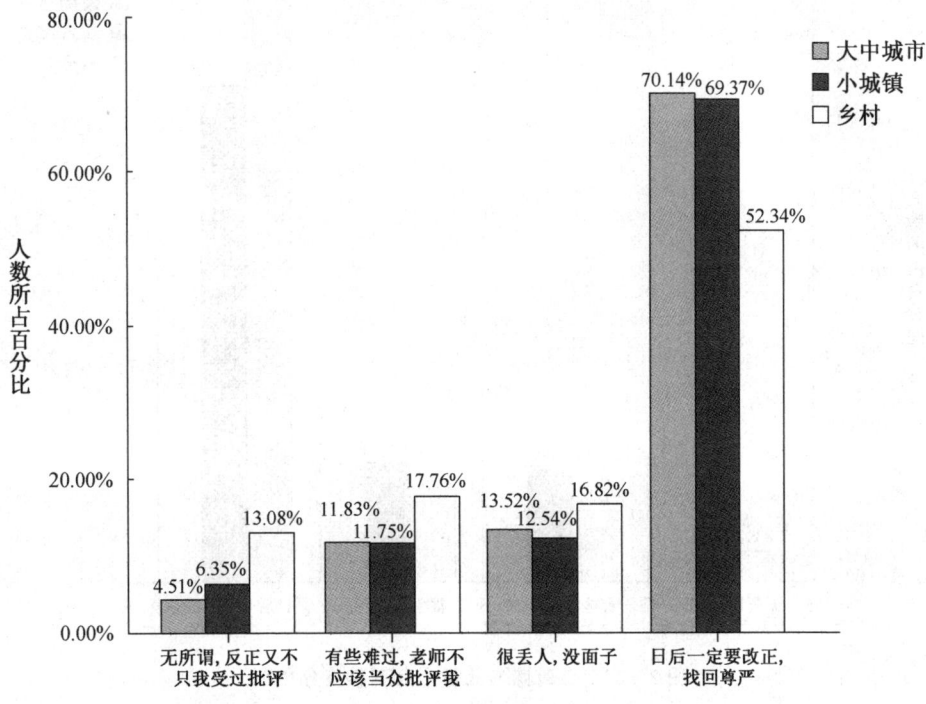

图 2-26 自尊感与儿童城乡分布图

(4) 生活满意度差异。

经差异检验发现,江苏省不同生活满意度的儿童在自尊感方面总体上存在非常显著的差异(卡方值=322.964,$P\leqslant0.01$)。

不同生活满意度的儿童各选项百分比如图 2-27 所示,经进一步统计分析

发现:

在"有些难过,老师不应该当众批评我"、"很丢人,没面子"、"日后一定要改正,找回尊严"选项上,不同生活满意度的儿童间差异非常显著($|AR|>2.58$)。在"有些难过,老师不应该当众批评我"选项上,对生活很满意的儿童占比最低,人数比例随着生活满意度的下降呈上升趋势;在"很丢人,没面子"选项上,对生活很满意的儿童占比最低,人数比例随着生活满意度的下降呈上升趋势;在"日后一定要改正,找回尊严"选项上,对生活很满意的儿童占比最高,人数比例随着生活满意度的下降呈下降趋势。

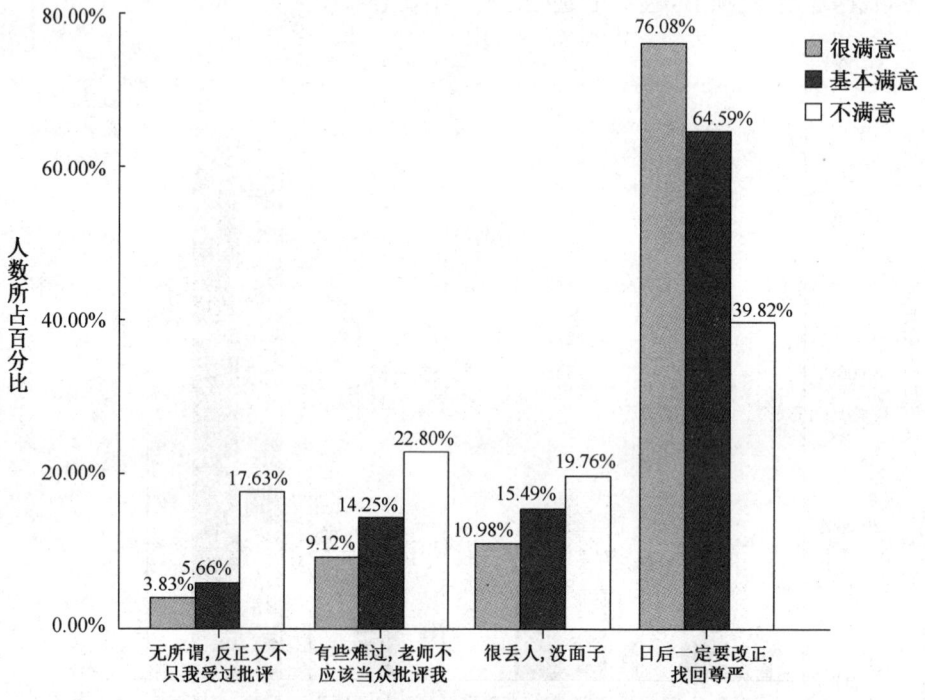

图 2-27 自尊感与儿童生活满意度分布图

在"无所谓,反正又不只我受过批评"选项上,对生活很满意和对生活不满意的儿童间差异非常显著($|AR|>2.58$)。人数比例随着生活满意度的下降呈上升趋势。

在"无所谓,反正又不只我受过批评"选项上,对生活基本满意的儿童与对生活很满意、对生活不满意的儿童相比,差异不显著($|AR|\leqslant 1.96$)。

(5) 家庭生活方式差异。

经差异检验发现,江苏省不同家庭生活方式的儿童在自尊感方面总体上存在非常显著的差异(卡方值=94.115,$P \leqslant 0.01$)。

不同家庭生活方式的儿童各选项百分比如图2-28所示,经进一步统计分析发现:

在"无所谓,反正又不只我受过批评"选项上,"父母(1人或2人)常年在外打工"和"离异再组合家庭"的儿童间差异非常显著($|AR|>2.58$);在"有些难过,老师不应该当众批评我"选项上,"和爸妈经常在一起"、"父母(1人或2人)常年在外打工"、"单亲家庭"的儿童间差异非常显著($|AR|>2.58$);在"很丢人,没面子"选项上,"和爸妈经常在一起"、"父母(1人或2人)常年在外打工"、"单亲家庭"的儿童间差异非常显著($|AR|>2.58$);在"日后一定要改正,找回尊严"选项上,"和爸妈经常在一起"、"父母(1人或2人)常年在外打工"、"单亲家庭"、"离异再组合家庭"的儿童间差异非常显著($|AR|>2.58$)。

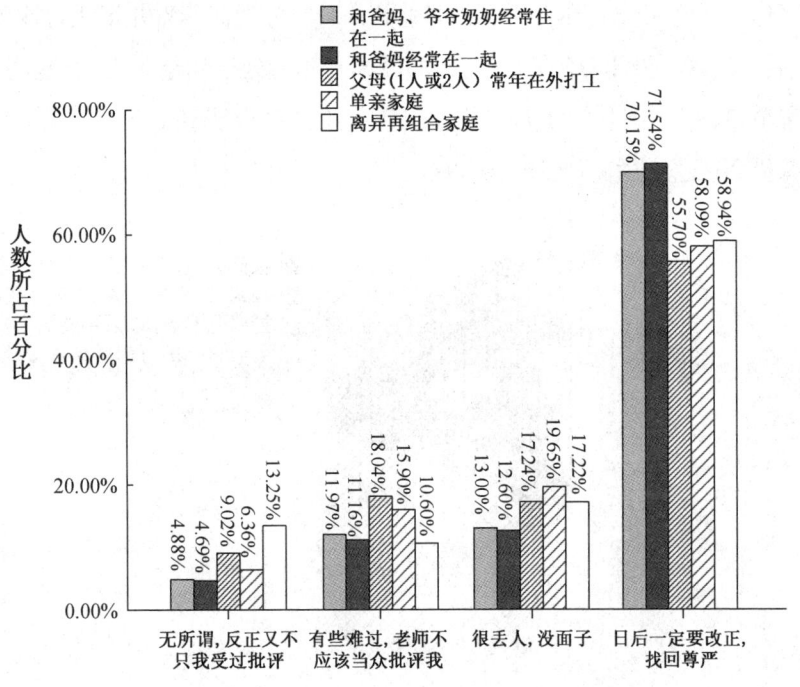

图2-28 自尊感与儿童家庭生活方式分布图

在"无所谓,反正又不只我受过批评"选项上,"和爸妈经常在一起"、"和爸妈、爷爷奶奶经常住在一起"、"单亲家庭"的儿童与其他家庭生活方式的儿童相比,差异不显著($|AR|\leqslant 1.96$);在"有些难过,老师不应该当众批评我"选项上,"和爸妈、爷爷奶奶经常住在一起"、"离异再组合家庭"的儿童与其他家庭生活方式的儿童相比,差异不显著($|AR|\leqslant 1.96$);在"很丢人,没面子"选项上,"和爸妈、爷爷奶奶经常住在一起"、"离异再组合家庭"的儿童与其他家庭生活方式的儿童相比,差异不显著($|AR|\leqslant 1.96$);在"日后一定要改正,找回尊严"选项上,"和爸妈、爷爷奶奶经常住在一起"的儿童与其他家庭生活方式的儿童相比,差异不显著($|AR|\leqslant 1.96$)。

2.5 羞耻感

统计显示,江苏省儿童普遍具有很强的羞耻感。54.85%的江苏省儿童会为自己因作弊得到高分受到表扬而感到羞耻;25.35%的江苏省儿童认为抄袭是作弊,以后不能这么做了;还有16.72%的江苏省儿童处于纠结状态,有些高兴,又有些害怕;只有3.08%的江苏省儿童因作弊得到高分受到表扬而很开心,并且以后有机会还这么做。(见图2-29)

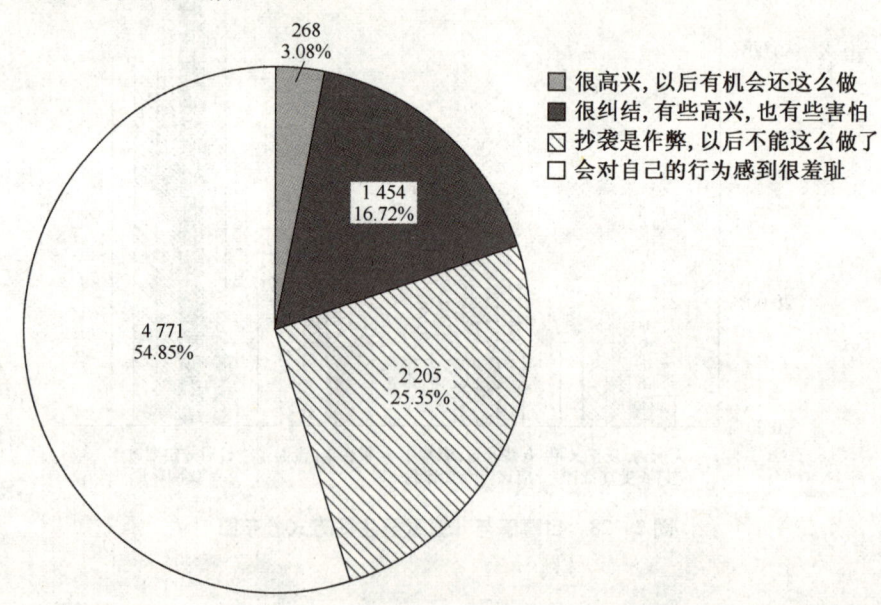

图2-29 羞耻感与儿童人数百分比分布图

(1) 年段差异。

经差异检验发现,江苏省不同年段的儿童在羞耻感方面总体上存在非常显著的差异(卡方值=153.166,$P \leqslant 0.01$)。

不同年段的儿童各选项百分比如图 2-30 所示,经进一步统计分析发现:

在"很高兴,以后有机会还这么做"、"很纠结,有些高兴,也有些害怕"选项上,小学生和高中生间差异非常显著($|AR|>2.58$)。在"很高兴,以后有机会还这么做"选项上,人数比例随着年段的上升呈上升趋势;在"很纠结,有些高兴,也有些害怕"选项上,人数比例随着年段的上升呈上升趋势。

在"抄袭是作弊,以后不能这么做了"选项上,小学生和初中生之间的差异非常显著($|AR|>2.58$)。人数比例随着年段的上升呈 V 形趋势。

在"会对自己的行为感到很羞耻"选项上,高中生和初中生之间差异非常显著($|AR|>2.58$)。人数比例随着年段的上升呈倒 V 形趋势。

在"抄袭是作弊,以后不能这么做了"选项上,高中生与小学生、初中生相比,差异不显著($|AR|\leqslant 1.96$)。

在"会对自己的行为感到很羞耻"选项上,小学生与高中生、初中生相比,差异不显著($|AR|\leqslant 1.96$)。

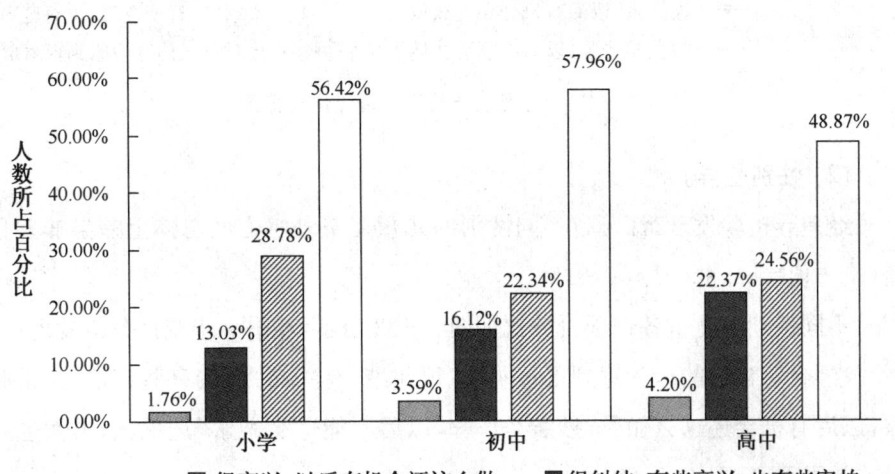

图 2-30 羞耻感与儿童年段分布图

经差异检验发现,江苏省不同年级的儿童在羞耻感方面总体上存在非常显著的差异(卡方值=258.362,$P \leqslant 0.01$)。

统计显示,选择"很高兴,以后有机会还这么做"和"很纠结,有些高兴,也有些害怕"的人数比例,随着年级的升高整体呈上升的趋势。选择"抄袭是作弊,以后不能这么做了"的人数比例随着年级的升高整体呈下降趋势。选择"会对自己的行为感到很羞耻"的人数比例,小学呈先下降后上升趋势,初中呈先下降后上升趋势,高中呈上升趋势。

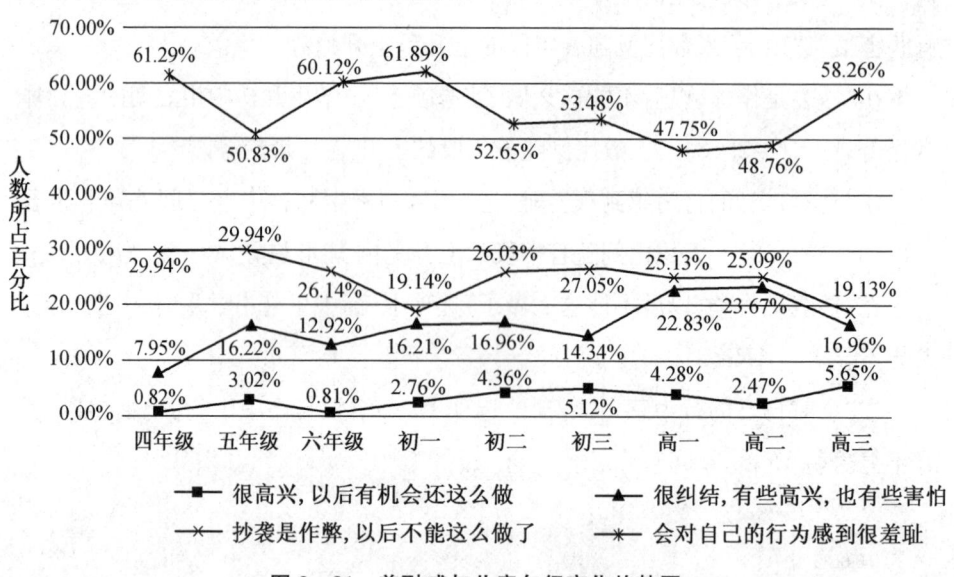

图 2-31 羞耻感与儿童年级变化趋势图

(2) 性别差异。

经差异检验发现,江苏省不同性别的儿童在羞耻感方面总体上差异非常显著(卡方值=85.328,$P \leqslant 0.01$)。

不同性别的儿童各选项百分比如图 2-32 所示,经进一步统计分析发现:

在"会对自己的行为感到很羞耻"、"很纠结,有些高兴,也有些害怕"、"很高兴,以后有机会还这么做"、"抄袭是作弊,以后不能这么做了"选项上,男女生差异非常显著($|AR|>2.58$)。

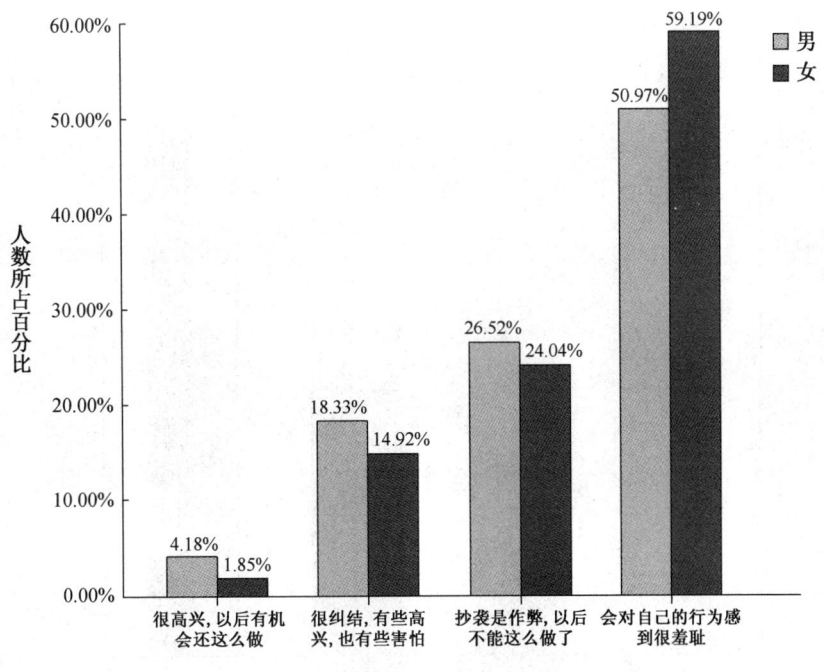

图 2-32　羞耻感与儿童性别分布图

(3) 城乡差异。

经差异检验发现,江苏省城乡的儿童在羞耻感方面总体上存在非常显著的差异(卡方值=53.909,$P \leqslant 0.01$)。

城乡儿童各选项百分比如图 2-33 所示,经进一步统计分析发现:

在"会对自己的行为感到很羞耻"选项上,大中城市和小城镇儿童之间差异非常显著($|AR|>2.58$)。人数比例从大中城市到小城镇再到乡村呈下降趋势。在"很纠结,有些高兴,也有些害怕"选项上,大中城市和小城镇儿童之间差异非常显著($|AR|>2.58$)。人数比例从大中城市到小城镇再到乡村呈上升趋势。

在"很高兴,以后有机会还这么做"选项上,大中城市和乡村儿童之间差异非常显著($|AR|>2.58$)。人数比例从大中城市到小城镇再到乡村呈上升趋势。

在"抄袭是作弊,以后不能这么做了"选项上,城乡儿童间差异不显著($|AR| \leqslant 1.96$)。

在"会对自己的行为感到很羞耻"、"很纠结,有些高兴,也有些害怕"选项上,乡村儿童与大中城市、小城镇儿童相比,差异均不显著($|AR| \leqslant 1.96$)。

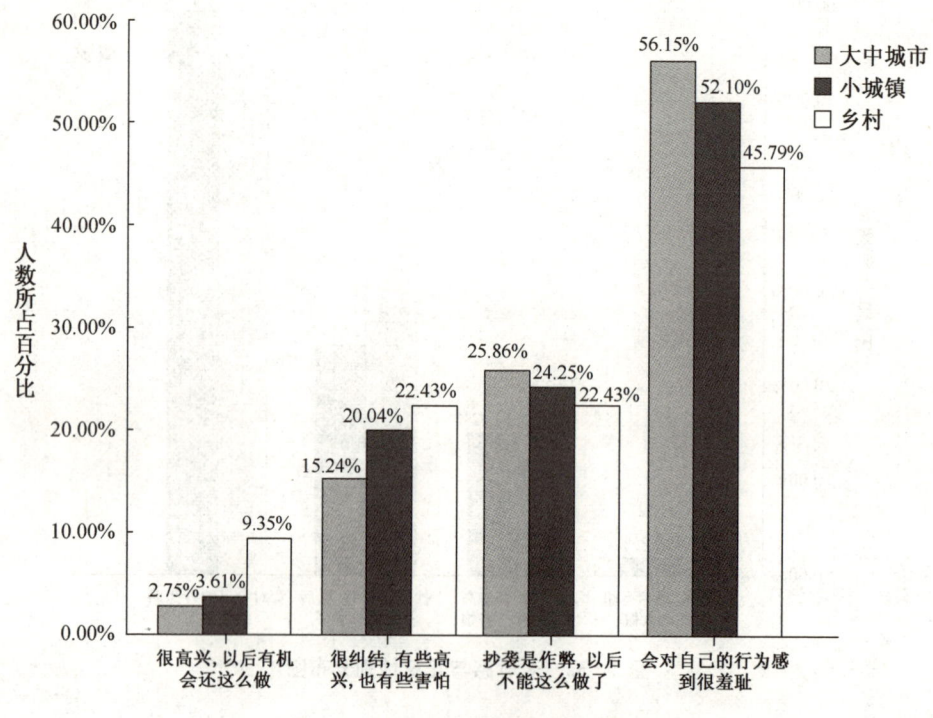

图 2-33 羞耻感与儿童城乡分布图

在"很高兴,以后有机会还这么做"选项上,小城镇儿童与大中城市、乡村儿童相比,差异均不显著($|AR|\leqslant 1.96$)。

(4) 生活满意度差异。

经差异检验发现,江苏省不同生活满意度的儿童在羞耻感方面总体上存在非常显著的差异(卡方值=305.529,$P\leqslant 0.01$)。

不同生活满意度的儿童各选项百分比如图 2-34 所示,经进一步统计分析发现:

在"很纠结,有些高兴,也有些害怕"、"会对自己的行为感到很羞耻"选项上,不同生活满意度的儿童间差异非常显著($|AR|>2.58$)。在"很纠结,有些高兴,也有些害怕"选项上,人数比例随着生活满意度的下降呈上升趋势;在"会对自己的行为感到很羞耻"选项上,人数比例随着生活满意度的下降呈下降趋势。

在"抄袭是作弊,以后不能这么做了"选项上,对生活很满意对生活基本满意的儿童之间差异非常显著($|AR|>2.58$)。人数比例随着生活满意度的下降呈

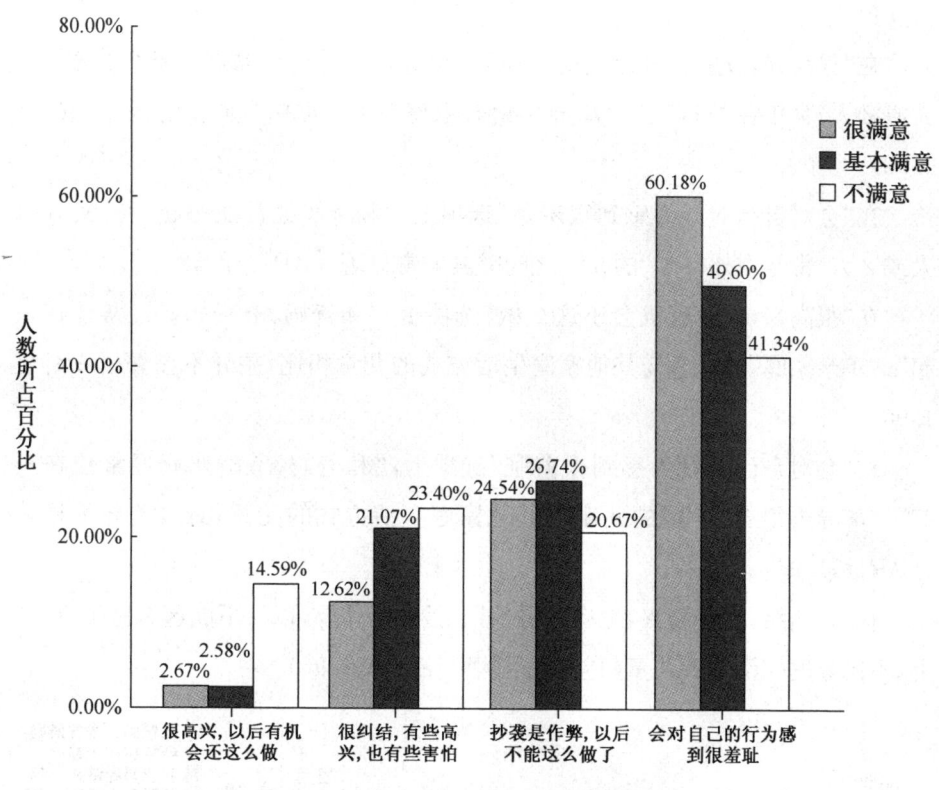

图 2-34 羞耻感与儿童生活满意度分布图

倒 V 形趋势。

在"很高兴,以后有机会还这么做"选项上,对生活很满意和对生活基本满意的儿童之间差异比较显著($1.96<|AR|\leqslant 2.58$)。人数比例随着生活满意度的下降呈 V 形趋势。

在"抄袭是作弊,以后不能这么做了"选项上,对生活不满意的儿童与对生活很满意、对生活基本满意的儿童相比,差异不显著($|AR|\leqslant 1.96$)。

在"很高兴,以后有机会还这么做"选项上,对生活不满意的儿童与对生活很满意、对生活基本满意的儿童相比,差异不显著($|AR|\leqslant 1.96$)。

(5) 家庭生活方式差异。

经差异检验发现,江苏省不同家庭生活方式的儿童在羞耻感方面总体上存在非常显著的差异(卡方值=53.273,$P\leqslant 0.01$)。

不同家庭生活方式的儿童各选项百分比如图 2-35 所示,经进一步统计分析发现：

在"很高兴，以后有机会还这么做"选项上，"和爸妈经常在一起"、"父母(1人或2人)常年在外打工"、"离异再组合家庭"的儿童差异非常显著($|AR|>2.58$)。

在"会对自己的行为感到很羞耻"选项上，"和爸妈经常在一起"和"父母(1人或2人)常年在外打工"的儿童之间差异非常显著($|AR|>2.58$)。

在"很高兴，以后有机会还这么做"选项上，"和爸妈、爷爷奶奶经常住在一起"、"单亲家庭"的儿童与其他家庭生活方式的儿童相比，差异不显著($|AR|\leqslant 1.96$)。

在"会对自己的行为感到很羞耻"选项上，"和爸妈、爷爷奶奶经常住在一起"、"离异再组合家庭"的儿童与其他家庭生活方式的儿童相比，差异不显著($|AR|\leqslant 1.96$)。

在"很纠结，有些高兴，也有些害怕"、"抄袭是作弊，以后不能这么做了"选项上，不同家庭生活方式儿童间差异不显著($|AR|\leqslant 1.96$)。

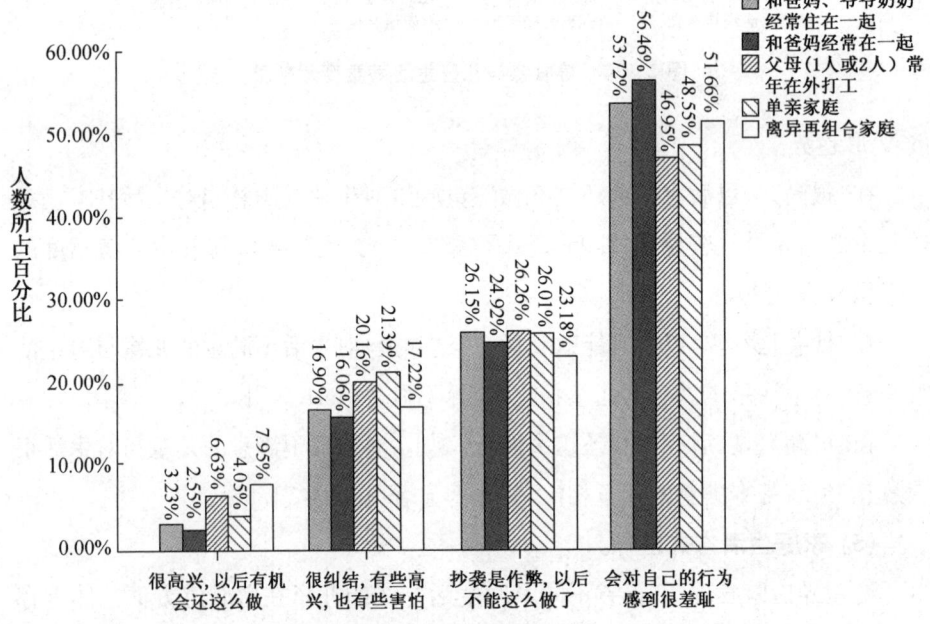

图 2-35 羞耻感与儿童家庭生活方式分布图

3 江苏省儿童道德理性发展状况

3.1 儿童道德判断水平发展状况

本维度选取了詹姆斯·莱斯特(James Rest)确定问题测验法(DIT)修订版中一个"饥饿的农民(李德)能否偷为富不仁的富翁的粮食"的两难故事,只保留原测验中故事评定一个题目,并将其中对故事评定的三点量表方式改编为选择题形式(即"支持"、"不支持"、"不知道是否支持"三个选项),然后针对三种不同的评定分别设置一道理由追问题,理由追问题的选项对应科尔伯格道德发展理论中的三水平六阶段。根据科尔伯格"两难问题"道德判断评定方法,回答支持与否不作为道德判断水平的判定标准,因为任一水平或阶段的儿童都有回答"支持"、"不支持"、"不知道是否支持"的可能。我们主要从作答的理由,即"为什么支持"、"为什么不支持"、"为什么不知道是否支持"来对儿童道德判断水平的发展状况进行分析。

"支持"即"肯定性"道德判断的理由有五项,其包含的内容以及相对应的发展阶段分别是:第一项为"偷来粮食可以救自己家人的命",选择此选项的儿童处于道德判断水平的阶段二"以个人的功利主义与交换为价值取向";第二项为"好父亲应该为家人想出解决问题的办法",选择此选项的儿童处于道德判断水平的阶段三"以协调人际关系为价值取向";第三项为"如果法律不合理,就不用遵守法律",选择此选项的儿童处于道德判断水平的阶段四"以法律与秩序为价值取向";第四项为"富人不仁(吝惜自己的粮食),穷人就可以不义(违法)",选择此选项的儿童处于道德判断水平的阶段五"以社会契约为价值取向";第五项为"生命最重要,其他都可以不考虑",选择此选项的儿童处于道德判断水平的阶段六"以普遍伦理原则为价值取向"。

"不支持"即"否定性"道德判断的理由有五项,其包含的内容以及相对应的发展阶段分别是:第一项为"偷粮食会被惩罚的",选择此选项的儿童处于道德判断水平的阶段一"以惩罚与服从为价值取向";第二项为"他成了小偷,就不是好爸爸了",选择此选项的儿童处于道德判断水平的阶段三"以协调人际关系为价值取向";第三项为"偷东西是违反法律和道德的",选择此选项的儿童处于道德判断水平的阶段四"以法律与秩序为价值取向";第四项为"富人不道德,但这不是穷人违反法律的理由",选择此选项的儿童处于道德判断水平的阶段五"以社会契约为价值取向";第五项为"不管怎么样,好人不能偷东西",选择此选项的儿童处于道德判断水平的阶段六"以普遍伦理原则为价值取向"。

"不知道是否支持"即"两难性"道德判断的理由有六项,其包含的内容以及相对应的发展阶段分别是:第一项为"家人饿死,李德会很伤心;但偷东西,可能会被抓住受惩罚",选择此选项的儿童处于道德判断水平的阶段一"以惩罚与服从为价值取向";第二项为"偷东西可以让家人活下来;但如果被抓住,他就不能再照顾家人",选择此选项的儿童处于道德判断水平的阶段二"以个人的功利主义与交换为价值取向";第三项为"救家人是好父亲,但偷东西就成了坏人",选择此选项的儿童处于道德判断水平的阶段三"以协调人际关系为价值取向";第四项为"法律没有保护穷人,但做事不能违反法律",选择此选项的儿童处于道德判断水平的阶段四"以法律与秩序为价值取向";第五项为"一个好父亲应当照顾好家人;但如果人人都这么做,天下会大乱",选择此选项的儿童处于道德判断水平的阶段五"以社会契约为价值取向";第六项为"不能救自己家人的生命,良心会过意不去;但是偷别人的东西,即使没被抓住,还是会觉得人生有了污点",选择此选项的儿童处于道德判断水平的阶段六"以普遍伦理原则为价值取向"。

3.1.1 儿童能否做出道德判断的情况

47.07%的江苏省儿童表示不支持李德去偷粮食;27.43%的儿童表示不知道是否支持李德去偷粮食;相比不支持李德偷粮食的行为,明确表示支持李德去偷粮食的人数比例相对偏少(25.50%)。(见图3-1)

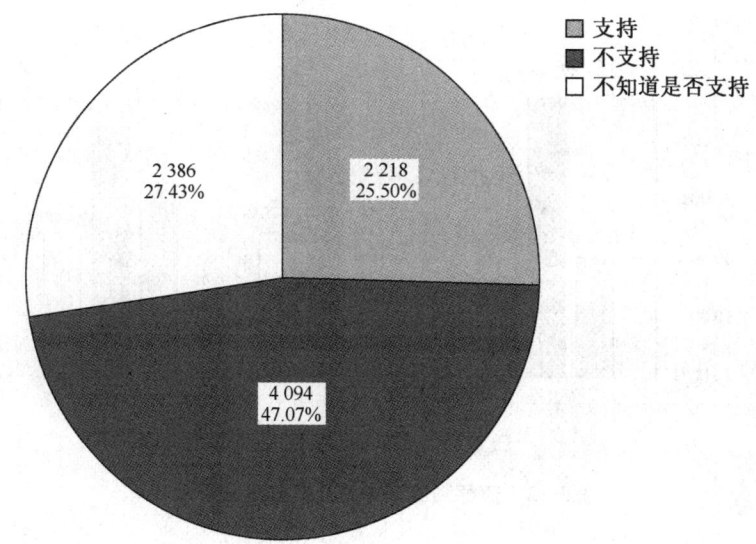

图 3-1　道德判断倾向与儿童人数百分比分布图

(1) 年段差异。

经差异检验发现,江苏省不同年段儿童的道德判断情况总体上存在非常显著的差异(卡方值＝143.897,$P \leqslant 0.01$)。

不同年段儿童各选项百分比如图3-2所示,经进一步统计分析发现:

在选择不知道是否支持的被试中,小学生、初中生、高中生间差异非常显著($|AR|>2.58$)。人数比例随着年段的上升而呈逐渐下降趋势。

在选择支持的被试中,小学生和高中生差异非常显著($|AR|>2.58$)。人数比例随着年段的上升而呈逐渐上升趋势。

在选择不支持的被试中,初中生和高中生差异非常显著($|AR|>2.58$)。人数比例随着年段的上升而呈倒V形趋势。

在选择支持的被试中,初中生与小学生、高中生相比,差异不显著($|AR| \leqslant 1.96$)。

在选择不支持的被试中,小学生与初中生、高中生相比,差异不显著($|AR| \leqslant 1.96$)。

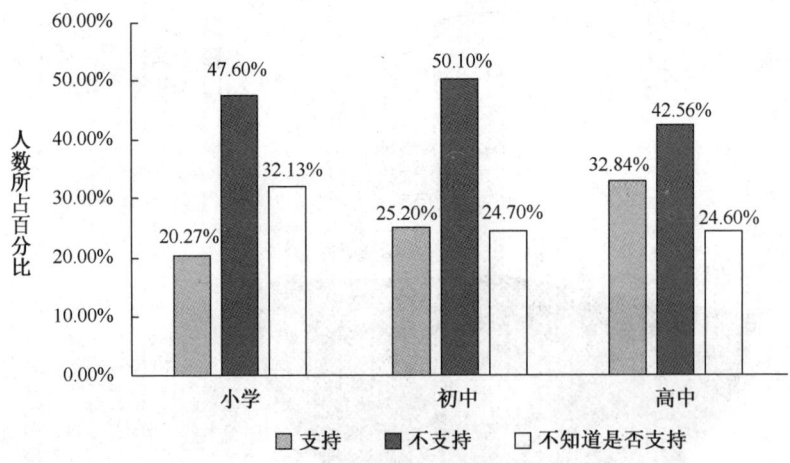

图 3-2 道德判断倾向与儿童年段分布图

从道德判断倾向与儿童年级变化趋势图可以看出,随着年龄的增加,儿童选择支持李德偷粮食的人数比例整体呈上升的趋势;选择不支持的人数比例,小学生呈下降的趋势,初中生呈先上升后下降趋势,高中生呈先下降后上升趋势;选择不知道是否支持的人数比例,小学生呈上升趋势,初中生呈先下降后上升趋势,高中生呈先上升后下降趋势。(见图 3-3)

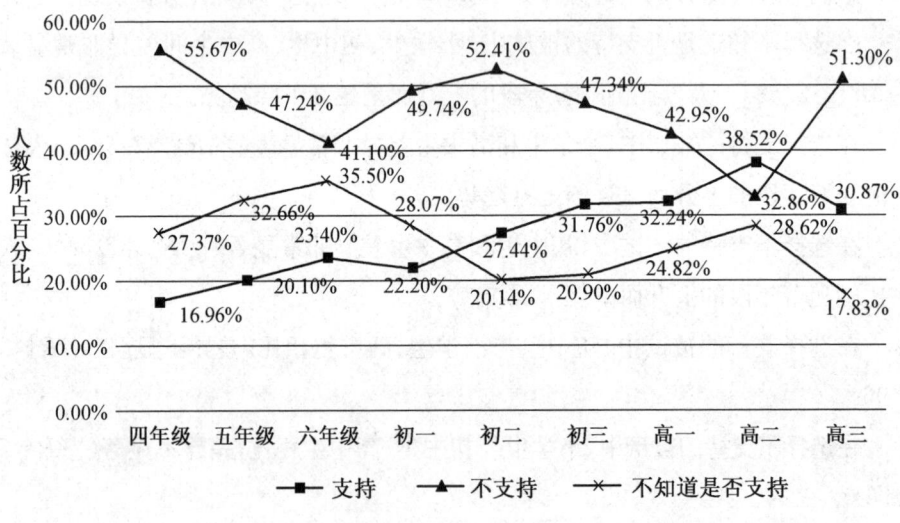

图 3-3 道德判断倾向与儿童年级变化趋势图

(2) 性别差异。

经差异检验发现,江苏省不同性别儿童的道德判断情况总体上存在非常显著的差异(卡方值=128.129,$P\leqslant0.01$)。

男女生各选项百分比如图3-4所示,经进一步统计分析发现:

在选择支持、不知道是否支持的被试中,男女生之间存在显著差异($|AR|>2.58$)。在选择支持的被试中,男生人数比例高于女生;在选择不知道是否支持的被试中,女生人数比例高于男生。

在选择不支持的被试中,男女生之间不存在显著差异($|AR|\leqslant1.96$)。

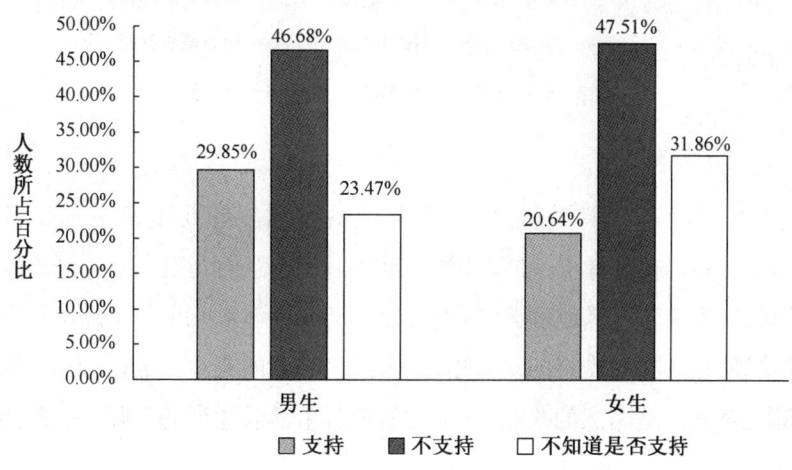

图3-4 道德判断倾向与儿童性别分布图

(3) 城乡差异。

经差异检验发现,江苏省城乡儿童的道德判断情况总体上不存在显著的差异(卡方值=8.730,$P>0.05$)。

城乡儿童各选项百分比如图3-5所示,经进一步统计分析发现:

在选择支持、不支持、不知道是否支持的被试中,城乡儿童之间差异不显著($|AR|\leqslant1.96$)。

(4) 生活满意度差异。

经差异检验发现,江苏省城乡儿童的道德判断情况总体上存在非常显著的差异(卡方值=101.080,$P\leqslant0.01$)。

不同生活满意度儿童各选项百分比如图3-6所示,经进一步统计分析

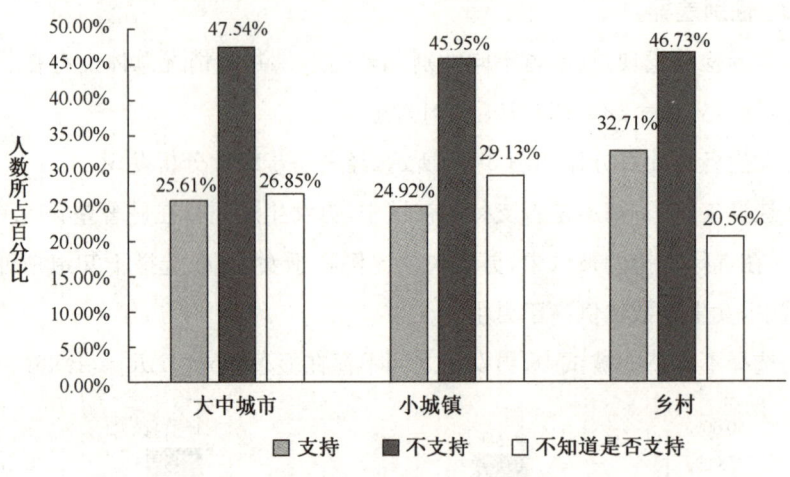

图 3-5 道德判断倾向与儿童城乡分布图

发现：

在选择支持、不支持的被试中，不同生活满意度的儿童都呈现显著差异（$|AR|>2.58$）。在选择支持的被试中，对生活不满意的儿童人数比例高于对生活很满意、对生活基本满意的儿童，人数比例随着生活满意度的下降而呈现逐渐增长的趋势；在选择不支持的被试中，对生活很满意的儿童人数比例高于对生活基本满意、对生活不满意的儿童，人数比例随着生活满意度的下降而呈现逐渐下降的趋势。

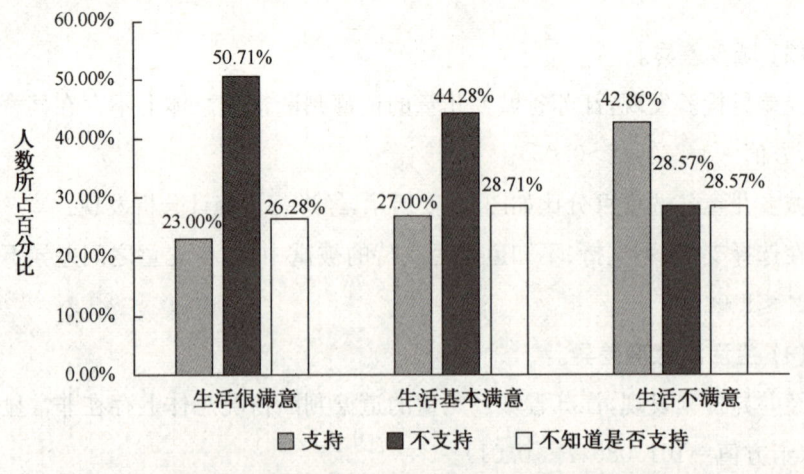

图 3-6 道德判断倾向与儿童生活满意度分布图

在选择不知道是否支持的被试中,对生活很满意和对生活基本满意的儿童之间差异比较显著($1.96<|AR|\leq2.58$)。人数比例随着生活满意度的下降而呈倒 V 形趋势。

在选择不知道是否支持的被试中,对生活不满意的儿童与对生活基本满意、对生活很满意的儿童相比,不存在显著差异($|AR|\leq1.96$)。

(5) 家庭生活方式差异。

经差异检验发现,江苏省不同家庭生活方式的儿童的道德判断情况总体上存在非常显著的差异(卡方值=32.917,$P\leq0.01$)。

不同家庭生活方式的儿童各选项百分比如图 3-7 所示,经进一步统计分析发现:

在选择不知道是否支持的被试中,"和爸妈、爷爷奶奶经常住在一起"、"单亲家庭"、"离异再组合家庭"的儿童之间差异比较显著($1.96<|AR|\leq2.58$)。

在选择不知道是否支持的被试中,"和爸妈经常在一起"、"父母(1 人或 2 人)常年在外打工"的儿童与其他家庭生活方式的儿童相比,不存在显著差异($|AR|\leq1.96$)。

在选择支持、不支持的被试中,不同家庭生活方式的儿童之间均不存在显著差异($|AR|\leq1.96$)。

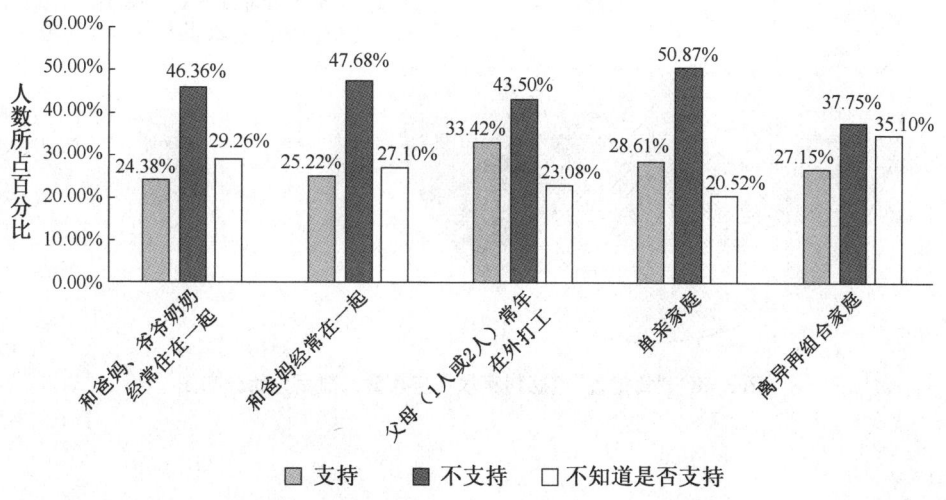

图 3-7 道德判断倾向与儿童家庭生活方式分布图

3.1.2 儿童"肯定性"道德判断理由与水平

在支持偷粮的江苏省儿童中,有32.28%的儿童认为"偷来粮食可以救自己家人的命",表明这部分儿童的道德判断水平处于阶段二"以个人的功利主义与交换为价值取向"。

有30.39%的儿童认为"富人不仁(吝惜自己的粮食),穷人就可以不义(违法)",表明这部分儿童的道德判断水平处于阶段五"以社会契约为价值取向"。

有19.93%的儿童认为"生命最重要,其他都可以不考虑",表明这部分儿童的道德判断水平处于阶段六"以普遍伦理原则为价值取向"。

有9.60%的儿童认为"如果法律不合理,就不用遵守法律",表明这部分儿童的道德判断水平处于阶段四"以法律与秩序为价值取向"。

有7.80%的儿童认为"好父亲应该为家人想出解决问题的办法",表明这部分儿童的道德判断水平处于阶段三"以协调人际关系为价值取向"。(见图3-8)

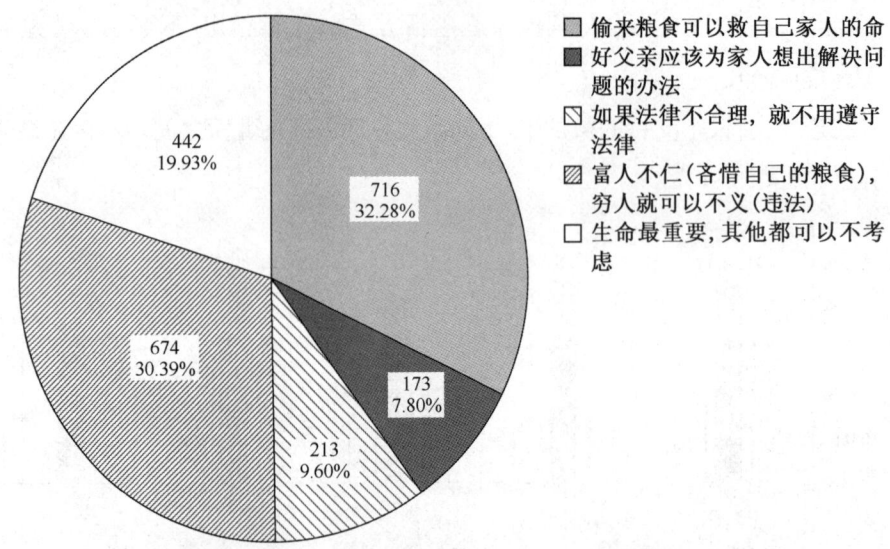

图3-8 "肯定性"道德判断水平与儿童人数百分比分布图

(1) 年段差异。

经差异检验发现,江苏省不同年段儿童的"肯定性"道德判断水平总体上存在非常显著的差异(卡方值=116.004,$P\leqslant0.01$)。

不同年段儿童各选项百分比如图3-9所示,经进一步统计分析发现:

在道德判断水平阶段二、阶段五、阶段六上,小学生和高中生差异非常显著($|AR|>2.58$)。在道德判断水平阶段二上,人数比例随着年段的上升呈上升趋势;在道德判断水平阶段五上,人数比例随着年段的上升呈下降趋势;在道德判断水平阶段六上,人数比例随着年段的上升呈下降趋势。

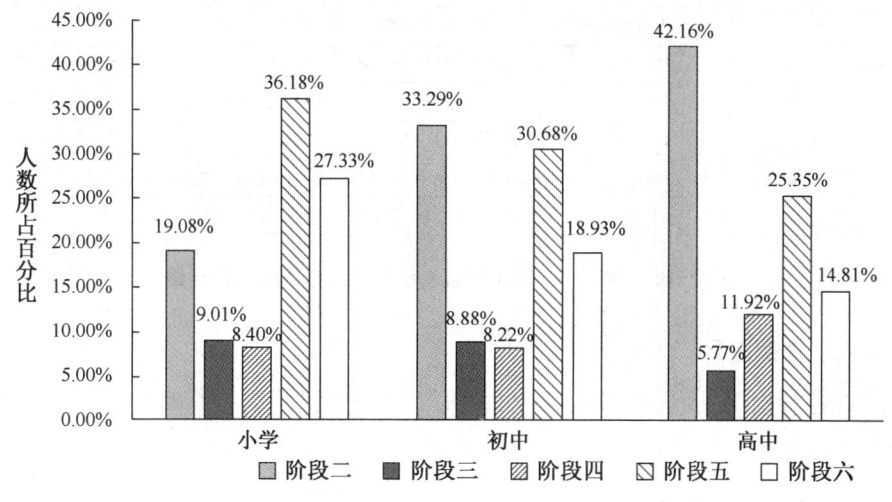

图3-9 "肯定性"道德判断水平与儿童年段分布图

在道德判断水平阶段二、阶段五、阶段六上,初中生与小学生、高中生相比,差异不显著($|AR|\leqslant1.96$)。

在道德判断水平阶段三、阶段四上,不同年段儿童间差异不显著($|AR|\leqslant1.96$)。

从"肯定性"道德判断水平与儿童年级变化趋势图可以看出,在阶段二上,随着年级的升高,人数比例整体呈上升趋势。在阶段三上,随着年级的升高,人数比例整体呈下降趋势,但变化幅度不大。在阶段四上,随着年级的升高,人数比例波动幅度不大。在阶段五上,五年级至高二人数比例随着年级的升高呈下降趋势。在阶段六上,六年级至高一人数比例随着年级的升高呈下降趋势。(见图3-10)

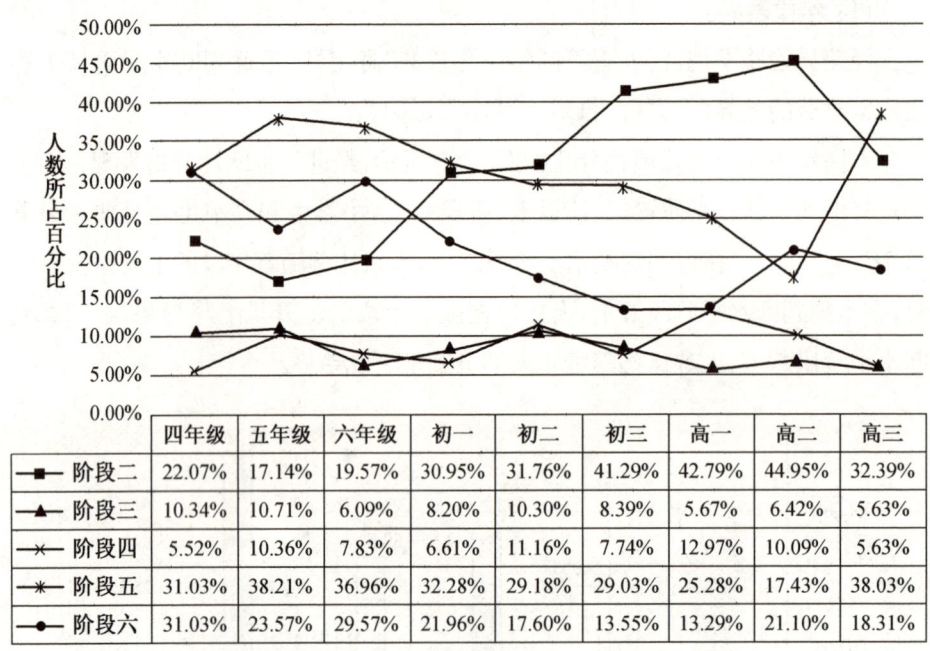

	四年级	五年级	六年级	初一	初二	初三	高一	高二	高三
阶段二	22.07%	17.14%	19.57%	30.95%	31.76%	41.29%	42.79%	44.95%	32.39%
阶段三	10.34%	10.71%	6.09%	8.20%	10.30%	8.39%	5.67%	6.42%	5.63%
阶段四	5.52%	10.36%	7.83%	6.61%	11.16%	7.74%	12.97%	10.09%	5.63%
阶段五	31.03%	38.21%	36.96%	32.28%	29.18%	29.03%	25.28%	17.43%	38.03%
阶段六	31.03%	23.57%	29.57%	21.96%	17.60%	13.55%	13.29%	21.10%	18.31%

图 3-10 "肯定性"道德判断水平与儿童年级变化趋势图

(2) 性别差异。

经差异检验发现,江苏省不同性别儿童的"肯定性"道德判断水平总体不存在显著的差异(卡方值=0.984,$P>0.05$)。

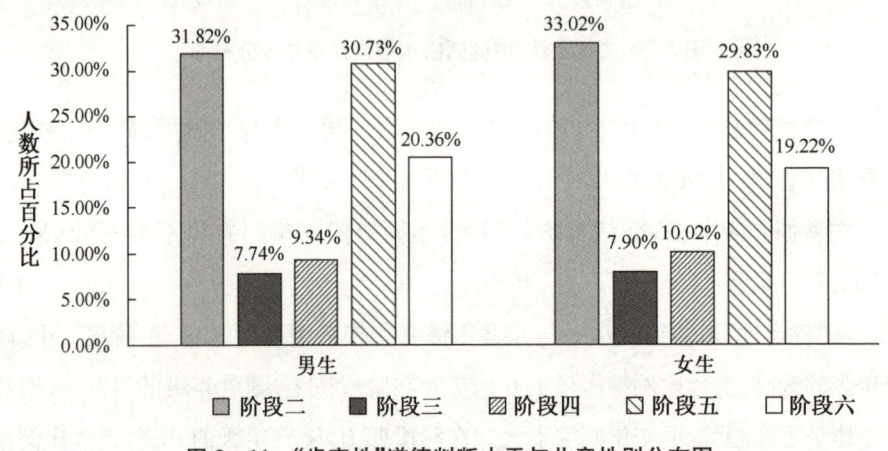

图 3-11 "肯定性"道德判断水平与儿童性别分布图

男女生各选项百分比如图 3-11 所示,经进一步统计分析发现:

在道德判断水平阶段二、阶段三、阶段四、阶段五、阶段六上,男女生之间不存在显著差异($|AR|\leqslant1.96$)。

(3) 城乡差异。

经差异检验发现,江苏省城乡儿童的"肯定性"道德判断水平总体上存在非常显著的差异(卡方值=21.650,$P\leqslant0.01$)。

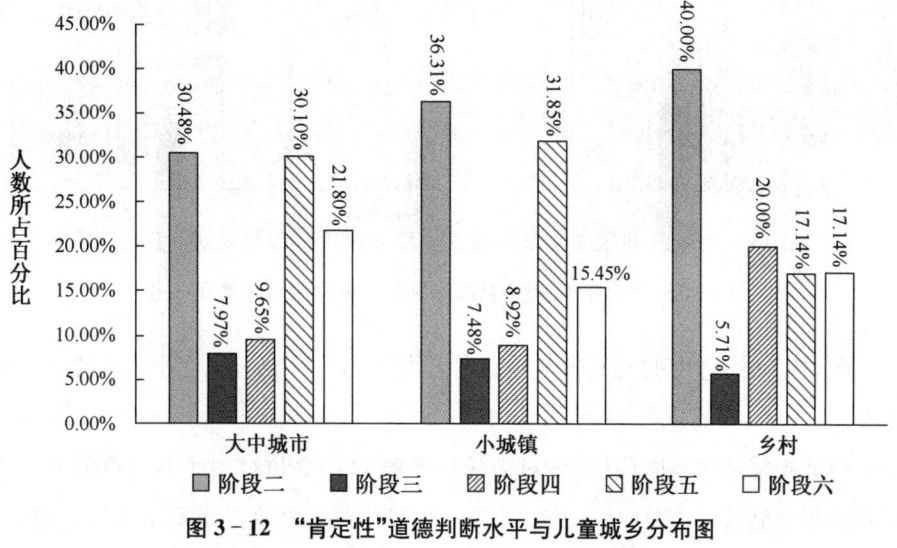

图3-12 "肯定性"道德判断水平与儿童城乡分布图

城乡儿童各选项百分比如图3-12所示,经进一步统计分析发现:

在道德判断水平阶段六上,大中城市儿童和小城镇儿童差异非常显著($|AR|>2.58$)。人数比例从大中城市到小城镇再到乡村呈V形趋势。

在道德判断水平阶段二上,大中城市儿童和小城镇儿童差异比较显著($1.96<|AR|\leqslant2.58$)。人数比例从大中城市到小城镇再到乡村呈上升趋势。

在道德判断水平阶段二、阶段六上,乡村儿童与大中城市儿童、小城镇儿童相比,不存在显著差异($|AR|\leqslant1.96$)。

在道德判断水平阶段三、阶段四、阶段五上,大中城市儿童、小城镇儿童、乡村儿童之间差异不显著($|AR|\leqslant1.96$)。

(4) 生活满意度差异。

经差异检验发现,江苏省不同生活满意度的儿童的"肯定性"道德判断水平总体上存在非常显著的差异(卡方值=36.768,$P\leqslant0.01$)。

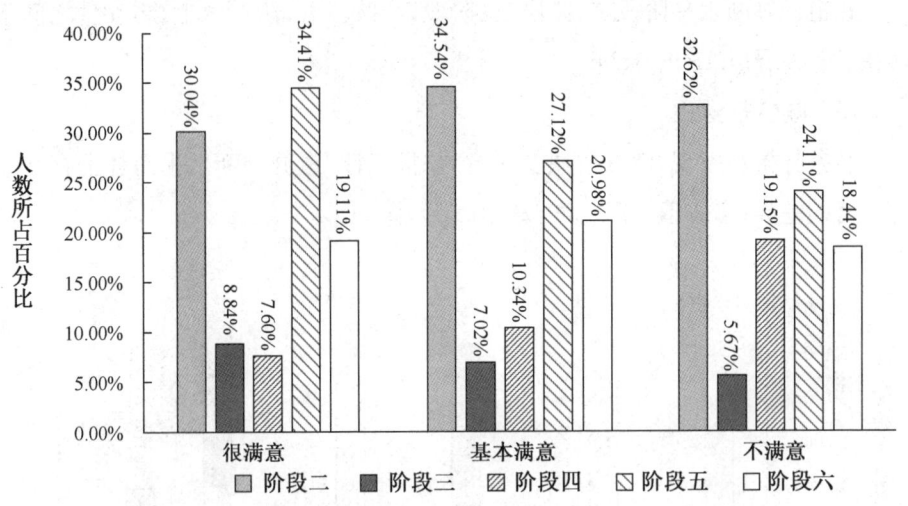

图 3-13 "肯定性"道德判断水平与儿童生活满意度分布图

不同生活满意度的儿童各选项百分比如图 3-13 所示,经进一步统计分析发现:

在道德判断水平阶段四上,对生活很满意的儿童和对生活不满意的儿童之间差异非常显著($|AR|>2.58$)。人数比例随生活满意度的下降呈上升趋势。

在道德判断水平阶段二上,对生活很满意和对生活基本满意的儿童之间差异比较显著($1.96<|AR|\leqslant 2.58$)。人数比例随生活满意度的下降呈倒 V 形趋势。

在道德判断水平阶段五上,对生活基本满意和对生活很满意的儿童之间差异非常显著($|AR|>2.58$)。人数比例随生活满意度的下降呈下降趋势。

在道德判断水平阶段四上,对生活基本满意的儿童与对生活很满意或对生活不满意的儿童相比,不存在显著差异($|AR|\leqslant 1.96$)。

在道德判断水平阶段二、阶段五上,对生活不满意的儿童与对生活基本满意、对生活很满意的儿童相比,不存在显著差异($|AR|\leqslant 1.96$)。

在道德判断水平阶段三、阶段六上,不同生活满意度的儿童之间均不存在显著差异($|AR|\leqslant 1.96$)。

(5) 家庭生活方式差异。

经差异检验发现,江苏省不同家庭生活方式儿童的"肯定性"道德判断水平总体上不存在显著差异(卡方值=23.343,$P>0.05$)。

不同家庭生活方式儿童各选项百分比如图 3-14 所示,经进一步统计分析发现:

在道德判断水平阶段二、阶段三、阶段四、阶段五、阶段六选项上,不同家庭生活方式的儿童差异不显著($|AR|\leqslant 1.96$)。

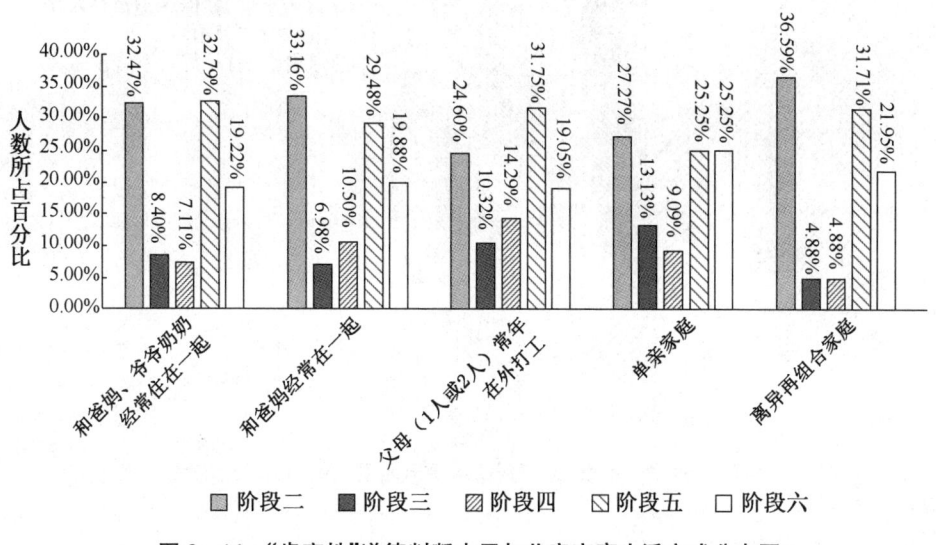

图 3-14 "肯定性"道德判断水平与儿童家庭生活方式分布图

3.1.3 儿童"否定性"道德判断理由与水平

在不支持李德去偷粮食的江苏省儿童中,有 45.24% 的儿童认为"富人不道德,但这不是穷人违反法律的理由",表明这部分儿童的道德判断水平可能处于阶段五"以社会契约为价值取向"。

有 34.71% 的儿童认为"偷东西是违反法律和道德的",表明这部分儿童的道德判断水平处于阶段四"以法律与秩序为价值取向"。

有 11.21% 的儿童认为"不管怎么样,好人不能偷东西",表明这部分儿童的道德判断水平处于阶段六"以普遍伦理原则为价值取向"。

有 6.18% 的儿童认为"他成了小偷,就不是好爸爸了",表明这部分儿童的道德判断水平处于阶段三"以协调人际关系为价值取向"。

有 2.66%的儿童认为"偷粮食会被惩罚的",表明这部分儿童的道德判断水平处于阶段一"以惩罚与服从为价值取向"。(见图 3-15)

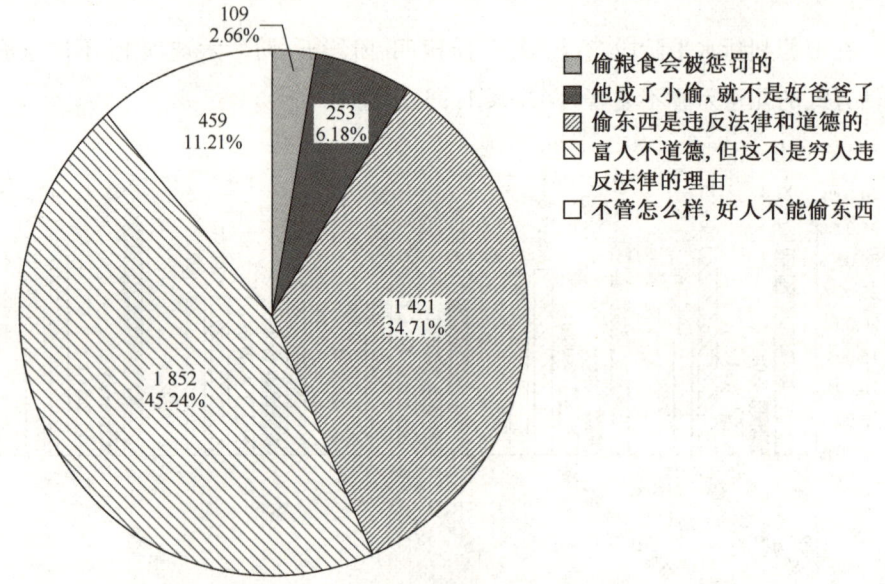

图 3-15 "否定性"道德判断水平与儿童人数百分比分布图

(1) 年段差异。

经差异检验发现,江苏省不同年段儿童的"否定性"道德判断水平总体上存在非常显著的差异(卡方值=148.324,$P \leqslant 0.01$)。

不同年段儿童各选项百分比如图 3-16 所示,经进一步统计分析发现:

在道德判断水平阶段六上,各年段差异非常显著($|AR|>2.58$)。人数比例随着年段的上升呈逐渐下降的趋势。

在道德判断水平阶段一上,小学生和初中生之间差异非常显著($|AR|>2.58$)。人数比例随着年段的上升呈倒 V 形趋势。

在道德判断水平阶段三、阶段五上,小学生和高中生之间差异非常显著($|AR|>2.58$)。在阶段三上,人数比例随着年段的上升呈逐渐下降的趋势;在阶段五上,人数比例随着年段的上升呈逐渐上升的趋势。

在道德判断水平阶段一上,高中生与小学生、初中生相比,不存在显著差异($|AR| \leqslant 1.96$)。

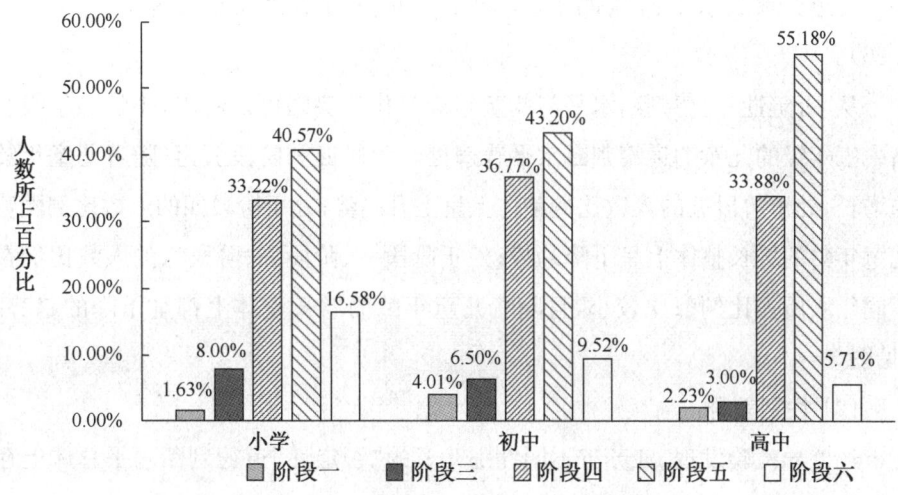

图3-16 "否定性"道德判断水平与儿童年段分布图

在道德判断水平阶段三、阶段五上,初中生与小学生、高中生相比,不存在显著差异($|AR|\leqslant1.96$)。

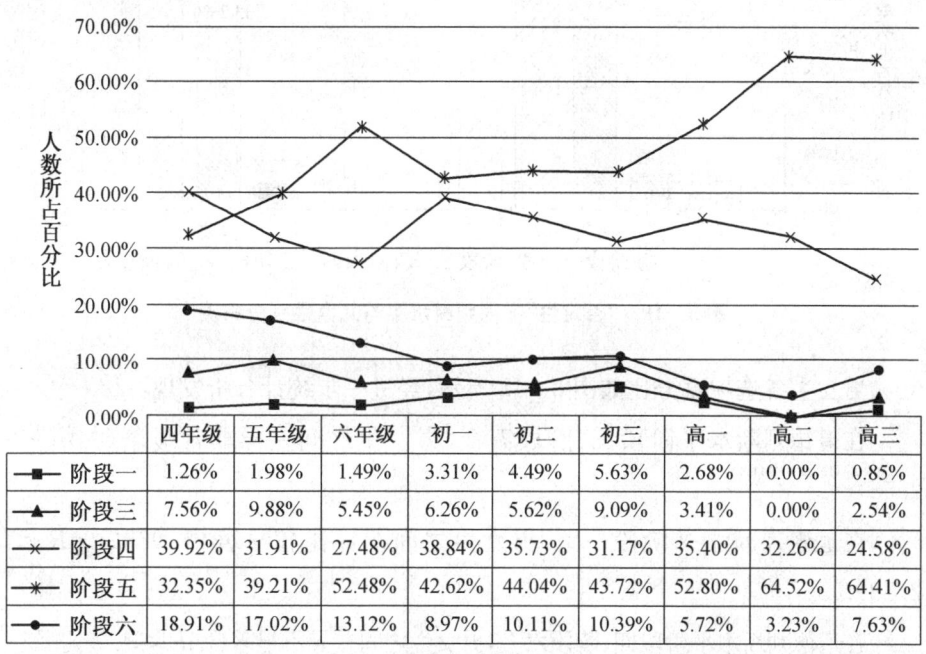

	四年级	五年级	六年级	初一	初二	初三	高一	高二	高三
阶段一	1.26%	1.98%	1.49%	3.31%	4.49%	5.63%	2.68%	0.00%	0.85%
阶段三	7.56%	9.88%	5.45%	6.26%	5.62%	9.09%	3.41%	0.00%	2.54%
阶段四	39.92%	31.91%	27.48%	38.84%	35.73%	31.17%	35.40%	32.26%	24.58%
阶段五	32.35%	39.21%	52.48%	42.62%	44.04%	43.72%	52.80%	64.52%	64.41%
阶段六	18.91%	17.02%	13.12%	8.97%	10.11%	10.39%	5.72%	3.23%	7.63%

图3-17 "否定性"道德判断水平与儿童年级变化趋势图

在道德判断水平阶段四上,不同年段儿童间不存在显著差异($|AR|\leqslant 1.96$)。

从"否定性"道德判断水平与儿童年级变化趋势图可以看出,小学四年级至高中三年级的儿童的道德判断水平普遍处于阶段四和阶段五,且随着儿童年龄的增长,处于阶段五的人数比例整体上呈上升趋势;处于阶段四的人数比例随着儿童年龄的增长整体上呈下降趋势;处于阶段一、阶段三、阶段六的人数比例在不同年级所占比例都比较小,且随着儿童年龄的增长整体上都呈下降的趋势。(见图3-17)

(2) 性别差异。

经差异检验发现,江苏省不同性别儿童的"否定性"道德判断水平总体上存在非常显著的差异(卡方值=26.213,$P\leqslant 0.01$)。

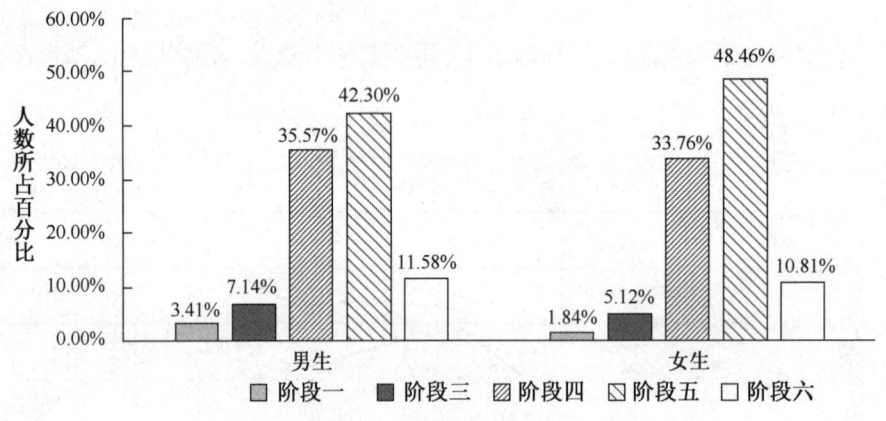

图3-18 "否定性"道德判断水平与儿童性别分布图

男女生各选项百分比如图3-18所示,经进一步统计分析发现:

在道德判断水平阶段三、阶段五上,男女生之间差异非常显著($|AR|>2.58$)。

在道德判断水平阶段一上,男女生之间差异比较显著($1.96<|AR|\leqslant 2.58$)。

在道德判断水平阶段四、阶段六上,男女生之间差异不显著($|AR|\leqslant 1.96$)。

(3) 城乡差异。

经差异检验发现,江苏省城乡儿童的"否定性"道德判断水平总体上不存在显著的差异(卡方值＝5.510,$P>0.05$)。

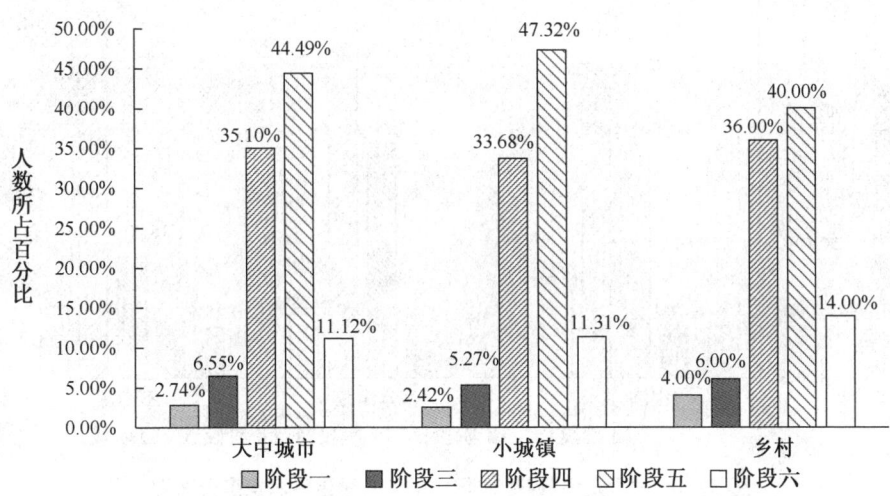

图3‑19 "否定性"道德判断水平与儿童城乡分布图

城乡儿童各选项百分比如图3‑19所示,经进一步统计分析发现:

在道德判断水平阶段一、阶段三、阶段四、阶段五、阶段六上,城乡儿童之间差异不显著($|AR|\leqslant1.96$)。

(4) 生活满意度差异。

经差异检验发现,江苏省不同生活满意度的儿童的"否定性"道德判断水平总体上存在非常显著的差异(卡方值＝33.536,$P\leqslant0.01$)。

不同生活满意度的儿童各选项百分比如图3‑20所示,经进一步统计分析发现:

在道德判断水平阶段六上,对生活很满意与对生活基本满意的儿童之间差异非常显著($|AR|>2.58$)。人数比例随生活满意度的下降呈V形趋势。

在道德判断水平阶段五上,对生活很满意与对生活不满意的儿童之间差异比较显著($1.96<|AR|\leqslant2.58$)。人数比例随生活满意度的下降呈上升趋势。

在道德判断水平阶段六上,对生活不满意的儿童与对生活很满意、对生活基本满意的儿童相比,不存在显著差异($|AR|\leqslant1.96$)。

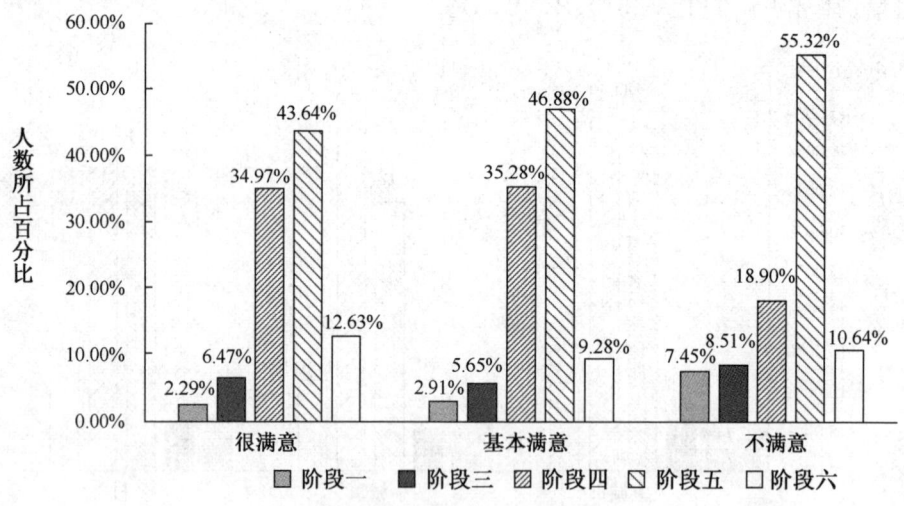

图 3‑20 "否定性"道德判断水平与儿童生活满意度分布图

在道德判断水平阶段五上,对生活基本满意的儿童与对生活很满意、对生活不满意的儿童相比,不存在显著差异($|AR|\leqslant1.96$)。

在道德判断水平阶段一、阶段三、阶段四上,不同生活满意度的儿童之间均不存在显著差异($|AR|\leqslant1.96$)。

(5) 家庭生活方式差异。

经差异检验发现,江苏省不同家庭生活方式的儿童的"否定性"道德判断水平总体上不存在显著差异(卡方值$=25.765,P>0.05$)。

不同家庭生活方式的儿童各选项百分比如图 3‑21 所示,经进一步统计分析发现:

在道德判断水平阶段四上,"和爸妈、爷爷奶奶经常住在一起"、"和爸妈经常在一起"、"离异再组合家庭"的儿童差异比较显著($1.96<|AR|\leqslant2.58$)。

在道德判断水平阶段四上,"父母(1 人或 2 人)常年在外打工"、"单亲家庭"的儿童与其他家庭生活方式的儿童相比,差异不显著($|AR|\leqslant1.96$)。

在道德判断水平阶段一、阶段三、阶段五、阶段六上,不同家庭生活方式的儿童之间差异均不显著($|AR|\leqslant1.96$)。

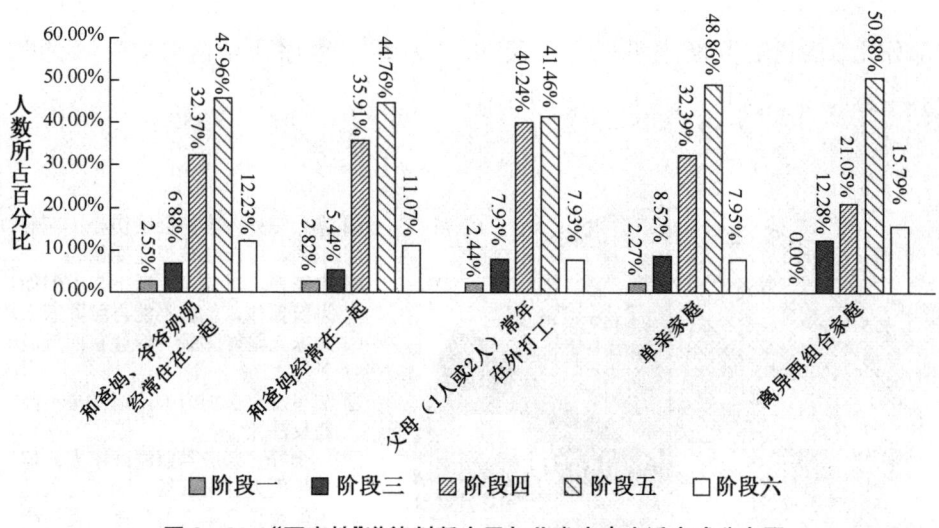

图 3-21 "否定性"道德判断水平与儿童家庭生活方式分布图

3.1.4 儿童"两难性"道德判断理由与水平

在不知道是否该支持李德偷粮食的江苏省儿童中,有 34.16% 的儿童认为"不能救自己家人的生命,良心会过意不去;但是偷别人的东西,即使没被抓住,还是会觉得人生有了污点",表明这部分儿童的道德判断水平处于阶段六"以普遍伦理原则为价值取向"。

有 15.30% 的儿童认为"救家人是好父亲,但偷东西就成了坏人",表明这部分儿童的道德判断水平处于阶段三"以协调人际关系为价值取向"。

有 15.72% 的儿童认为"家人饿死,李德会很伤心;但偷东西,可能会被抓住受惩罚",表明这部分儿童的道德判断水平处于阶段一"以惩罚与服从为价值取向"。

有 12.53% 的儿童认为"偷东西可以让家人活下来;但如果被抓住,他就不能再照顾家人",表明这部分儿童的道德判断水平处于阶段二"以个人的功利主义与交换为价值取向"。

有 9.09% 的儿童认为"一个好父亲应当照顾好家人;但如果人人都这么做,天下会大乱",表明这部分儿童的道德判断水平处于阶段五"以社会契约为价值取向"。

有 10.73% 的儿童认为"法律没有保护穷人,但做事不能违反法律",表明这部分儿童的道德判断水平处于阶段四"以法律与秩序为价值取向"。(见图 3-22)

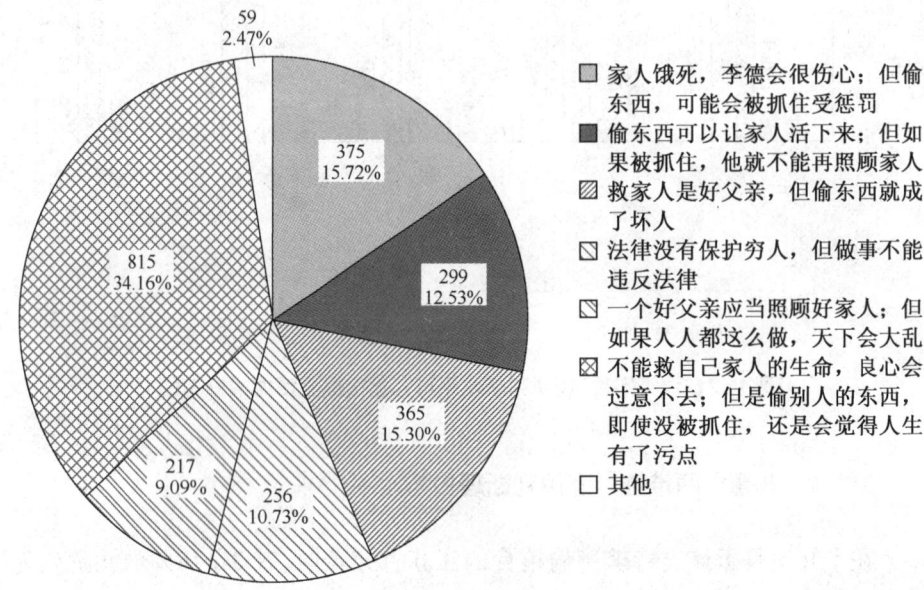

图 3-22 "两难性"道德判断水平与儿童人数百分比分布图

(1) 年段差异。

经差异检验发现,江苏省不同年段儿童的"两难性"道德判断水平总体上存在非常显著的差异(卡方值=37.247,$P \leqslant 0.01$)。

不同年段的儿童各选项百分比如图 3-23 所示,经进一步统计分析发现:

在道德判断水平阶段三上,初中生和高中生之间差异非常显著($|AR|>2.58$)。人数比例随着年段的上升呈倒 V 形趋势。

在道德判断水平阶段六上,小学生和初中生之间差异非常显著($|AR|>2.58$)。人数比例随着年段的上升呈 V 形趋势。

在道德判断水平阶段四上,小学生和高中生之间差异比较显著($1.96<|AR|\leqslant 2.58$)。人数比例随着年段的上升呈上升趋势。

在道德判断水平阶段三上,小学生与初中生、高中生相比,不存在显著差异($|AR|\leqslant 1.96$)。

在道德判断水平阶段六上,高中生与小学生、初中生相比,不存在显著差异($|AR|\leqslant 1.96$)。

在道德判断水平阶段四上,初中生与小学生、高中生相比,不存在显著差异($|AR|\leqslant 1.96$)。

在道德判断水平阶段一、阶段二、阶段五上,各年段儿童之间差异不显著($|AR|\leqslant 1.96$)。

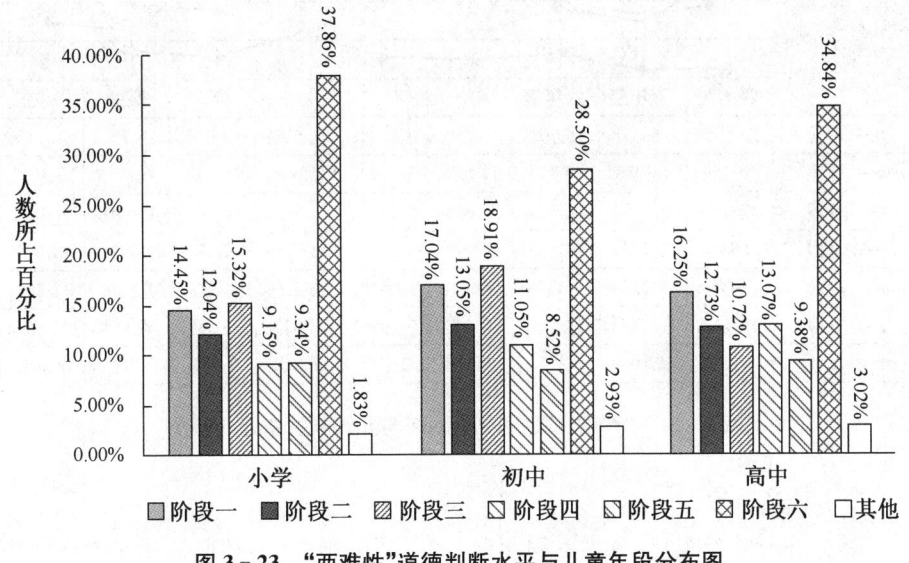

图 3-23 "两难性"道德判断水平与儿童年段分布图

从"两难性"道德判断水平与儿童年级变化趋势图可以看出,小学四年级至高中三年级儿童的道德判断水平处于阶段六的人数比例高于其他阶段,在阶段六上,小学年段呈上升趋势,初中年段和高中年段呈波动状态,从四年级至高三整体呈上升趋势;其他阶段的人数比例也呈波动状态,但比例均低于阶段六。(见图 3-24)

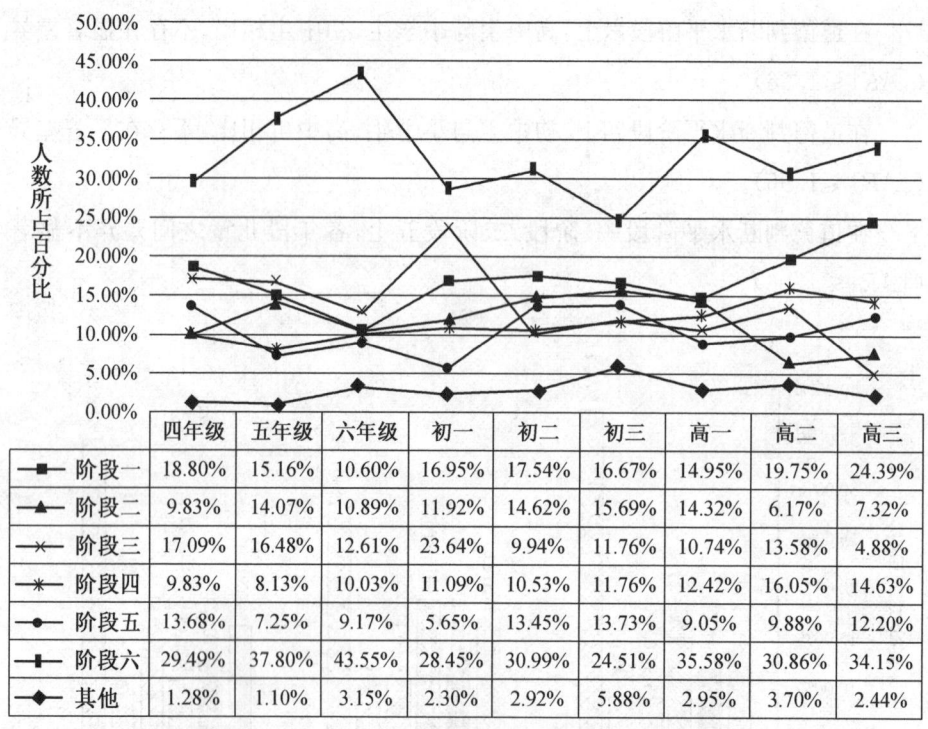

图 3‑24 "两难性"道德判断水平与儿童年级变化趋势图

（2）性别差异。

经差异检验发现，江苏省不同性别儿童的"两难性"道德判断水平总体上存在非常显著的差异（卡方值＝18.796，$P \leqslant 0.01$）。

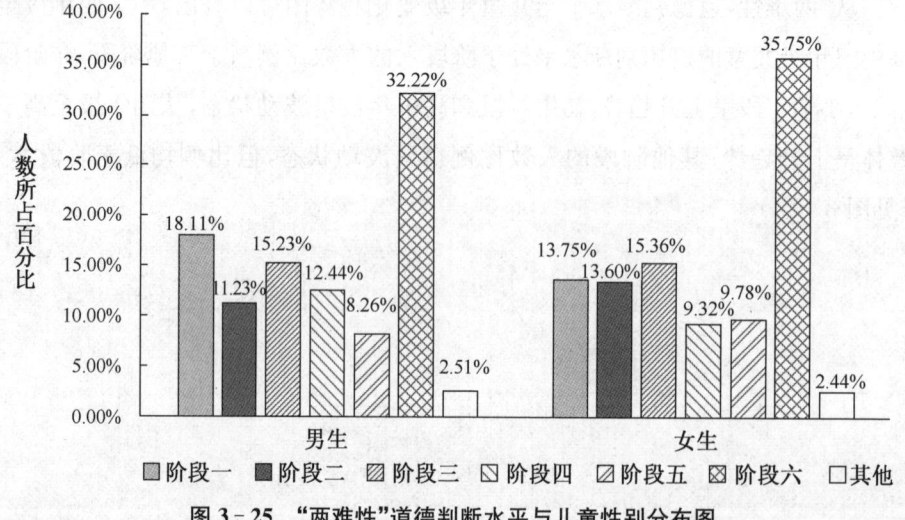

图 3‑25 "两难性"道德判断水平与儿童性别分布图

男女生各选项百分比如图 3-25 所示,经进一步统计分析发现:

在道德判断水平阶段一上,男女生之间差异非常显著($|AR|>2.58$)。

在道德判断水平阶段四上,男女生之间差异比较显著($1.96<|AR|\leqslant 2.58$)。

在道德判断水平阶段二、阶段三、阶段五、阶段六上,男女生之间不存在显著差异($|AR|\leqslant 1.96$)。

(3) 城乡差异。

经差异检验发现,江苏省城乡儿童的"两难性"道德判断水平总体上存在比较显著的差异(卡方值=21.804,$0.01<P\leqslant 0.05$)。

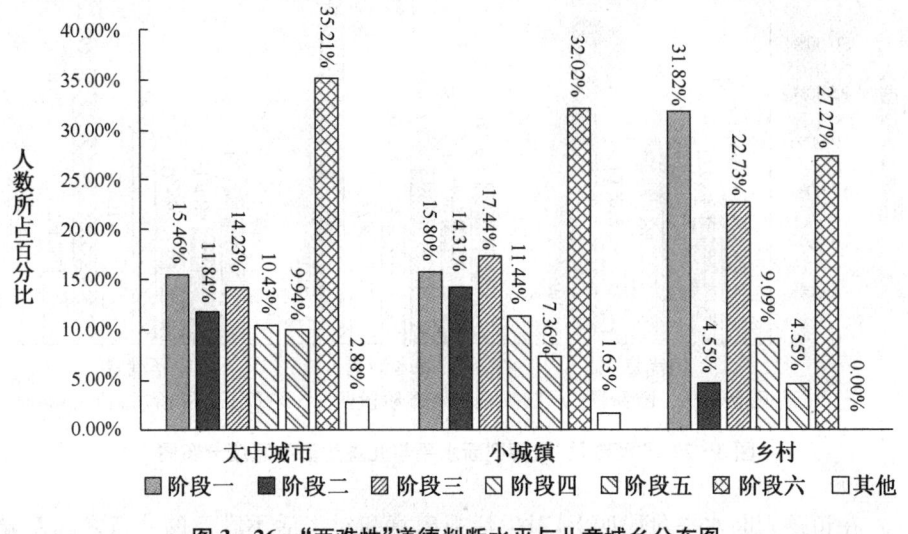

图 3-26 "两难性"道德判断水平与儿童城乡分布图

城乡儿童各选项百分比如图 3-26 所示,经进一步统计分析发现:

在道德判断水平阶段五上,大中城市和小城镇儿童之间差异比较显著($1.96<|AR|\leqslant 2.58$)。人数比例从大中城市到小城镇再到乡村呈下降趋势。

在道德判断水平阶段五上,乡村儿童与大中城市、小城镇儿童相比,不存在显著差异($|AR|\leqslant 1.96$)。

在道德判断水平阶段一、阶段二、阶段三、阶段四、阶段六上,城乡儿童之间均不存在显著差异($|AR|\leqslant 1.96$)。

(4) 生活满意度差异。

经差异检验发现,江苏省不同生活满意度的儿童的"两难性"道德判断水平总体上存在非常显著的差异(卡方值＝42.191,$P \leqslant 0.01$)。

不同生活满意度的儿童各选项百分比如图 3-27 所示,经进一步统计分析发现:

在道德判断水平阶段三上,不同生活满意度的儿童间差异非常显著($|AR|>2.58$)。人数比例随着生活满意度的下降呈倒 V 形趋势。

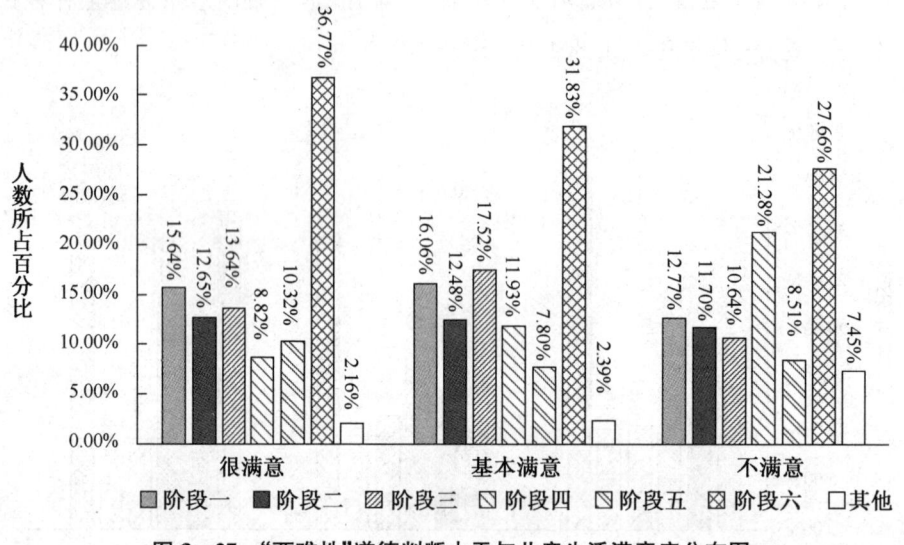

图 3-27 "两难性"道德判断水平与儿童生活满意度分布图

在道德判断水平阶段四上,对生活很满意和对生活不满意的儿童之间差异非常显著($|AR|>2.58$)。人数比例随着生活满意度的下降呈上升趋势。

在道德判断水平阶段五、阶段六上,对生活很满意和对生活基本满意的儿童之间差异比较显著($1.96<|AR|\leqslant 2.58$)。在阶段五上,人数比例随着生活满意度的下降呈 V 形趋势;在阶段六上,人数比例随着生活满意度的下降呈下降趋势。

在道德判断水平阶段四上,对生活基本满意的儿童与对生活很满意、对生活不满意的儿童相比,差异不显著($|AR|\leqslant 1.96$)。

在道德判断水平阶段五、阶段六上,对生活不满意的儿童与对生活很满意、

对生活基本满意的儿童相比,差异不显著($|AR|\leqslant 1.96$)。

在道德判断水平阶段一、阶段二上,不同生活满意度的儿童之间不存在显著差异($|AR|\leqslant 1.96$)。

(5) 家庭生活方式差异。

经差异检验发现,江苏省不同家庭生活方式的儿童的"两难性"道德判断水平总体上不存在显著差异(卡方值=30.059,$P>0.05$)。

不同家庭生活方式的儿童各选项百分比如图3-28所示,经进一步统计分析发现:

在不同的道德判断水平阶段,不同家庭生活方式的儿童之间均不存在显著差异($|AR|\leqslant 1.96$)。

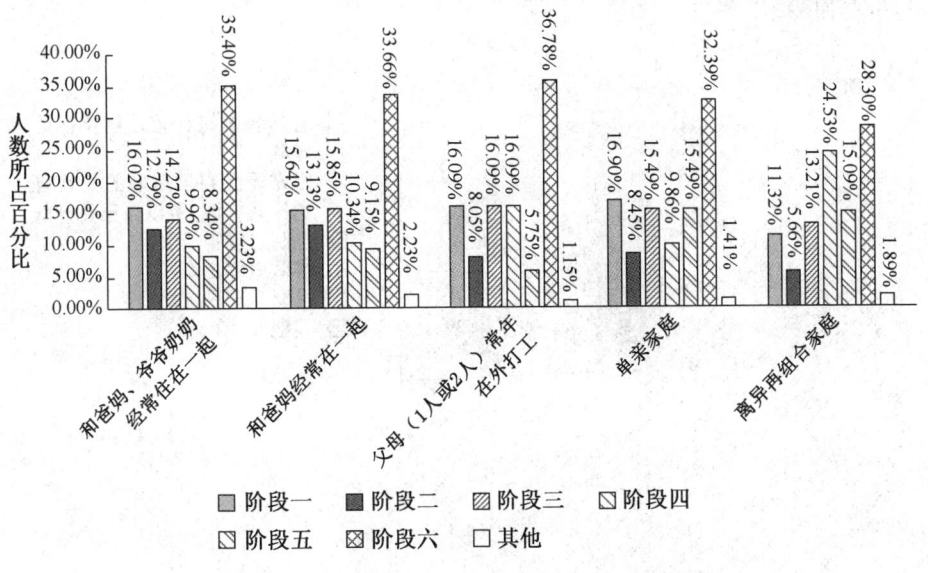

图3-28 "两难性"道德判断水平与儿童家庭生活方式分布图

3.2 儿童道德行为理由

本维度的设计意在对当前儿童的道德行为依据进行调查。在调查问卷中,我们设计了这样的问题"刘晓同学总是坚持自觉排队,我觉得他这样做最主要是因为……",提供了六个选项,分别为"老师和爸妈都教过他要自觉排队"、"经常看到自己尊敬的校长自觉排队打饭,所以自己要排队"、"排队可以得到表扬"、"排队效率更高"、"排队是一种文明行为"、"其他(需自己填写)。"

调查结果显示:

73.07%的江苏省儿童选择"排队是一种文明行为",表明这部分儿童道德行为的依据更倾向于社会普遍认可的规范或观念;8.63%的江苏省儿童选择"老师和爸妈都教过他要自觉排队",表明这部分儿童道德行为的依据更倾向于权威力量的要求;6.74%的江苏省儿童选择"经常看到自己尊敬的校长自觉排队打饭,所以自己要排队",表明这部分儿童道德行为动力更可能来自于道德榜样;6.20%的江苏省儿童选择"排队效率更高",表明这部分儿童道德行为的依据可能是集体效率;4.05%的江苏省儿童选择"排队可以得到表扬",表明这部分儿童道德行为的依据可能是个体功利。(见图3-29)

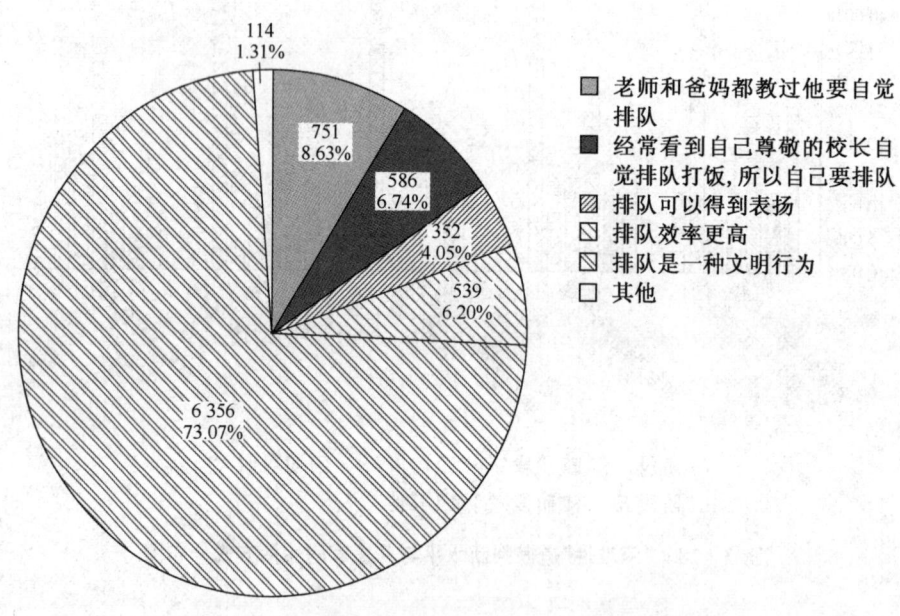

图3-29 道德行为理由与儿童人数百分比分布图

(1) 年段差异。

经差异检验发现,江苏省不同年段的儿童认可的道德行为理由总体上存在非常显著的差异(卡方值=38.057,$P \leqslant 0.01$)。

不同年段的儿童各选项百分比如图3-30所示,经进一步统计分析发现:

在认可的道德行为理由是集体效率的选项上,初中生和小学生之间存在非常显著的差异($|AR|>2.58$)。人数比例随着年段的上升呈倒 V 形趋势。

在认可的道德行为理由是权威要求的选项上,初中生和小学生之间存在非常显著的差异($|AR|>2.58$)。人数比例随着年段的上升呈倒 V 形趋势。

在认可的道德行为理由是道德榜样、个体功利、社会规范的选项上,不同年段的儿童之间均不存在显著差异($|AR|\leqslant 1.96$)。

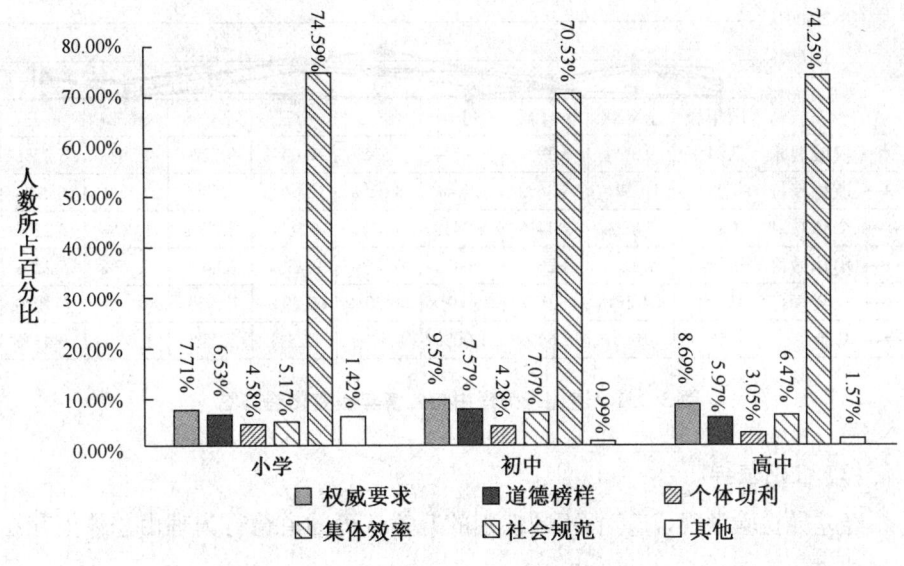

图 3-30　道德行为理由与儿童年段分布图

在认可的道德行为理由是集体效率的选项上,高中生与小学生、初中生相比,不存在显著差异($|AR|\leqslant 1.96$)。

在认可的道德行为理由是权威要求的选项上,高中生与小学生、初中生相比,不存在显著差异($|AR|\leqslant 1.96$)。

从道德行为理由与儿童年级变化趋势图可以看出,小学四年级至高中三年级的儿童普遍认可的道德行为理由是社会规范,且随着年龄的增加,小学年段的儿童认可的道德行为理由是社会规范的比例呈先下降后上升的趋势,初中年级呈下降的趋势,高中年段呈先上升后下降的趋势。儿童认可的其他道德行为理由,基本上不随年龄的变化而发生大幅度变化。(见图 3-31)

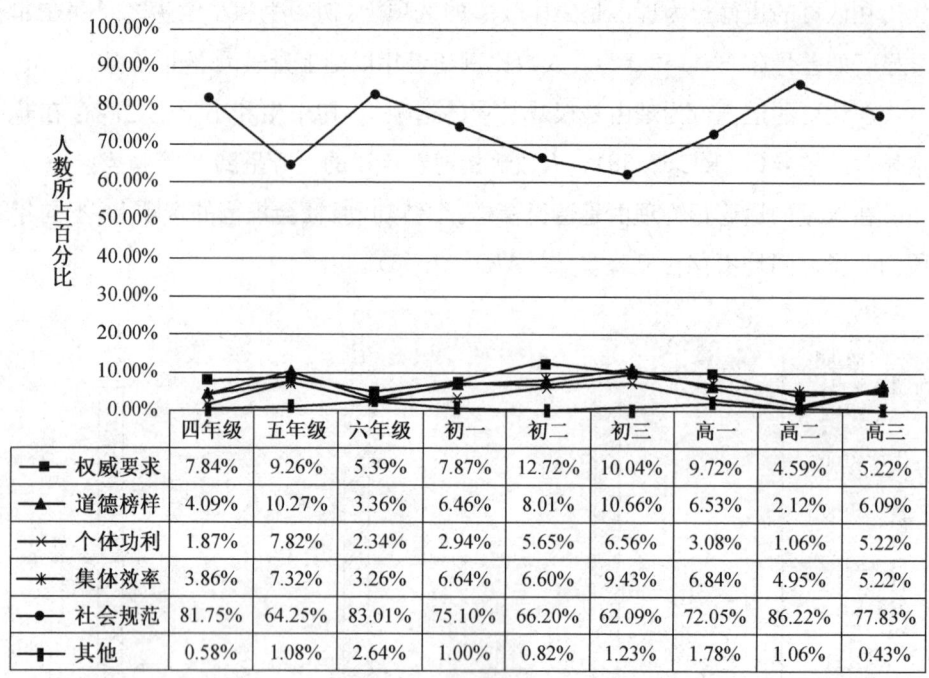

	四年级	五年级	六年级	初一	初二	初三	高一	高二	高三
权威要求	7.84%	9.26%	5.39%	7.87%	12.72%	10.04%	9.72%	4.59%	5.22%
道德榜样	4.09%	10.27%	3.36%	6.46%	8.01%	10.66%	6.53%	2.12%	6.09%
个体功利	1.87%	7.82%	2.34%	2.94%	5.65%	6.56%	3.08%	1.06%	5.22%
集体效率	3.86%	7.32%	3.26%	6.64%	6.60%	9.43%	6.84%	4.95%	5.22%
社会规范	81.75%	64.25%	83.01%	75.10%	66.20%	62.09%	72.05%	86.22%	77.83%
其他	0.58%	1.08%	2.64%	1.00%	0.82%	1.23%	1.78%	1.06%	0.43%

图 3-31 道德行为理由与儿童年级变化趋势图

（2）性别差异。

经差异检验发现，江苏省不同性别的儿童认可的道德行为理由总体上存在非常显著的差异（卡方值=137.968，$P \leqslant 0.01$）。

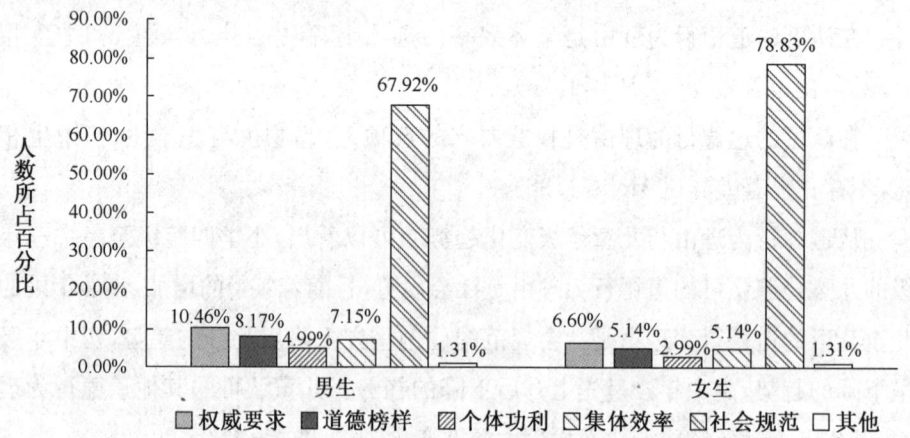

图 3-32 道德行为理由与儿童性别分布图

男女生各选项百分比如图 3-32 所示,经进一步统计分析发现:

在认可的道德行为理由是权威要求、道德榜样、个体功利、集体效率、社会规范的选项上,男女生之间存在非常显著的差异($|AR|>2.58$)。

(3) 城乡差异。

经差异检验发现,江苏省城乡儿童认可的道德行为理由总体上存在非常显著的差异(卡方值=40.873,$P \leqslant 0.01$)。

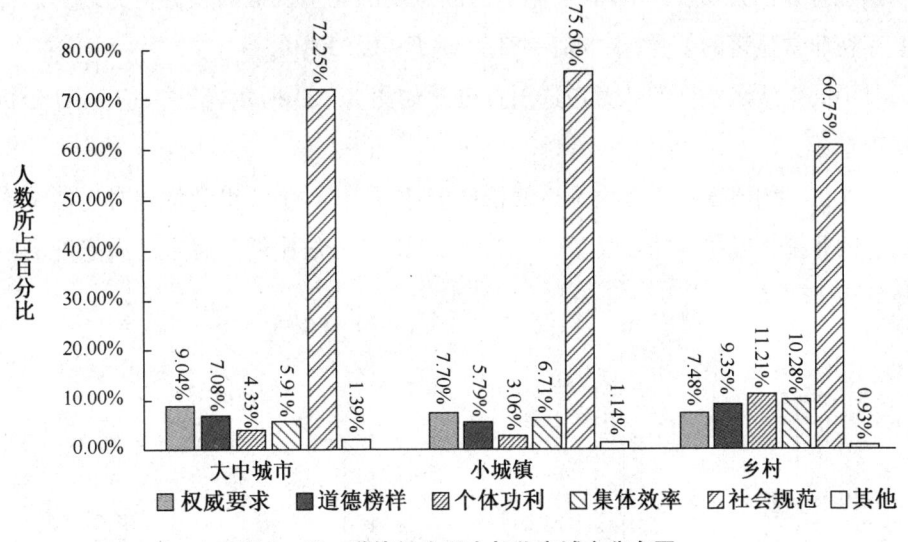

图 3-33 道德行为理由与儿童城乡分布图

城乡儿童各选项百分比如图 3-33 所示,经进一步统计分析发现:

在认可的道德行为理由是社会规范的选项上,城乡儿童之间差异均非常显著($|AR|>2.58$)。人数比例从大中城市到小城镇再到乡村呈倒 V 形趋势。

在认可的道德行为理由是个体功利的选项上,小城镇和乡村儿童之间差异非常显著($|AR|>2.58$)。人数比例从大中城市到小城镇再到乡村呈 V 形趋势。

在认可的道德行为理由是权威力要求、道德榜样的选项上,大中城市和小城镇儿童之间差异比较显著($1.96<|AR|\leqslant2.58$)。在认可的道德行为理由是权威要求的选项上,人数比例从大中城市到小城镇再到乡村呈下降趋势;在认可的道德行为理由是道德榜样的选项上,人数比例从大中城市到小城镇再到乡村呈

V 形趋势。

在认可的道德行为理由是个体功利的选项上,大中城市儿童与小城镇、乡村儿童相比,不存在显著差异($|AR|\leqslant 1.96$)。

在认可的道德行为理由是权威要求、道德榜样的选项上,乡村儿童与大中城市和小城镇儿童相比,不存在显著差异($|AR|\leqslant 1.96$)。

(4) 生活满意度差异。

经差异检验发现,江苏省不同生活满意度的儿童认可的道德行为理由总体上存在非常显著的差异(卡方值=81.089,$P\leqslant 0.01$)。

不同生活满意度的儿童各选项百分比如图 3-34 所示,经进一步统计分析发现:

在认可的道德行为理由是道德榜样的选项上,对生活很满意和对生活基本满意的儿童之间差异非常显著($|AR|>2.58$)。人数比例随着生活满意度的下降呈 V 形趋势。

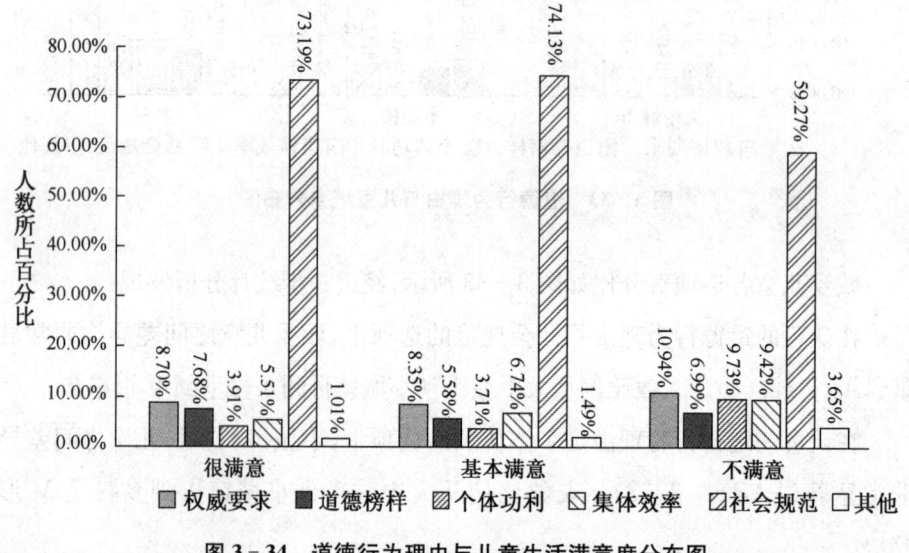

图 3-34 道德行为理由与儿童生活满意度分布图

在认可的道德行为理由是社会规范的选项上,对生活基本满意的儿童和对生活不满意的儿童之间存在非常显著的差异($|AR|>2.58$)。人数比例随着生活满意度的下降呈倒 V 形趋势。

在认可的道德行为理由是集体效率的选项上,不同生活满意度的儿童之间存在比较显著的差异($1.96<|AR|\leqslant2.58$)。人数比例随着生活满意度的下降呈上升趋势。

在认可的道德行为理由是道德榜样的选项上,对生活不满意的儿童与对生活很满意、对生活基本满意的儿童之间差异不显著($|AR|\leqslant1.96$)。

在认可的道德行为理由是社会规范的选项上,对生活很满意的儿童与对生活基本满意、对生活不满意的儿童相比,差异不显著($|AR|\leqslant1.96$)。

在认可的道德行为理由是权威要求、个体功利的选项上,不同生活满意度的儿童之间差异不显著($|AR|\leqslant1.96$)。

(5) 家庭生活方式差异。

经差异检验发现,江苏省不同家庭生活方式的儿童认可的道德行为理由总体上存在非常显著的差异(卡方值=55.104,$P\leqslant0.01$)。

不同家庭生活方式的儿童各选项百分比如图 3-35 所示,经进一步统计分析发现:

在认可的道德行为理由是道德榜样的选项上,"和爸妈经常在一起"与"父母(1人或2人)常年在外打工"的儿童之间的差异比较显著($1.96<|AR|\leqslant2.58$)。

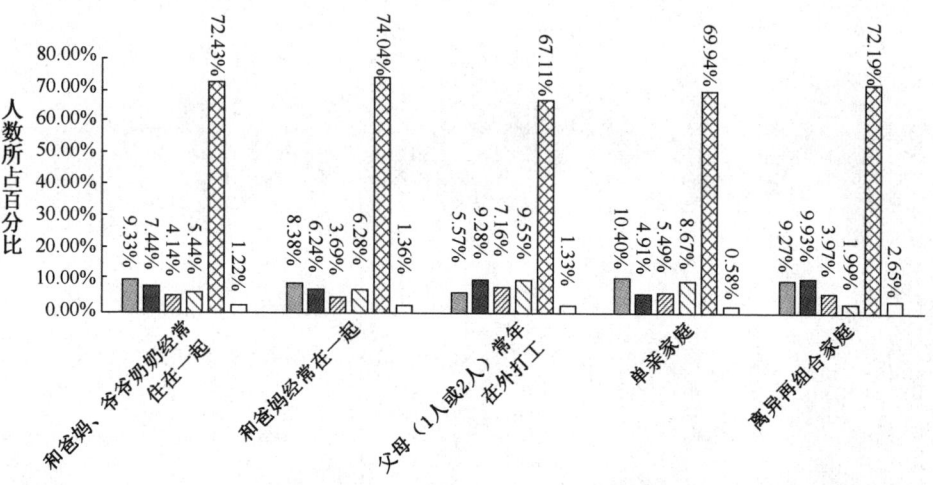

图 3-35 道德行为理由与儿童家庭生活方式分布图

在认可的道德行为理由是道德榜样的选项上,"和爸妈、爷爷奶奶经常住在一起"、"单亲家庭"、"离异再组合家庭"的儿童与其他家庭生活方式的儿童间差异不显著($|AR|\leqslant 1.96$)。

在认可的道德行为理由是权威要求、个体功利、集体效率、社会规范的选项上,不同家庭生活方式的儿童之间差异不显著($|AR|\leqslant 1.96$)。

4 江苏省儿童道德行为发展状况*

4.1 个人诚信行为

整体上看,江苏省儿童行为的诚信度高,诚信行为表现良好。

调查结果显示,86.91%的江苏省儿童表示买东西多找钱时,会主动告诉卖家并退回多找的钱。7.58%的江苏省儿童会因为已经远离商店而懒得把多找的钱还回去,另外的5.52%的儿童则表示不会主动退还卖家多找的钱。(见图4-1)

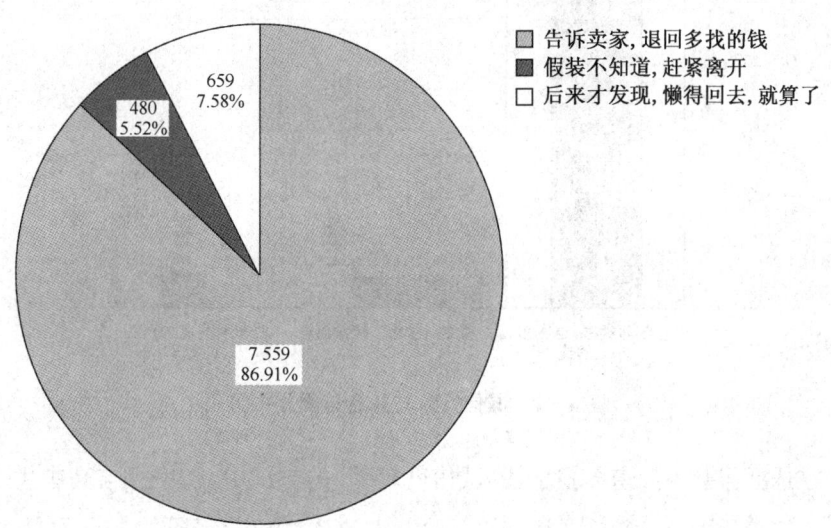

图4-1 诚信行为与儿童人数百分比分布图

---

* 此部分中关于家庭生活方式差异的分析,均采用雷达图呈现数据。为提升图片整体观感的舒适度且保证分析有意义,仅展示数据比例较高的部分,旨在呈现儿童道德行为积极性表现的状况。

(1) 年段差异。

经差异检验发现,江苏省不同年段的儿童的诚信行为总体上存在非常显著的差异(卡方值=285.583,$P \leqslant 0.01$)。

不同年段的儿童各选项百分比如图4-2所示,经进一步统计分析发现:

在选择诚信自律而主动归还卖家多找的钱、选择懒得还回去的被试中,小学生、初中生和高中生之间表现出非常显著的差异($|AR|>2.58$)。在选择诚信自律而主动归还卖家多找的钱的被试中,人数比例随着年段的上升而呈下降趋势;在选择懒得还回去的被试中,人数比例随着年段的上升而呈上升趋势。

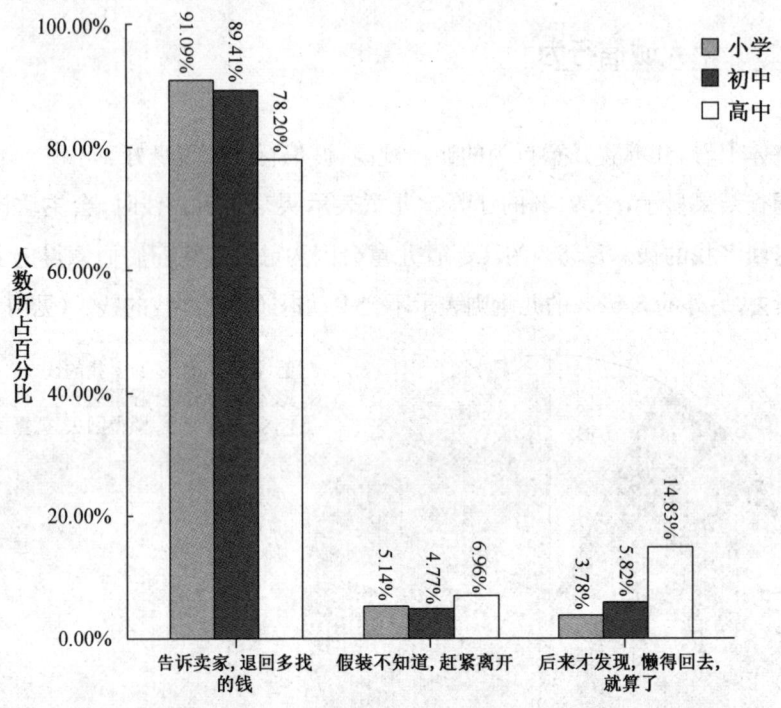

图4-2 诚信行为与儿童年段分布图

在选择假装不知道多找了钱(诚信度较差)的被试中,初中生与高中生之间的差异比较显著($1.96<|AR|\leqslant 2.58$)。人数比例随着年段的上升而呈V形趋势。

在选择假装不知道多找了钱(诚信度较差)的被试中,小学生与初中生、高中生相比,不存在显著差异($|AR|\leqslant 1.96$)。

经差异检验发现,江苏省不同年级的儿童的诚信行为总体上存在非常显著的差异(卡方值=489.413,$P \leqslant 0.01$)。

不同年级的儿童各选项百分比如图4-3所示,经进一步统计分析发现:

随着年级的上升,儿童中能保持诚信行为的人数比例呈小幅下降趋势,儿童诚信度逐渐降低。

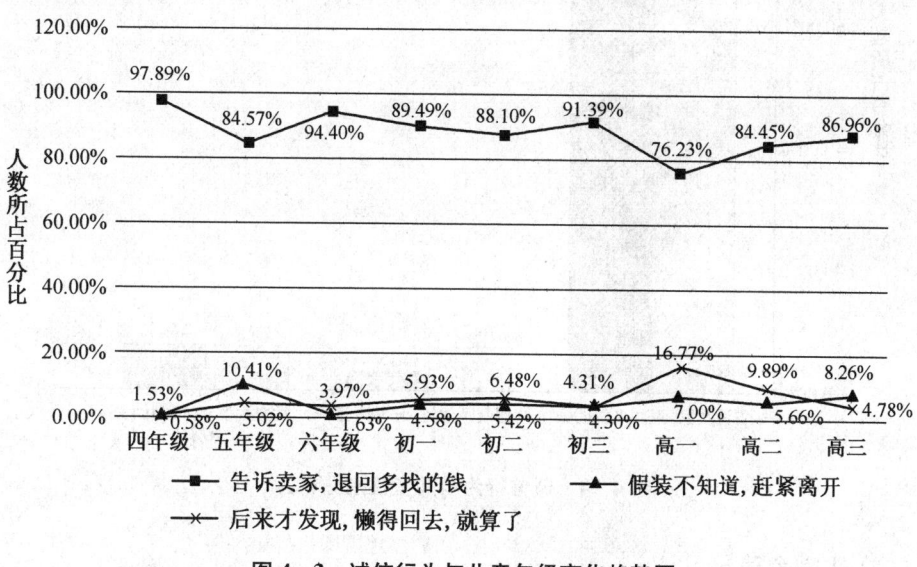

图4-3 诚信行为与儿童年级变化趋势图

(2) 性别差异。

经差异检验发现,江苏省不同性别的儿童的诚信行为总体上存在非常显著的差异(卡方值=71.287,$P \leqslant 0.01$)。

不同性别的儿童各选项百分比如图4-4所示,经进一步统计分析发现:

在选择诚信自律且主动归还卖家多找的钱、选择假装不知道多找了钱(诚信度较差)的被试中,男女生之间的差异非常显著($|AR|>2.58$)。

在选择懒得还回去的被试中,男女生差异不显著($|AR| \leqslant 1.96$)。

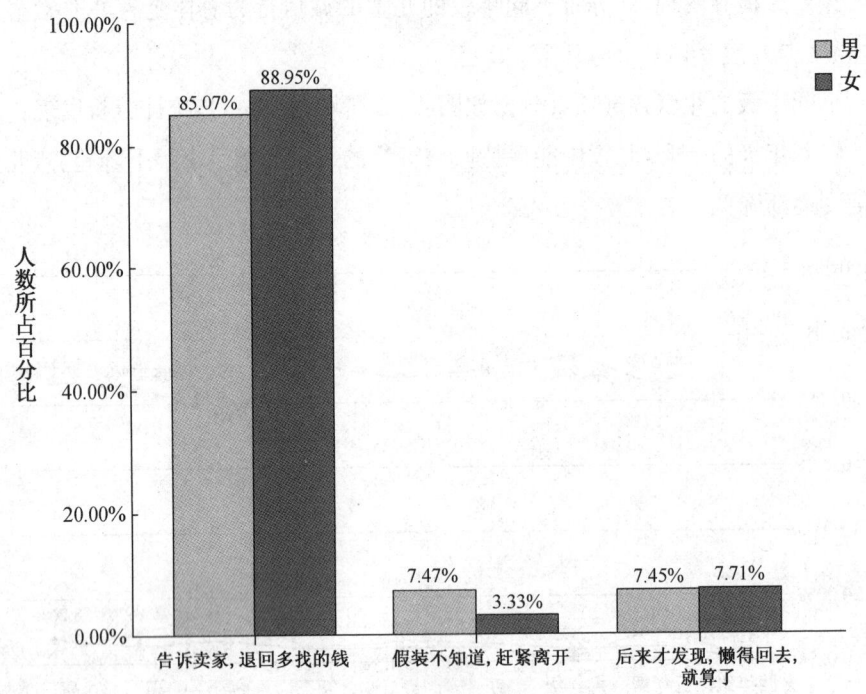

图 4-4 诚信行为与儿童性别分布图

(3) 城乡差异。

经差异检验发现,江苏省城乡儿童的诚信行为总体上存在非常显著的差异(卡方值=112.996,$P \leqslant 0.01$)。

城乡儿童各选项百分比如图 4-5 所示,经进一步统计分析发现:

在选择诚信自律且主动归还卖家多找的钱的被试中,大中城市儿童、小城镇儿童和乡村儿童之间表现出显著差异($|AR|>2.58$)。人数比例从大中城市到小城镇再到乡村呈下降趋势。

在选择假装不知道多找了钱(诚信度较差)的被试中,大中城市儿童和乡村儿童间的差异非常显著($|AR|>2.58$)。人数比例从大中城市到小城镇再到乡村呈上升趋势。

在选择假装不知道多找了钱(诚信度较差)的被试中,小城镇儿童与大中城市、乡村儿童相比,不存在显著差异($|AR| \leqslant 1.96$)。

在选择懒得还回去的被试中,大中城市儿童、小城镇儿童、乡村儿童间不存

在显著的差异(|AR|≤1.96)。

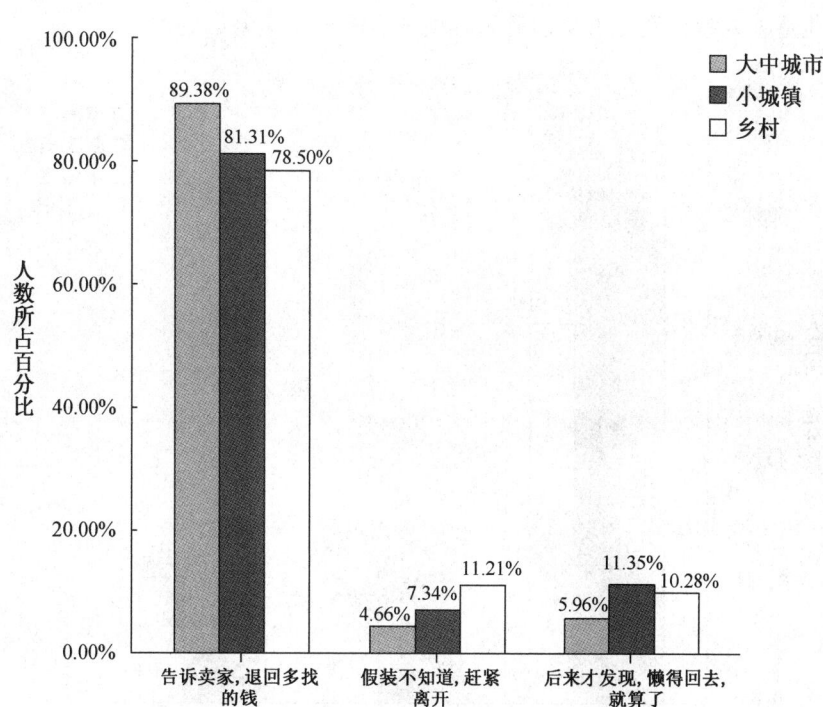

图 4-5 诚信行为与儿童城乡分布图

(4) 生活满意度差异。

经差异检验发现,江苏省不同生活满意度的儿童的诚信行为总体上存在非常显著的差异(卡方值=318.560,P≤0.01)。对生活状况很满意的儿童表现出来的个人道德行为更为良好。

不同生活满意度的儿童各选项百分比如图 4-6 所示,经进一步统计分析发现:

在三种选择上,不同生活满意度的儿童都呈现非常显著的差异(|AR|>2.58)。在选择诚信自律且主动归还卖家多找的钱的被试中,对生活很满意的儿童的人数比例高于对生活基本满意和对生活不满意的儿童。人数比例随着生活满意程度的下降而呈下降的趋势。在选择假装不知道多找了钱(诚信度较差)的被试中,对生活不满意的儿童的人数比例高于对生活基本满意和对生活很满意的儿童。人数比例随着生活满意程度的下降而呈上升趋势。在选择懒得还回去

的被试中,对生活不满意的儿童的人数比例高于对生活基本满意和对生活很满意的儿童。人数比例随着生活满意程度的下降而呈上升的趋势。

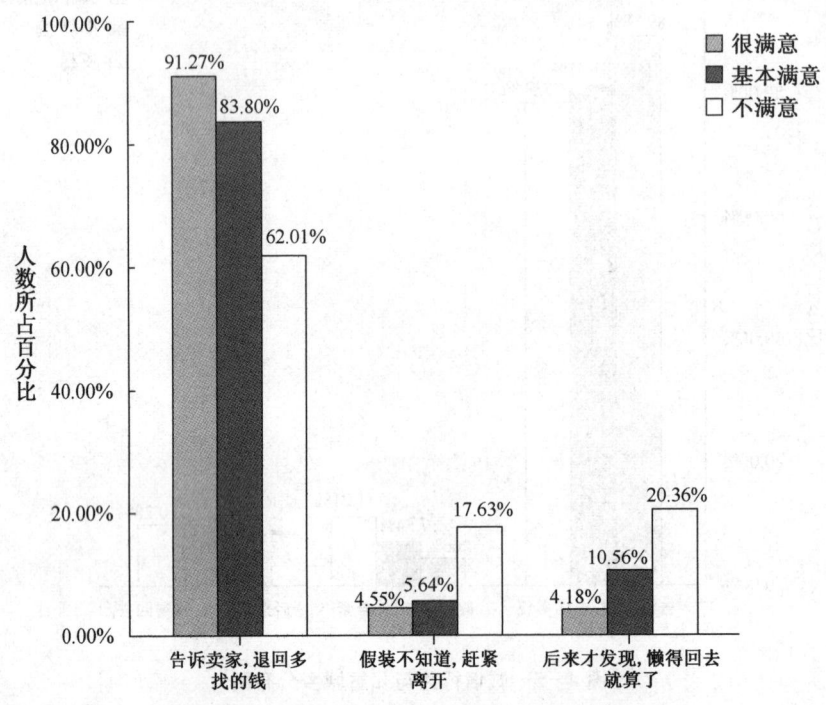

图4-6 诚信行为与儿童生活满意度分布图

(5) 家庭生活方式差异。

经差异检验发现,江苏省不同家庭生活方式的儿童的诚信行为总体上存在非常显著的差异(卡方值=71.938,$P \leqslant 0.01$)。

不同家庭生活方式的儿童各选项百分比如图4-7所示,经进一步统计分析发现:

"和爸妈经常在一起"的儿童中,88.17%的儿童都能做到诚信,高于其他家庭生活方式下该项的占比。除了"和爸妈、爷爷奶奶经常住在一起"、"离异再组合家庭"的儿童外,其余家庭生活方式的儿童间的差异非常显著($|AR| > 2.58$)。"父母(1人或2人)常年在外打工"家庭的儿童中,77.72%的儿童能做到诚信,相对低于其他家庭生活方式下该项的占比。

4 江苏省儿童道德行为发展状况

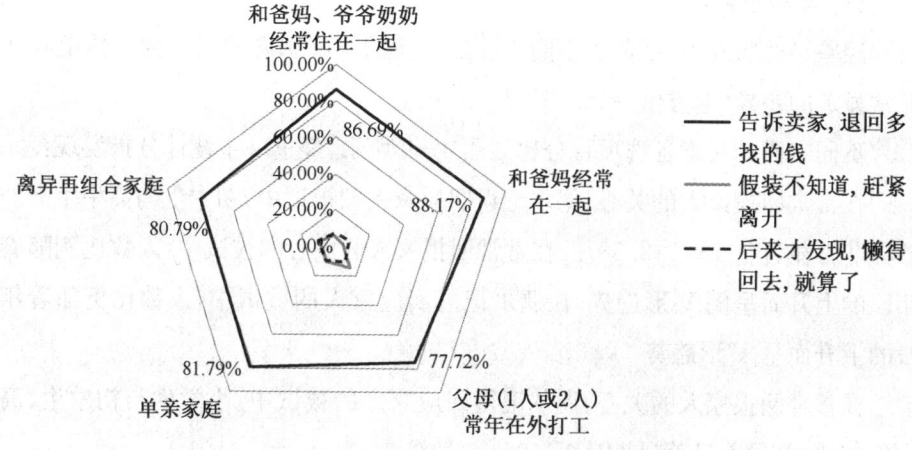

图 4-7 诚信行为与儿童家庭生活方式雷达图

4.2 家庭感恩回报行为

对于家人的关心,79.97%的江苏省儿童能够经常在家庭生活中有感恩行为,14.31%的江苏省儿童偶尔记得并回报,另外还有5.71%的江苏省儿童常常忘记回应家人的关心,家庭感恩回报行为表现较差。(见图4-8)

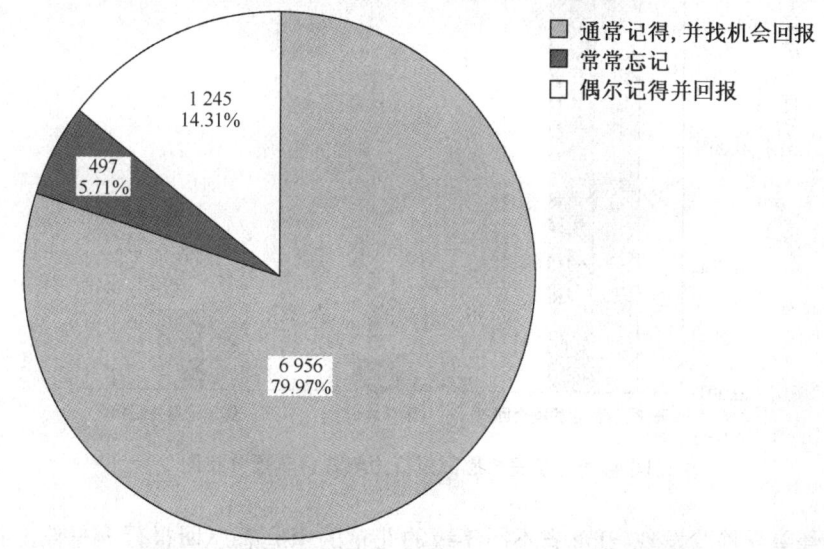

图 4-8 家庭感恩回报行为与儿童人数百分比分布图

137

(1) 年段差异。

经差异检验发现,江苏省不同年段的儿童的家庭感恩回报行为总体上存在非常显著的差异(卡方值=16.765,$P \leqslant 0.01$)。

不同年段的儿童各选项百分比如图 4-9 所示,经进一步统计分析发现:

在常常回报家人的关心、偶尔记得回应家人的被试中,初中生与高中生间的差异非常显著($|AR|>2.58$)。在常常回报家人的关心的被试中,人数比例随着年段的上升而呈倒 V 形趋势;在偶尔记得回应家人的被试中,人数比例随着年段的上升而呈 V 形趋势。

在常常回报家人的关心、偶尔记得回应家人的被试中,小学生与初中生、高中生相比,差异不显著($|AR| \leqslant 1.96$)。

在常常忘记回应家人的关心的被试中,不同年段的儿童间不存在显著差异($|AR| \leqslant 1.96$)。

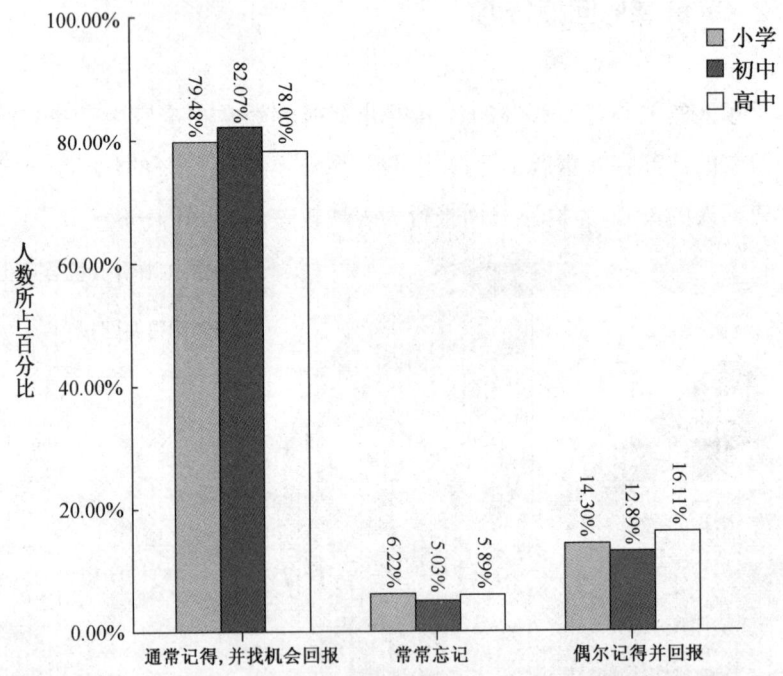

图 4-9 家庭感恩回报行为与儿童年段分布图

经差异检验发现,江苏省不同年级的儿童的家庭感恩回报行为总体上存在非常显著的差异(卡方值=124.466,$P \leqslant 0.01$)。

不同年级的儿童各选项百分比如图4-10所示,经进一步统计分析发现:

能保持家庭感恩回报行为的儿童人数比例总体比较稳定,四年级、五年级、初一、高一的儿童之间的差异非常显著($|AR|>2.58$),其他年级与这几个年级相比,差异不显著($|AR|\leqslant1.96$);常常忘记回应家人关心的人数比例在2.34%至10.55%之间波动,且四、五、六年级的儿童与初一、初二、初三儿童之间的差异非常显著($|AR|>2.58$),其他年级与这几个年级相比,差异不显著($|AR|\leqslant1.96$);偶尔记得并回报家人关心的人数比例总体呈先下降后上升最后又下降的趋势,初一、初二、初三、高一、高二、高三学生之间的差异非常显著($|AR|>2.58$),其他年级与这几个年级相比,差异不显著($|AR|\leqslant1.96$)。

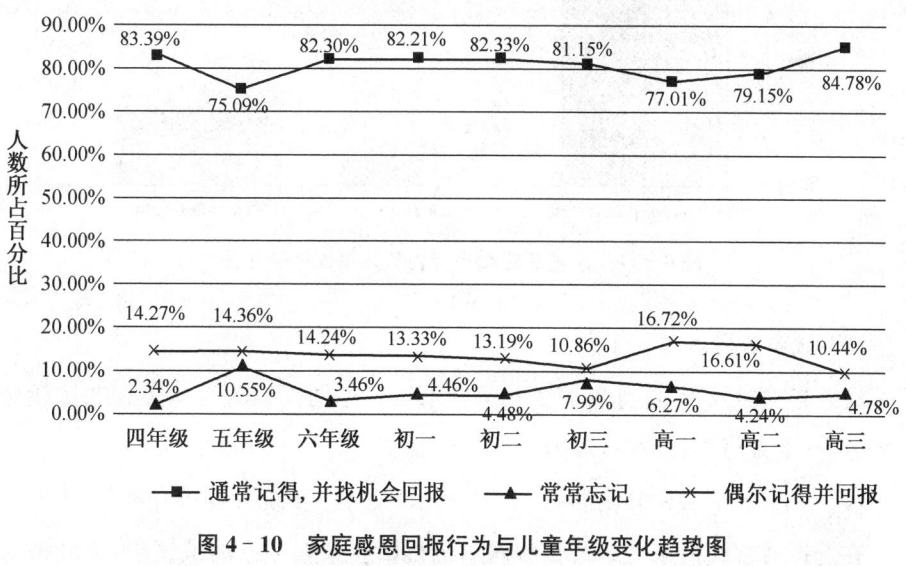

图4-10 家庭感恩回报行为与儿童年级变化趋势图

(2) 性别差异。

经差异检验发现,江苏省不同性别儿童的家庭感恩回报行为总体上存在非常显著的差异(卡方值=35.725,$P\leqslant0.01$)。

不同性别儿童各选项百分比如图4-11所示,经进一步统计分析发现:

在通常回报家人关心和常常忘记回应家人关心的被试中,男女生之间差异非常显著($|AR|>2.58$)。

在偶尔记得回应家人关心的被试中,男女生间不存在显著的差异($|AR|\leqslant1.96$)。

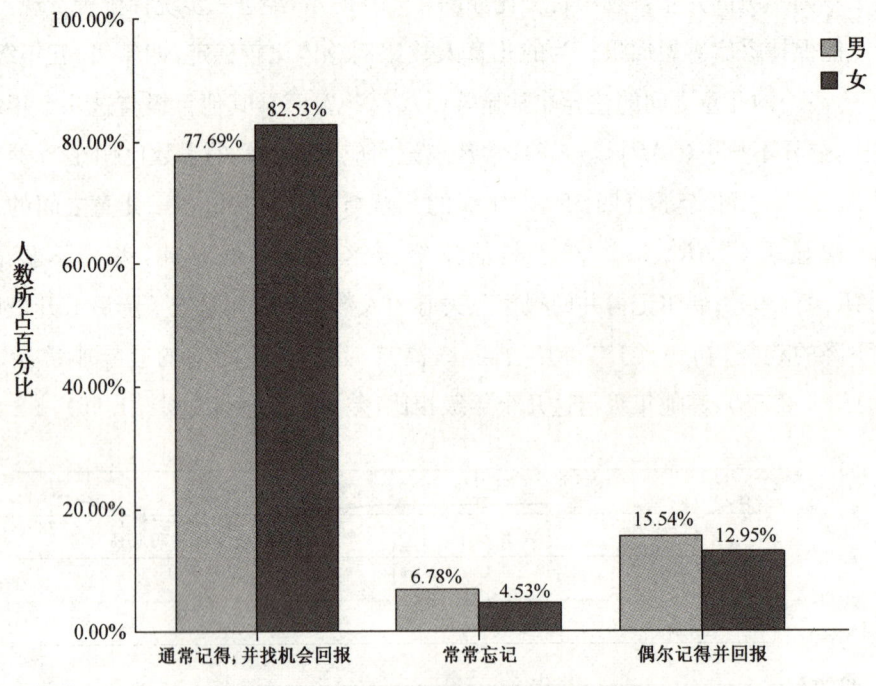

图 4-11 家庭感恩回报行为与儿童性别分布图

(3) 城乡差异。

经差异检验发现,江苏省城乡儿童的家庭感恩回报行为总体上存在比较显著的差异(卡方值=11.268,0.01<P≤0.05)。

城乡儿童各选项百分比如图 4-12 所示,经进一步统计分析发现:

在选择通常回报家人的关心和偶尔记得回应家人关心的被试中,小城镇与大中城市儿童间的差异非常显著($|AR|$>2.58)。在选择通常回报家人的关心的被试中,大中城市儿童的人数比例最高。人数比例从大中城市到小城镇再到乡村呈下降趋势。在选择偶尔记得回应家人关心的被试中,小城镇儿童的人数比例最高。人数比例从大中城市到小城镇再到乡村呈倒 V 形趋势。

在选择常常忘记回报家人的关心的被试中,大中城市儿童与乡村儿童间的差异非常显著($|AR|$>2.58)。人数比例从大中城市到小城镇再到乡村呈上升趋势。

在选择通常回报家人的关心、偶尔记得回应家人关心的被试中,乡村儿童与大中城市、小城镇儿童相比,差异不显著($|AR|$≤1.96)。

在选择常常忘记回报家人的关心的被试中,小城镇儿童与大中城市儿童、乡村儿童相比,不存在显著的差异($|AR|\leq 1.96$)。

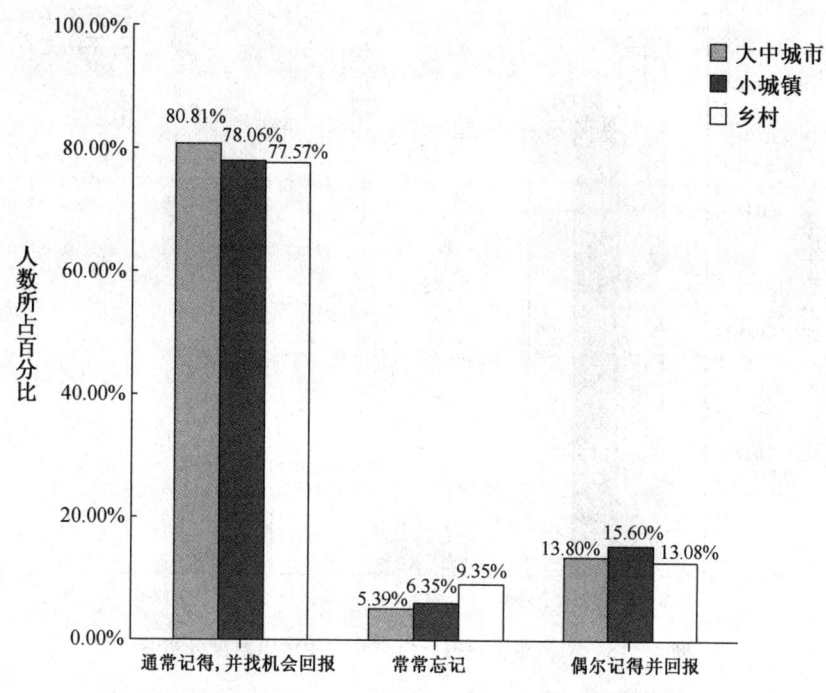

图 4-12 家庭感恩回报行为与儿童城乡分布图

(4) 生活满意度差异。

经差异检验发现,江苏省不同生活满意度的儿童的家庭感恩回报行为总体上存在非常显著的差异(卡方值=213.169,$P\leq 0.01$)。

不同生活满意度的儿童各选项百分比如图 4-13 所示,经进一步统计分析发现:在三种选择上,不同生活满意度的儿童都呈现非常显著的差异($|AR|>2.58$)。在选择通常回报家人的关心的被试中,对生活很满意的儿童人数比例高于对生活基本满意和对生活不满意的儿童。人数比例随着生活满意程度的下降而呈现逐渐下降的趋势。在选择常常忘记回应家人关心的被试中,对生活不满意的儿童人数比例高于对生活基本满意和对生活很满意的儿童。人数比例随着生活满意程度的下降而呈现逐渐上升的趋势。在选择偶尔记得并回报家人的关心的被试中,对生活不满意的儿童人数比例高于对生活基本满意和对生活很满意的儿

童。人数比例随着生活满意程度的下降而呈现逐渐上升的趋势。

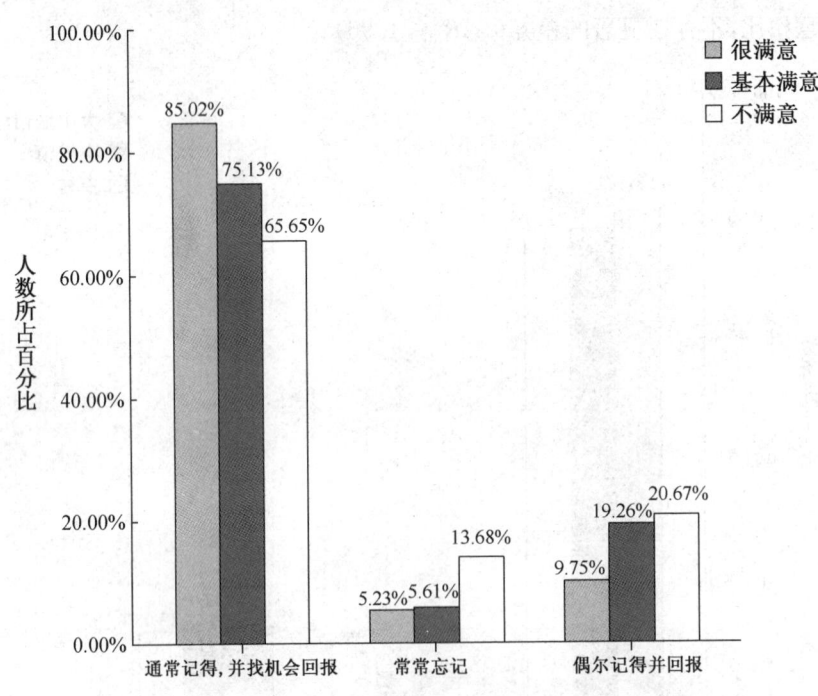

图4-13 家庭感恩回报行为与儿童生活满意度分布图

(5) 家庭生活方式差异。

经差异检验发现,江苏省不同家庭生活方式的儿童的家庭感恩回报行为总体上存在非常显著的差异(卡方值=49.828,$P \leqslant 0.01$)。

不同家庭生活方式的儿童各选项百分比如图4-14所示,经进一步统计分析发现:

"和爸妈经常在一起"的儿童中,81.31%的儿童会常常回应家人的爱和关心,在家庭生活中表现良好;其次是"和爸妈、爷爷奶奶经常住在一起"的儿童,79.68%的儿童在家庭生活中表现良好;接着是"单亲家庭"的儿童(75.72%)、"离异再组合家庭"的儿童(74.83%);最后是"父母(1人或2人)常年在外打工"的儿童(69.23%)。"和爸妈经常在一起"与"父母(1人或2人)常年在外打工"的儿童的家庭感恩回报行为间存在非常显著的差异($|AR|>2.58$),其余家庭生活方式的儿童的家庭感恩回报行为间不存在显著差异($|AR| \leqslant 1.96$)。

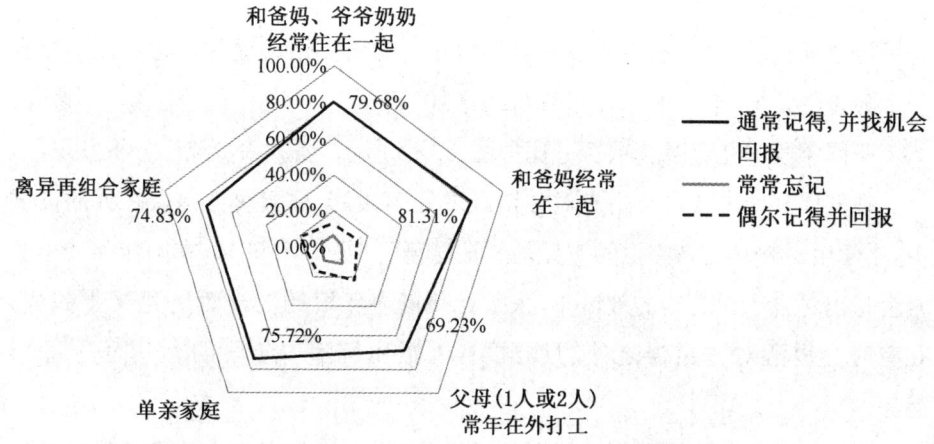

图 4-14 家庭感恩回报行为与儿童家庭生活方式雷达图

4.3 同伴错误提醒行为

通过对问卷中"面对同伴犯错是否主动提醒他(她)"的数据的分析可知,69.45%的江苏省儿童面对同伴犯错都会主动提醒,23.89%的江苏省儿童有时会指出同伴的错误之处,还有6.66%的江苏省儿童通常不会提醒犯错的同伴。(见图4-15)

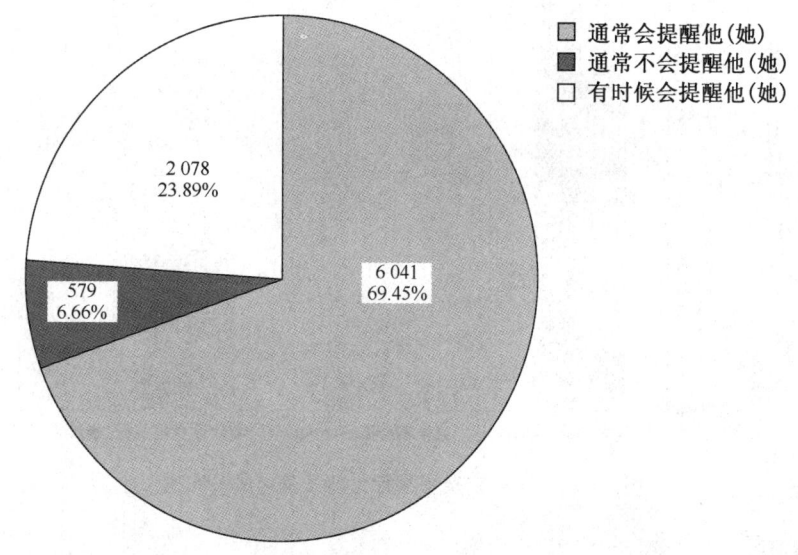

图 4-15 同伴错误提醒行为与儿童人数百分比分布图

(1) 年段差异。

经差异检验发现,江苏省不同年段的儿童的同伴错误提醒行为总体上存在非常显著的差异(卡方值=123.838,$P \leqslant 0.01$)。

不同年段的儿童各选项百分比如图 4-16 所示,经进一步统计分析发现:

在同伴共处中通常会指出对方错误之处、有时会提醒对方错误之处的被试中,小学生、初中生、高中生间差异均非常显著($|AR|>2.58$)。在同伴共处中通常会指出对方错误之处的被试中,人数比例随着年段的上升而呈倒 V 形趋势;在有时会提醒对方错误之处的被试中,人数比例随着年段的上升而呈 V 形趋势。

在通常不会提醒同伴所犯错误的被试中,初中生和高中生间的差异非常显著($|AR|>2.58$)。人数比例随着年段的上升而呈 V 形趋势。

在通常不会提醒同伴所犯错误的被试中,小学生与初中生、高中生相比,不存在显著差异($|AR| \leqslant 1.96$)。

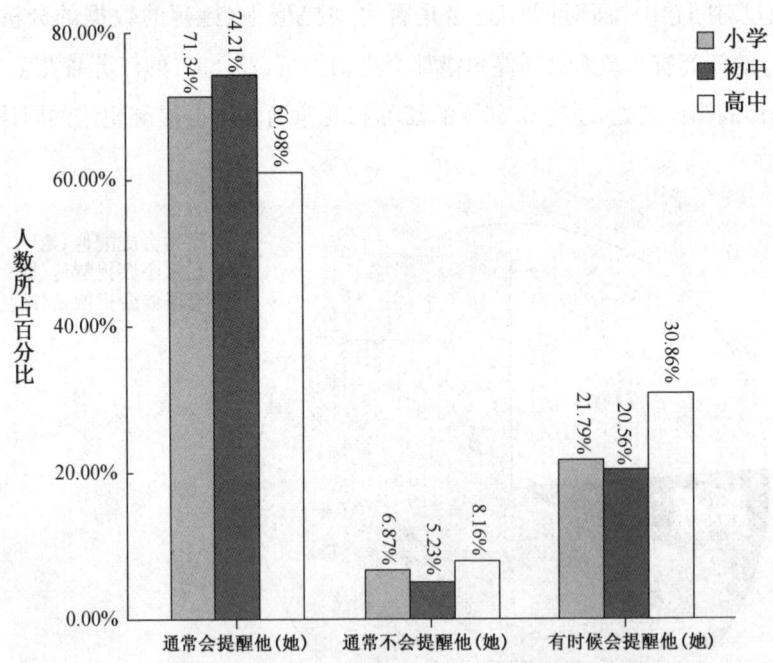

图 4-16 同伴错误提醒行为与儿童年段分布图

经差异检验发现,江苏省不同年级的儿童的同伴错误提醒行为总体上存在非常显著的差异(卡方值=314.564,$P \leqslant 0.01$)。

不同年级的儿童各选项百分比如图4-17所示,经进一步统计分析发现:

随着年龄的增长,在同伴共处中能直接指出同伴错误的人数比例整体呈下降趋势,且各年级儿童之间的差异非常显著($|AR|>2.58$);通常不提醒的人数比例整体呈上升趋势,且小学四年级、五年级、六年级与初一、高一儿童之间的差异非常显著($|AR|>2.58$);有时提醒的人数比例整体呈上升趋势,且四年级、初二、初三与高一、高二的儿童之间的差异非常显著($|AR|>2.58$)。

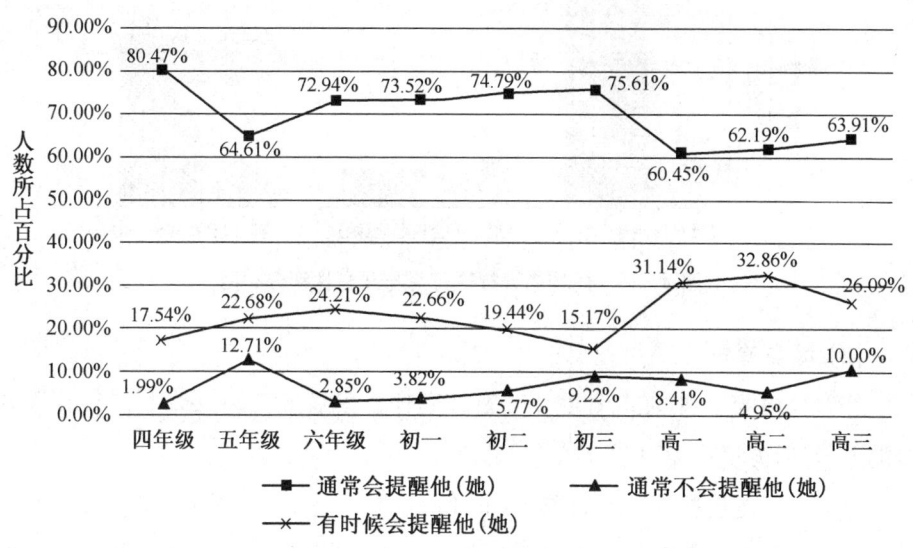

图4-17 同伴错误提醒行为与儿童年级变化趋势图

(2) 性别差异。

经差异检验发现,江苏省不同性别的儿童的同伴错误提醒行为总体上存在非常显著的差异(卡方值=22.084,$P \leqslant 0.01$)。

不同性别的儿童各选项百分比如图4-18所示,经进一步统计分析发现:

在同伴共处中通常不会指出对方错误之处的被试中,男生的人数比例高于女生且男女生之间差异非常显著($|AR|>2.58$)。

在同伴共处中通常会指出对方错误之处、有时会提醒对方错误之处的被试中,男女生之间不存在显著的差异($|AR| \leqslant 1.96$)。

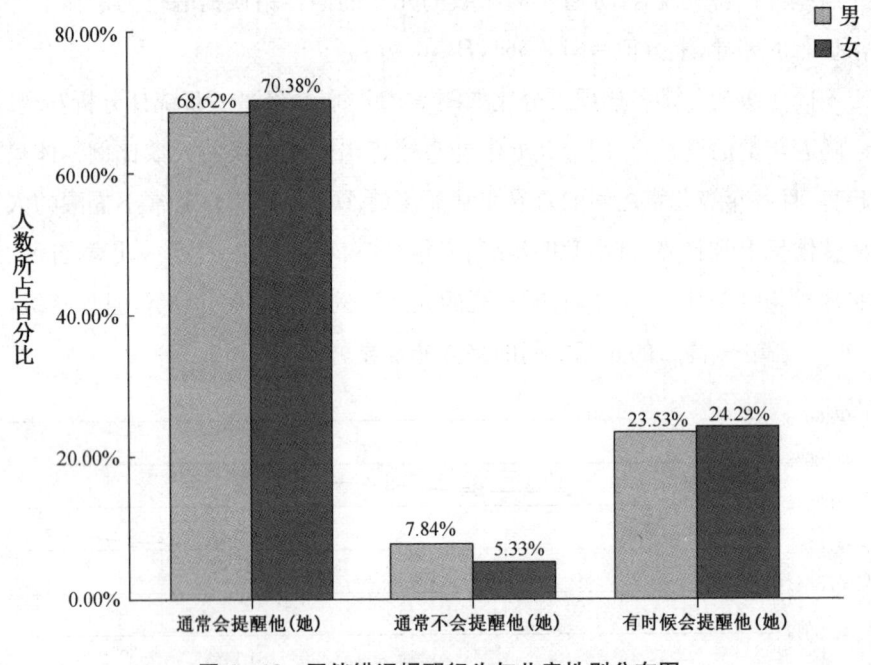

图 4-18 同伴错误提醒行为与儿童性别分布图

(3) 城乡差异。

经差异检验发现,江苏省城乡儿童的同伴错误提醒行为总体上存在非常显著的差异(卡方值=32.403,$P \leqslant 0.01$)。

城乡儿童各选项百分比如图 4-19 所示,经进一步统计分析发现:

在同伴共处中通常会指出对方错误之处、有时候会提醒对方错误之处的被试中,大中城市和小城镇儿童间差异非常显著($|AR|>2.58$)。在同伴共处中通常会指出对方错误之处的被试中,小城镇儿童人数比例最低。人数比例从大中城市到小城镇再到乡村呈 V 形趋势。在有时候会提醒错误的被试中,小城镇儿童人数比例最高。人数比例从大中城市到小城镇再到乡村呈倒 V 形趋势。

在同伴共处中通常会指出对方错误之处、有时候会提醒对方错误之处的被试中,乡村儿童与大中城市、小城镇儿童相比,不存在显著差异($|AR| \leqslant 1.96$)。

在通常不会提醒同伴所犯错误的被试中,大中城市、小城镇、乡村的儿童之间不存在显著差异($|AR| \leqslant 1.96$)。

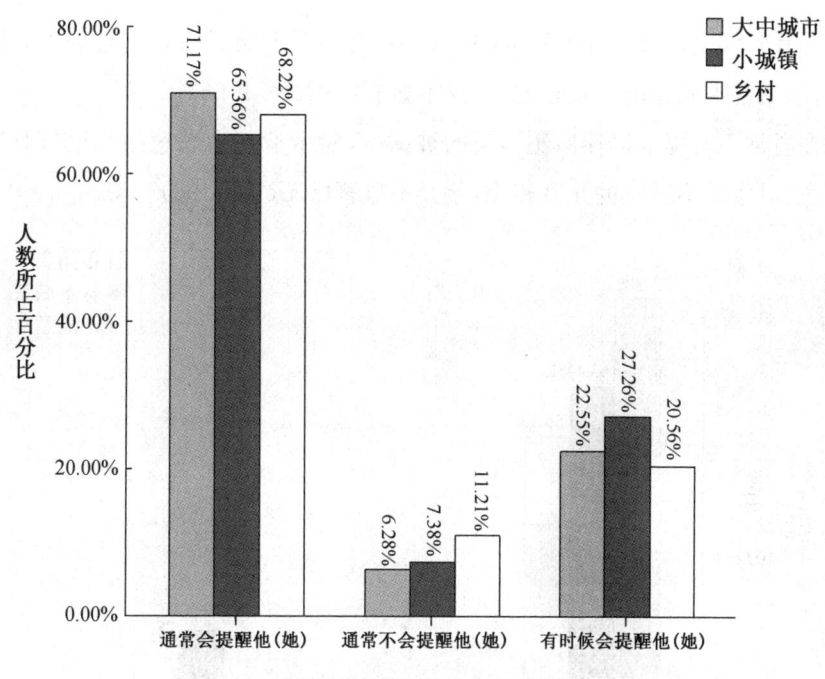

图 4-19　同伴错误提醒行为与儿童城乡分布图

(4) 生活满意度差异。

经差异检验发现,江苏省不同生活满意度的儿童的同伴错误提醒行为总体上存在非常显著的差异(卡方值=203.052,$P \leqslant 0.01$)。

不同生活满意度的儿童各选项百分比如图 4-20 所示,经进一步统计分析发现:

在同伴共处中通常会指出对方错误之处的被试中,不同生活满意度的儿童都呈现非常显著的差异($|AR|>2.58$)。人数比例随着生活满意程度的下降而呈现逐渐下降的趋势。

在有时候会提醒同伴的行为的被试中,对生活很满意和基本满意的儿童间的差异非常显著($|AR|>2.58$)。人数比例随着生活满意程度的下降而呈倒 V 形趋势。

在通常不会提醒同伴所犯错误的被试中,对生活很满意和对生活不满意的儿童间的差异比较显著($1.96<|AR| \leqslant 2.58$)。人数比例随着生活满意程度的

下降而呈上升趋势。

在有时候会提醒同伴的行为的被试中,对生活不满意的儿童与对生活很满意、对生活基本满意的儿童相比,差异不显著($|AR|\leqslant 1.96$)。

在通常不会提醒同伴所犯错误的被试中,对生活基本满意的儿童与对生活很满意、对生活不满意的儿童相比,差异不显著($|AR|\leqslant 1.96$)。

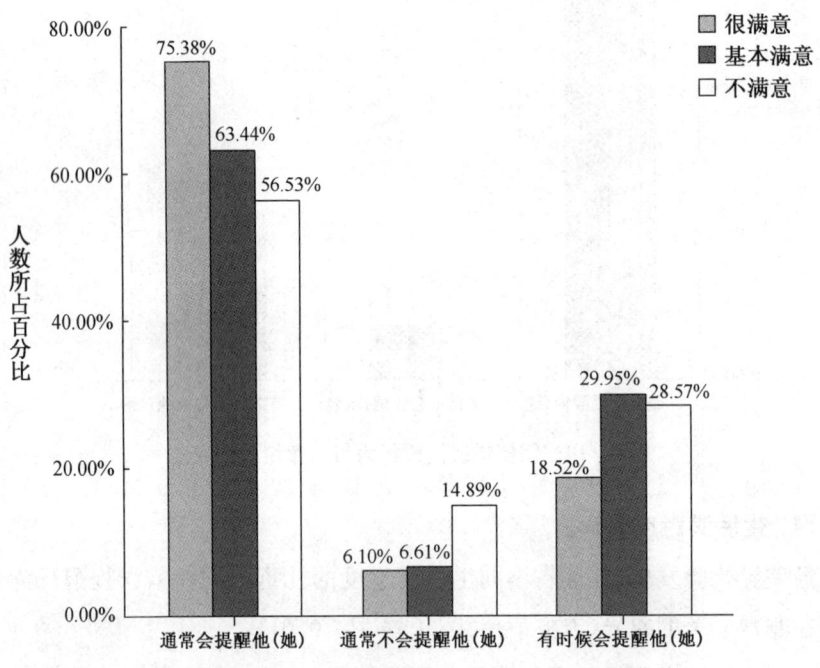

图 4-20　同伴错误提醒行为与儿童生活满意度分布图

(5) 家庭生活方式差异。

经差异检验发现,江苏省不同家庭生活方式的儿童的同伴错误提醒行为总体上存在非常显著的差异(卡方值=108.872,$P\leqslant 0.01$)。

不同家庭生活方式的儿童各选项百分比如图 4-21 所示,经进一步统计分析发现:

"和爸妈经常在一起"的儿童更乐于指出同伴的错误之处,提醒其改正,表现出较好的同伴错误提醒行为。"和爸妈经常在一起"的儿童中,在同伴共处中通常会指出对方错误之处的人数占 70.56%,比"和爸妈、爷爷奶奶经常住在一起"的此项占比(70.54%)略高;其次是"单亲家庭"、"父母(1 人或 2 人)常年在外打

工"、"离异再组合家庭"。在此选项上,除了"和爸妈、爷爷奶奶经常住在一起"的儿童外,其余四种家庭生活方式的儿童间存在非常显著的差异（$|AR|>2.58$）。

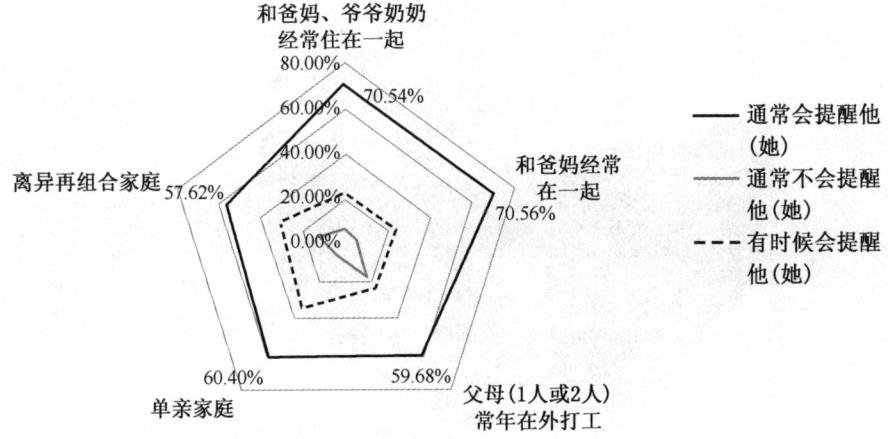

图 4-21　同伴错误提醒行为与儿童家庭生活方式雷达图

4.4　公共生活行为

4.4.1　违反规则行为

通过对问卷"即使在公共场合,我也不太在乎规则和对别人的影响,还是先考虑自己的需要"的数据的分析可知,55.68%的江苏省儿童通常不会在公共生活中为一己私利破坏规则,21.72%的江苏省儿童偶尔会为自己的利益逾越规则,22.60%的江苏省儿童通常会首先考虑自己的利益,甚至很可能会因为自身的利益而破坏公共规则、损害他人利益。（见图 4-22）

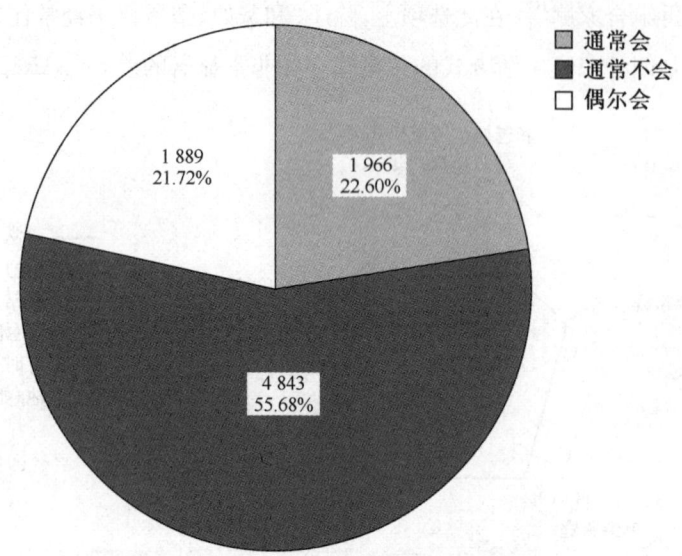

图4-22 违反规则行为与儿童人数百分比分布图

(1) 年段差异。

经差异检验发现,江苏省不同年段的儿童的违反规则行为总体上存在非常显著的差异(卡方值=78.723,$P \leqslant 0.01$)。

不同年段的儿童各选项百分比如图4-23所示,经进一步统计分析发现:

在公共生活中通常会为一己之利不顾他人感受而破坏规则、通常不会只顾私利的被试中,小学生与初中生之间的差异非常显著($|AR|>2.58$)。在公共生活中通常会为一己之利不顾他人感受而破坏规则的被试中,人数比例随年段的上升呈倒V形趋势;在公共生活中通常不会只顾私利的被试中,人数比例随年段的上升呈V形趋势。

在公共生活中偶尔会为个人利益破坏公共规则的被试中,小学生和高中生之间的差异比较显著($1.96<|AR|\leqslant 2.58$)。人数比例随年段的上升呈下降趋势。

在公共生活中通常会为一己之利不顾他人感受而破坏规则、通常不会只顾私利的被试中,高中生与小学生、初中生相比,不存在显著差异($|AR|\leqslant 1.96$)。

在公共生活中偶尔会为个人利益破坏公共规则的被试中,初中生与小学生、高中生相比,不存在显著差异($|AR|\leqslant 1.96$)。

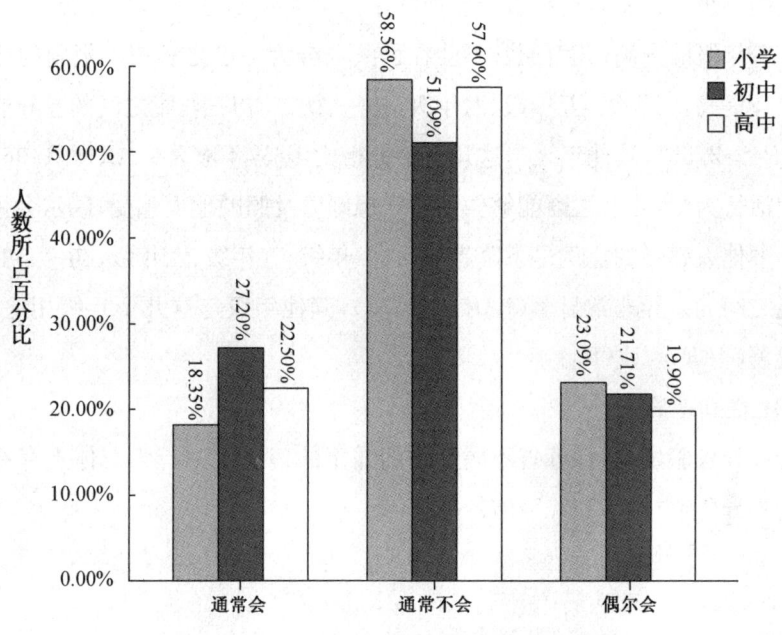

图 4-23 违反规则行为与儿童年段分布图

经差异检验发现,江苏省不同年级的儿童的违反规则行为总体上存在非常显著的差异(卡方值＝122.415,$P\leqslant 0.01$)。

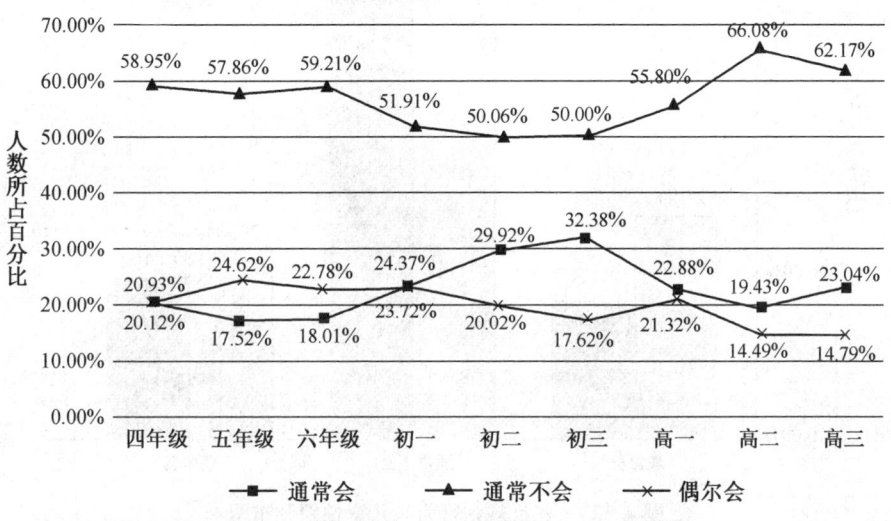

图 4-24 违反规则行为与儿童年级变化趋势图

不同年级的儿童各选项百分比如图 4-24 所示,经进一步统计分析发现:

随着年级的升高,儿童通常不会在公共场合为一己之私违反规则的比例整体上也在提高,四年级、五年级、六年级、初一、初二、初三儿童之间的差异非常显著($|AR|>2.58$),其他年级与这几个年级相比,差异不显著($|AR|\leqslant1.96$)。在公共生活行为中,儿童逐渐能够做到遵守规则以及照顾他人感受,偶尔会为个人利益不顾他人感受的比例呈下降趋势,且四年级、五年级、六年级、初一、初二、初三儿童之间的差异非常显著($|AR|>2.58$),其他年级与这几个年级相比,差异均不显著($|AR|\leqslant1.96$)。

(2) 性别差异。

经差异检验发现,江苏省不同性别的儿童的违反规则行为总体上存在非常显著的差异(卡方值=187.559,$P\leqslant0.01$)。

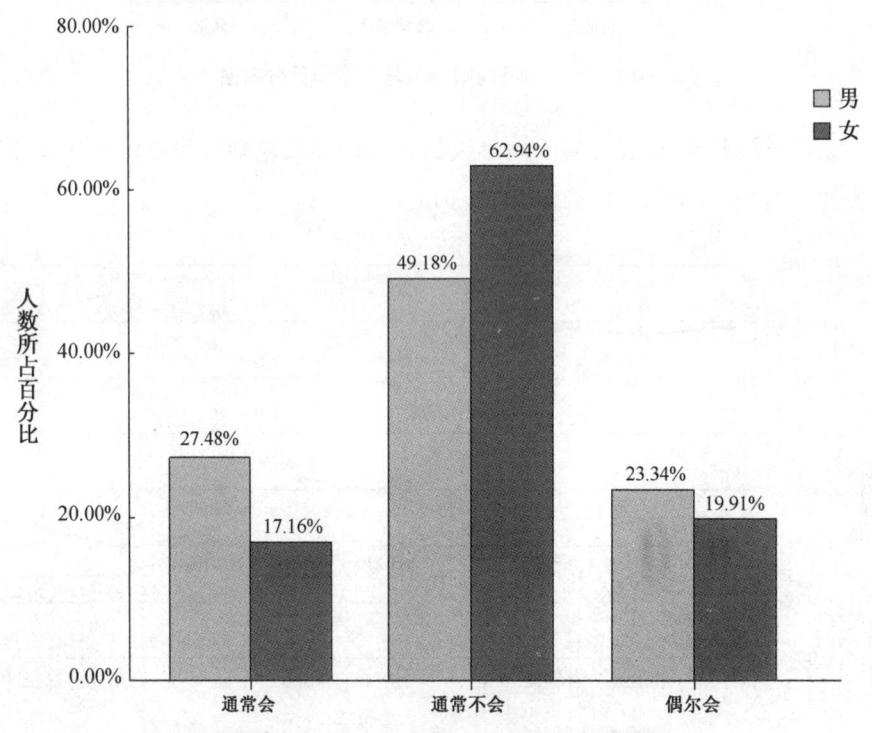

图 4-25 违反规则行为与儿童性别分布图

不同性别的儿童各选项百分比如图 4-25 所示,经进一步统计分析发现:

在公共生活中通常会为一己之利不顾他人感受而破坏规则、通常不会只顾私利、偶尔会为一己私利不顾他人感受的被试中,男女生间的差异非常显著($|AR|>2.58$)。在公共生活中通常会为一己之利不顾他人感受而破坏规则的被试中,男生的人数比例高于女生;在通常不会只顾私利的被试中,男生的人数比例低于女生;在偶尔会为一己私利不顾他人感受的被试中,男生的人数比例高于女生。

(3) 城乡差异。

经差异检验发现,江苏省城乡儿童的违反规则行为总体上存在非常显著的差异(卡方值=33.359,$P\leqslant 0.01$)。

城乡儿童各选项百分比如图 4-26 所示,经进一步统计分析发现:

在公共生活中通常不会只顾私利的被试中,大中城市、小城镇、乡村的儿童间存在非常显著的差异($|AR|>2.58$)。人数比例从大中城市到小城镇再到乡村呈下降趋势。

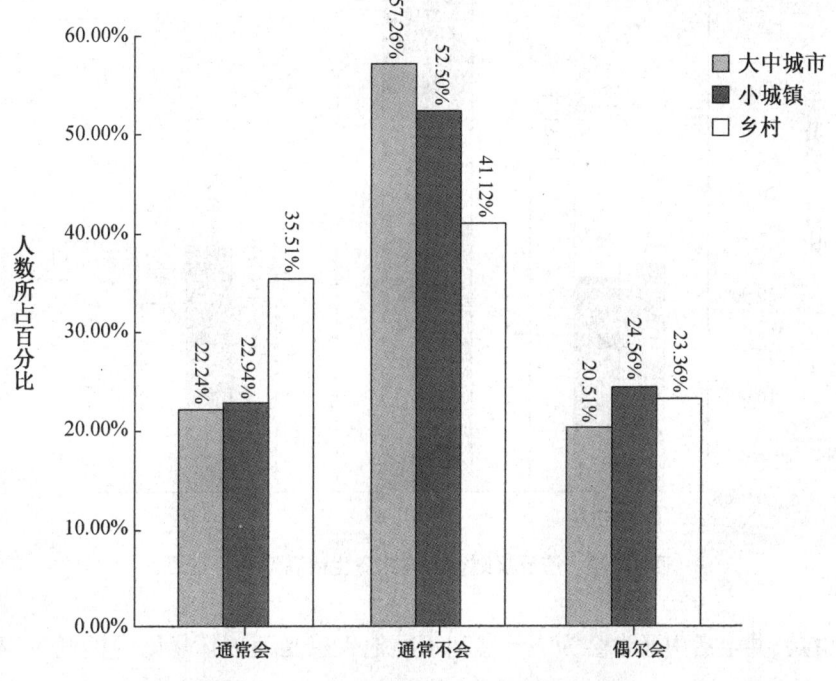

图 4-26 违反规则行为与儿童城乡分布图

在公共生活中通常会为一己之利不顾他人感受而破坏规则、偶尔会为一己私利不顾他人感受的被试中,大中城市、小城镇、乡村儿童间不存在显著差异($|AR|\leqslant1.96$)。

(4) 生活满意度差异。

经差异检验发现,江苏省不同生活满意度的儿童的违反规则行为总体上存在非常显著的差异(卡方值=54.944,$P\leqslant0.01$)。

不同生活满意度的儿童各选项百分比如图 4-27 所示,经进一步统计分析发现:

在公共生活中通常不会只顾私利的被试中,对生活很满意的儿童和对生活基本满意的儿童间存在显著差异($|AR|>2.58$)。人数比例随着生活满意程度的下降而呈下降趋势。

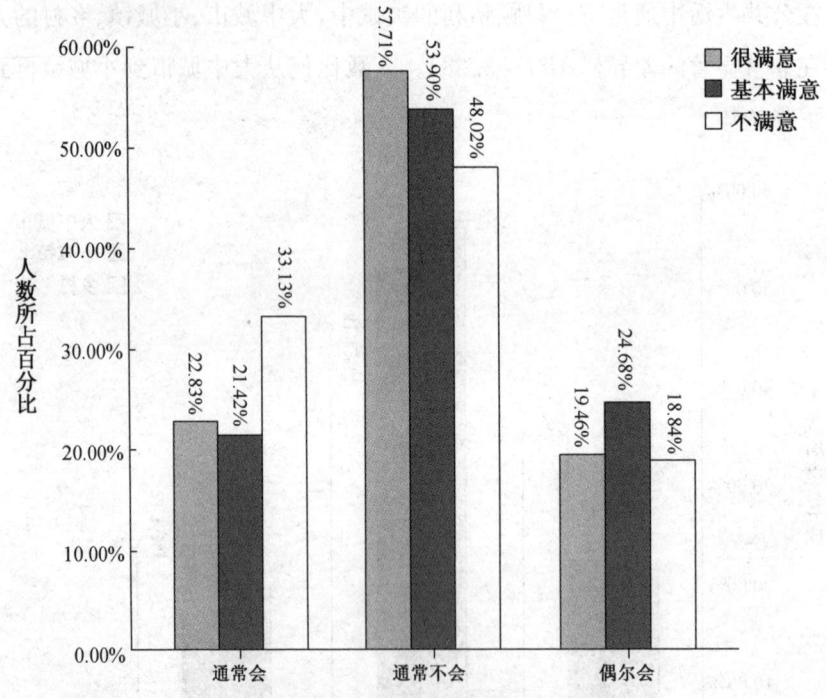

图 4-27 违反规则行为与儿童生活满意度分布图

在公共生活中通常会为一己之利不顾他人感受而破坏规则的被试中,不同生活满意度的儿童都呈现比较显著的差异($1.96<|AR|\leqslant2.58$)。人数比例随

着生活满意程度的下降而呈 V 形趋势。

在公共生活中通常不会只顾私利的被试中,对生活不满意的儿童与对生活很满意、对生活基本满意的儿童相比,差异不显著($|AR|\leqslant1.96$)。

在公共生活中偶尔会为一己私利不顾他人感受的被试中,不同生活满意度的儿童间不存在显著的差异($|AR|\leqslant1.96$)。

(5) 家庭生活方式差异。

经差异检验发现,江苏省不同家庭生活方式的儿童的违反规则行为总体上不存在显著差异(卡方值=7.802,$P>0.05$)。

不同家庭生活方式的儿童各选项百分比如图 4-28 所示,经进一步统计分析发现:

在公共生活中通常会为一己之利不顾他人感受而破坏规则、通常不会只顾私利、偶尔会为一己私利不顾他人感受的被试中,所有家庭生活方式的儿童行为选择之间的差异都不显著($|AR|\leqslant1.96$)。

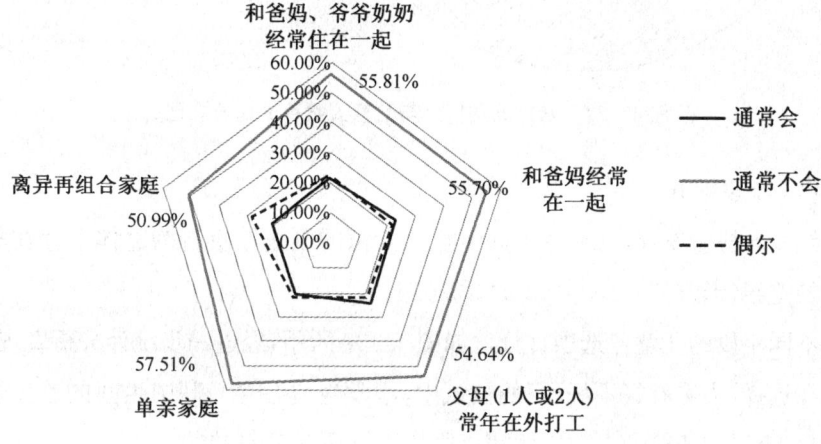

图 4-28 违反规则行为与儿童家庭生活方式雷达图

4.4.2 制止欺负行为

通过问卷数据分析可以发现,3.78%的江苏省儿童会在弱势人群被欺负时想"去看看好不好玩";8.09%的江苏省儿童则是因为"不想多事",而漠视他人的痛苦和需求;30.92%的江苏省儿童有制止欺负弱势人群的倾向,但又因害怕自己惹上麻烦而不敢上前;13.77%的江苏省儿童会上前劝止,"否则就报告老师或家长";43.44%的江苏省儿童会在弱势人群陷入困境的时候伸出援助之手,必要时还会寻求周围其他人的帮助。(见图4-29)

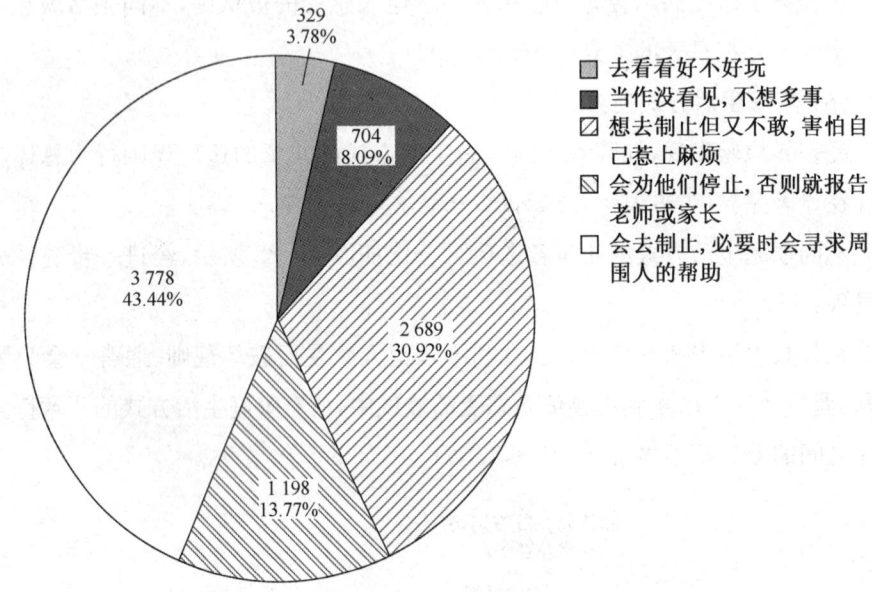

图4-29 制止欺负行为与儿童人数百分比分布图

(1) 年段差异。

经差异检验发现,江苏省不同年段的儿童的制止欺负行为总体上存在非常显著的差异(卡方值=309.153,$P \leqslant 0.01$)。

不同年段的儿童各选项百分比如图4-30所示,经进一步统计分析发现:

在选择"去看看好不好玩"的被试中,小学生、初中生、高中生间的差异非常显著($|AR|>2.58$)。人数比例随年段的增长呈倒V形趋势。

在选择"想去制止但又不敢,害怕自己惹上麻烦"、"会去制止,必要时会寻求周围人的帮助"的被试中,初中生和高中生之间差异非常显著($|AR|>2.58$)。在选择"想去制止但又不敢,害怕自己惹上麻烦"的被试中,人数比例随年段的增长呈V形趋势;在选择"会去制止,必要时会寻求周围人的帮助"的被试中,人数比例随年段的增长呈倒V形趋势。

在选择"会劝他们停止,否则就报告老师或家长"的被试中,小学生和高中生

间的差异非常显著(|AR|>2.58)。人数比例随年段的增长呈下降趋势。

在选择"当作没看见,不想多事"的被试中,小学生、初中生、高中生间的差异非常显著(|AR|>2.58)。人数比例随年段的增长呈上升趋势。

在选择"想去制止但又不敢,害怕自己惹上麻烦"、"会去制止,必要时会寻求周围人的帮助"的被试中,小学生与初中生、高中生相比,差异不显著(|AR|≤1.96)。

在选择"会劝他们停止,否则就报告老师或家长"的被试中,初中生与小学生、高中生相比,差异不显著(|AR|≤1.96)。

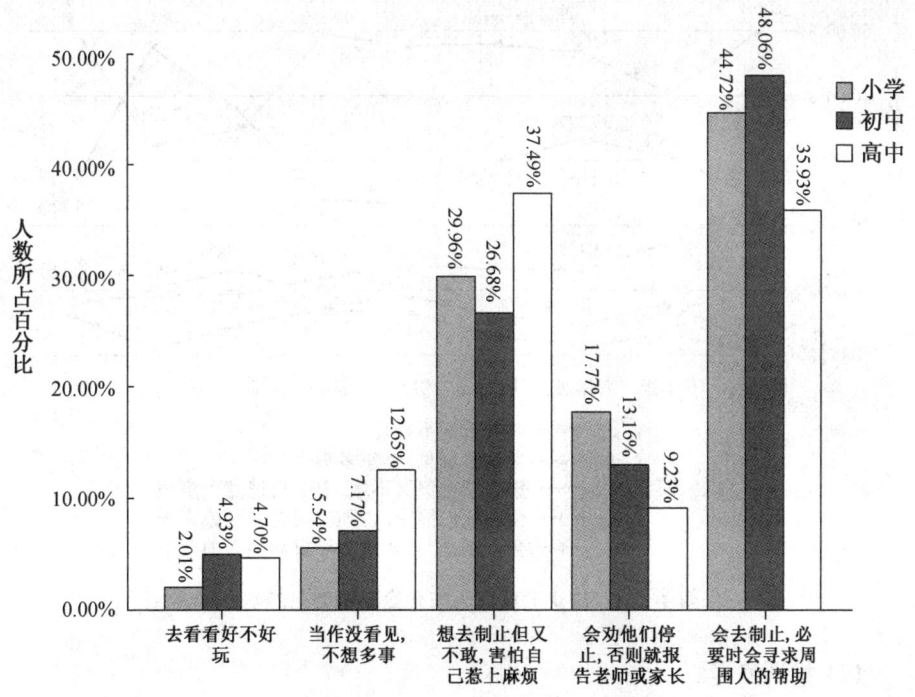

图4-30 制止欺负行为与儿童年段分布图

经差异检验发现,江苏省不同年级的儿童的制止欺负行为总体上存在非常显著的差异(卡方值=498.766,$P \leqslant 0.01$)。

不同年级的儿童各选项百分比如图4-31所示,经进一步统计分析发现:

随着年级的上升,儿童中持看热闹的态度的人数比例在0.47%至7.17%之间波动,且四年级、六年级、初二、初三、高一儿童之间的差异非常显著(|AR|>

2.58),高二和高三儿童之间的差异比较显著($1.96<|AR|\leq2.58$);不想多事、怕惹上麻烦的人数比例也有增长的趋势,且四年级、六年级、初一、高一儿童之间的差异非常显著($|AR|>2.58$);会上前制止且必要时寻求周围人帮助的人数比例波动较大,五年级下降后初中有所上升,高一、高二到达谷底后高三达到最高值(51.73%),四年级、五年级、初一、初三、高一、高二、高三儿童之间的差异非常显著($|AR|>2.58$)。

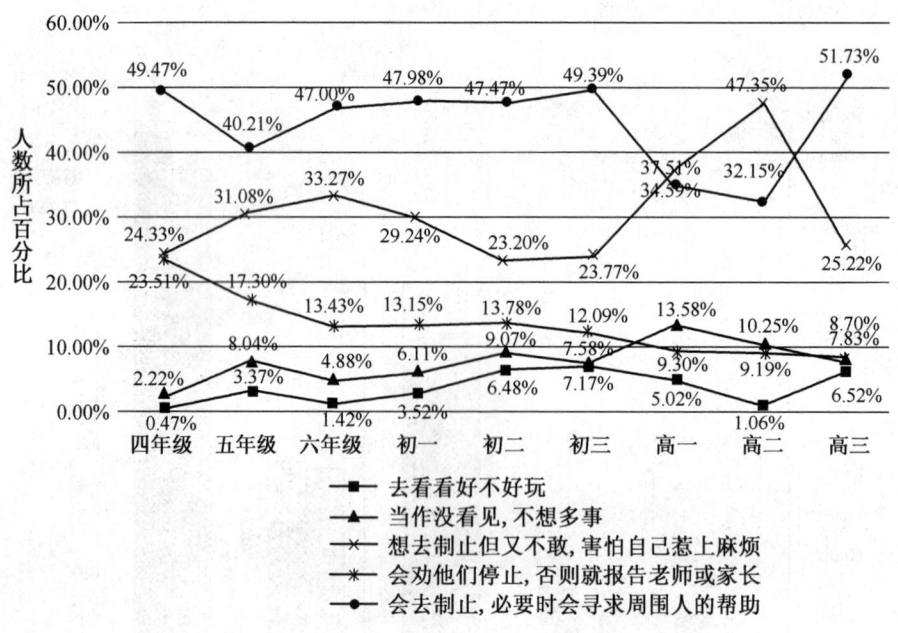

图 4-31 制止欺负行为与儿童年级变化趋势图

(2) 性别差异。

经差异检验发现,江苏省不同性别的儿童的制止欺负行为总体上存在非常显著的差异(卡方值=131.073,$P\leq0.01$)。

不同性别的儿童各选项百分比如图 4-32 所示,经进一步统计分析发现:

在选择"去看看好不好玩"、"当作没看见,不想多事"、"想去制止但又不敢,害怕自己惹上麻烦"、"会劝他们停止,否则就报告老师或家长"的被试中,男女生之间存在非常显著的差异($|AR|>2.58$)。

在选择"会去制止,必要时会寻求周围人的帮助"的被试中,男女生之间不存

在显著的差异($|AR|\leqslant 1.96$)。

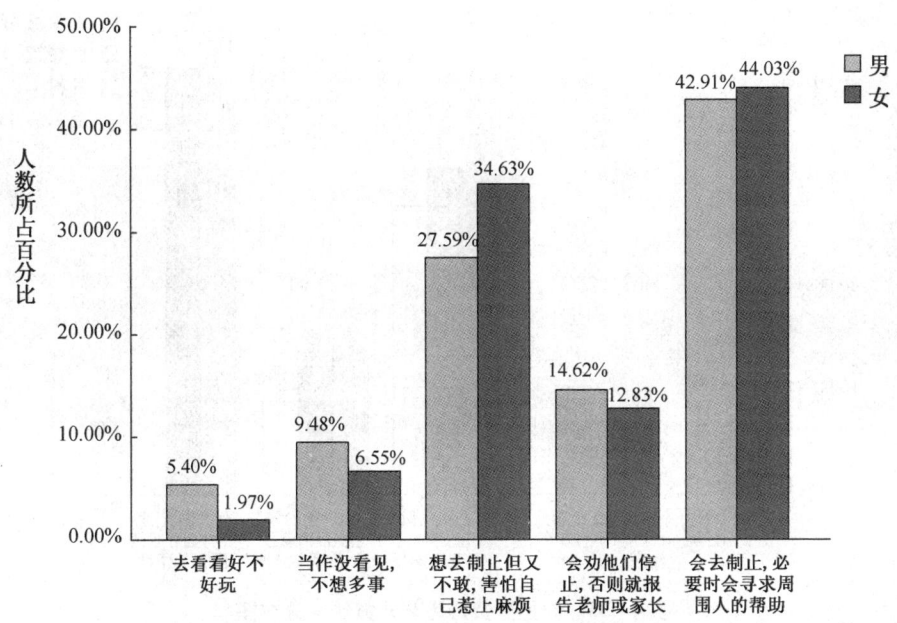

图4-32 制止欺负行为与儿童性别分布图

(3) 城乡差异。

经差异检验发现,江苏省城乡儿童的制止欺负行为总体上存在非常显著的差异(卡方值=66.639,$P\leqslant 0.01$)。

城乡儿童各选项百分比如图4-33所示,经进一步统计分析发现:

在选择"会去制止,必要时会寻求周围人的帮助"、"会劝他们停止,否则就报告老师或家长"的被试中,大中城市与小城镇的儿童之间的差异比较显著($1.96<|AR|\leqslant 2.58$)。人数比例从大中城市到小城镇再到乡村呈下降趋势。

在选择"去看看好不好玩"、"当作没看见,不想多事"、"想去制止但又不敢,害怕自己惹上麻烦"的被试中,城乡儿童间差异不显著($|AR|\leqslant 1.96$)。

在选择"会去制止,必要时会寻求周围人的帮助"、"会劝他们停止,否则就报告老师或家长"的被试中,乡村儿童与大中城市、小城镇的儿童相比,差异不显著($|AR|\leqslant 1.96$)。

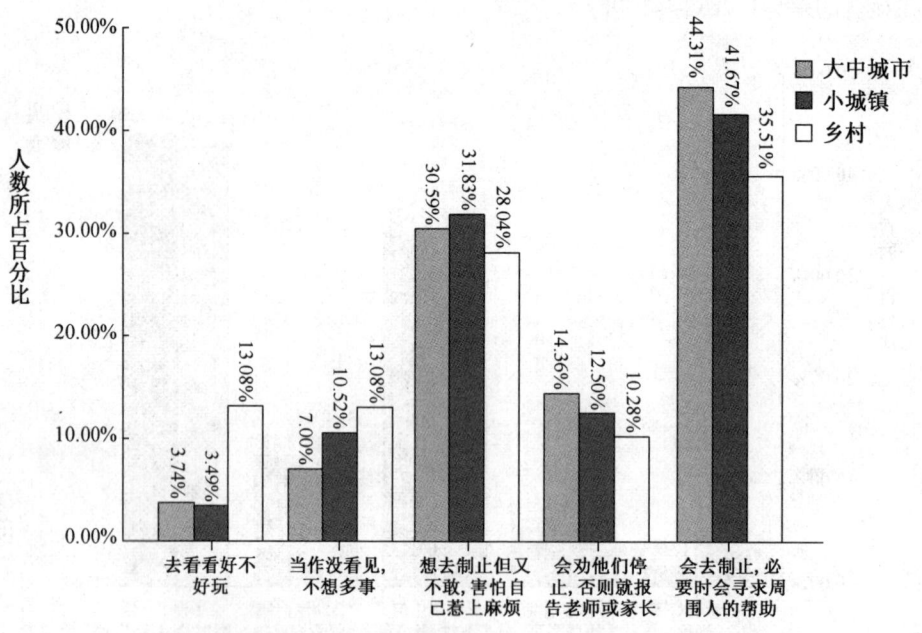

图 4-33 制止欺负行为与儿童城乡分布图

(4) 生活满意度差异。

经差异检验发现,江苏省不同生活满意度的儿童的制止欺负行为总体上存在非常显著的差异(卡方值=323.775,$P \leqslant 0.01$)。

不同生活满意度的儿童各选项百分比如图 4-34 所示,经进一步统计分析发现:

在选择"当作没看见,不想多事"、"会去制止,必要时会寻求周围人的帮助"的被试中,不同生活满意度的儿童都呈现非常显著的差异($|AR|>2.58$)。在选择"当作没看见,不想多事"的被试中,人数比例随着生活满意程度的下降而呈现逐渐上升的趋势;在选择"会去制止,必要时会寻求周围人的帮助"的被试中,人数比例随着生活满意程度的下降而呈现逐渐下降的趋势。

在选择"想去制止但又不敢,害怕自己惹上麻烦"的被试中,对生活很满意和对生活基本满意的儿童间差异非常显著($|AR|>2.58$)。人数比例随着生活满意程度的下降而呈倒 V 形趋势。

在选择"会劝他们停止,否则就报告老师或家长"的被试中,对生活很满意和

对生活不满意的儿童间差异非常显著($|AR|>2.58$)。人数比例随着生活满意程度的下降而呈下降趋势。

在选择"去看看好不好玩"的被试中,对生活基本满意和对生活不满意的儿童之间的差异比较显著($1.96<|AR|\leqslant 2.58$)。人数比例随着生活满意程度的下降而呈 V 形趋势。

在选择"想去制止但又不敢,害怕自己惹上麻烦"的被试中,对生活不满意的儿童与对生活很满意、对生活基本满意的儿童相比,差异不显著($|AR|\leqslant 1.96$)。

在选择"会劝他们停止,否则就报告老师或家长"的被试中,对生活基本满意的儿童与对生活很满意、对生活不满意的儿童相比,差异不显著($|AR|\leqslant 1.96$)。

在选择"去看看好不好玩"的被试中,对生活很满意的儿童与对生活基本满意、对生活不满意的儿童相比,差异不显著($|AR|\leqslant 1.96$)。

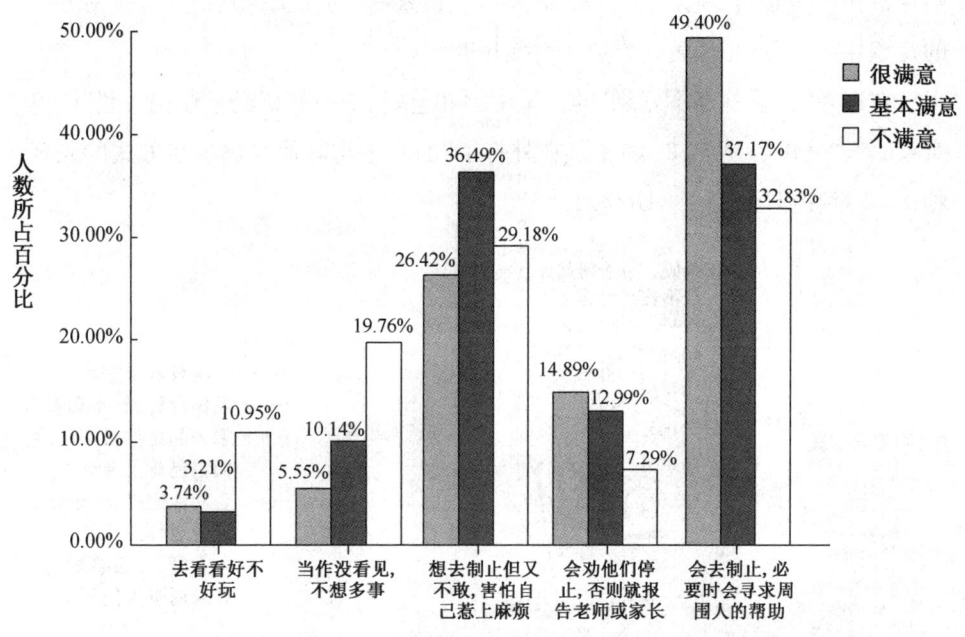

图 4-34 制止欺负行为与儿童生活满意度分布图

(5) 家庭生活方式差异。

经差异检验发现,江苏省不同家庭生活方式的儿童的制止欺负行为总体上存在非常显著的差异(卡方值$=45.714, P\leqslant 0.01$)。

不同家庭生活方式的儿童各选项百分比如图 4-35 所示,经进一步统计分析发现:

在选择"会去制止,必要时会寻求周围人的帮助"的被试中,"和爸妈经常在一起"和"父母(1 人或 2 人)常年在外打工"的儿童间存在非常显著的差异($|AR|>2.58$)。

在选择"去看看好不好玩"的被试中,"和爸妈经常在一起"和"离异再组合家庭"的儿童间存在比较显著的差异($1.96<|AR|\leqslant 2.58$)。

在选择"当作没看见,不想多事"的被试中,"父母(1 人或 2 人)常年在外打工"、"单亲家庭"和"离异再组合家庭"的儿童间存在比较显著的差异($1.96<|AR|\leqslant 2.58$)。

在选择"会去制止,必要时会寻求周围人的帮助"的被试中,"和爸妈、爷爷奶奶经常住在一起"、"单亲家庭"和"离异再组合家庭"的儿童与其他家庭生活方式的儿童相比,不存在显著差异($|AR|\leqslant 1.96$)。

在选择"去看看好不好玩"的被试中,"和爸妈、爷爷奶奶经常住在一起"、"单亲家庭"、"父母(1 人或 2 人)常年在外打工"的儿童与其他家庭生活方式的儿童相比,不存在显著差异($|AR|\leqslant 1.96$)。

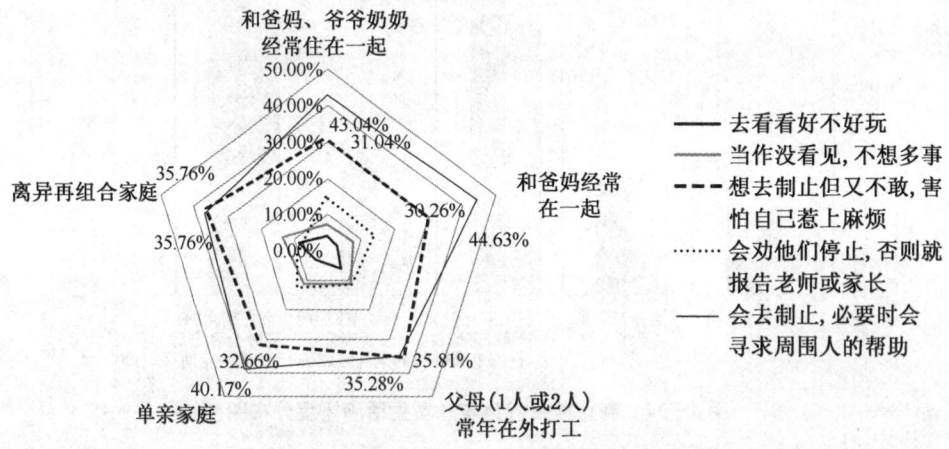

图 4-35 制止欺负行为与儿童家庭生活方式雷达图

在选择"当作没看见,不想多事"的被试中,"和爸妈、爷爷奶奶经常住在一起"、"和爸妈经常在一起"的儿童与其他家庭生活方式的儿童相比,不存在显著

差异($|AR|\leqslant 1.96$)。

在选择"想去制止但又不敢,害怕自己惹上麻烦"、"会劝他们停止,否则就报告老师或家长"的被试中,各种家庭生活方式的儿童之间不存在显著差异($|AR|\leqslant 1.96$)。

5 江苏省儿童愿意接受的道德教育方式

儿童愿意接受的道德教育方式有很多,其中有39.48%的江苏省儿童倾向于实际锻炼法,喜欢组织一些有主题的实践活动;有24.38%的江苏省儿童倾向于说理教育法,喜欢通过讲故事、寓言或真实事例来让自己明白道理;还有12.03%的江苏省儿童倾向于榜样示范法,喜欢观看榜样人物的纪录片。当然,也还有一小部分儿童愿意接受其他的道德教育方式,如:有8.65%的江苏省儿童倾向于讨论法,喜欢举办讨论会或辩论赛;有7.89%的江苏省儿童倾向于陶冶教育法,喜欢老师自己做的让人称赞;有7.58%的江苏省儿童倾向于协商法,认为班里的事情,大家商量着办。

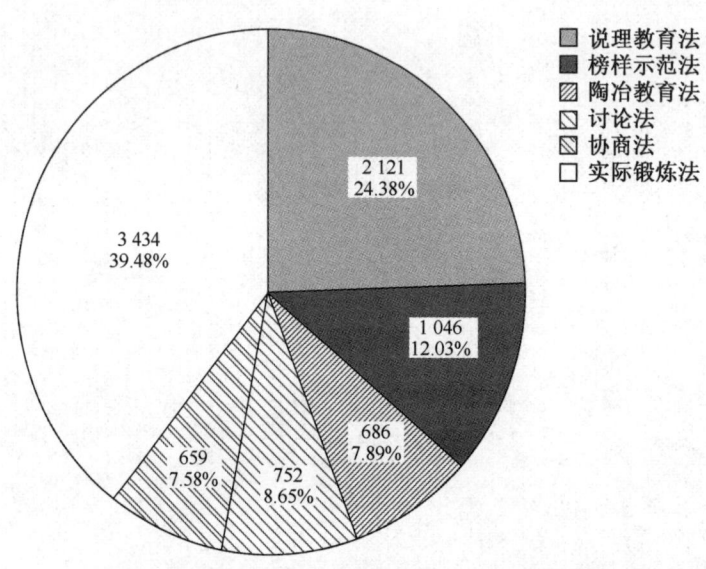

图5-1 愿意接受的道德教育方式与儿童人数百分比分布图

从以上数据可以看出,绝大多数儿童愿意接受以实际锻炼法、说理教育法、榜样示范法为主的道德教育方式,而愿意接受讨论法、协商法、陶冶教育法的儿童则较少。(见图5-1)

(1) 年段差异。

经差异检验发现,江苏省不同年段的儿童在愿意接受的道德教育方式上存在非常显著的差异(卡方值=43.730,$P \leqslant 0.01$)。

不同年段的儿童各选项百分比如图5-2所示,经进一步统计分析发现:

在儿童愿意接受的道德教育方式当中,实际锻炼法在三个年段中所占的比例最高。在愿意接受说理教育法的儿童当中,小学生人数比例高于高中生,且二者差异非常显著($|AR|>2.58$)。人数比例随年段的增长呈下降趋势。在愿意接受榜样示范法的儿童当中,高中生人数比例高于小学生,且二者差异非常显著($|AR|>2.58$)。人数比例随年段的增长呈上升趋势。在愿意接受陶冶教育法的儿童当中,高中生人数比例高于小学生,且二者差异比较显著($1.96<|AR|\leqslant 2.58$)。在愿意接受讨论法、协商法和实际锻炼法的儿童当中,三个年段的儿童之间均不存在显著差异($|AR|\leqslant 1.96$)。

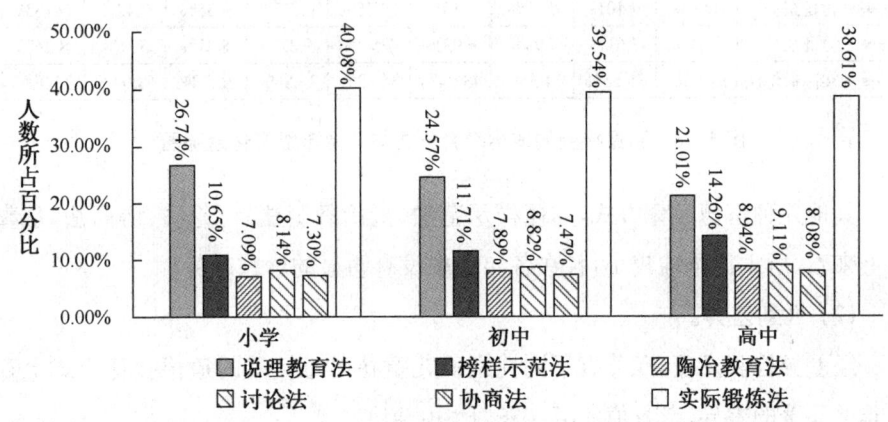

图5-2 愿意接受的道德教育方式与儿童年段分布图

经差异检验发现,江苏省不同年级的儿童在愿意接受的道德教育方式上存在非常显著的差异(卡方值=223.704,$P \leqslant 0.01$)。

不同年级的儿童各选项百分比如图5-3所示,经进一步统计分析发现:

实际锻炼法是儿童最愿意接受的道德教育方式,但是在不同的年级,倾向于实际锻炼法的人数占比例也有所不同,其中最低的初二年级为34.63%,高二年级达到最高,为51.94%。

说理教育法是除了实际锻炼法以外较受儿童认可的德育方式,但是在不同的年级受认可的程度不同,人数比例整体呈下降趋势(从34.50%到26.09%)。

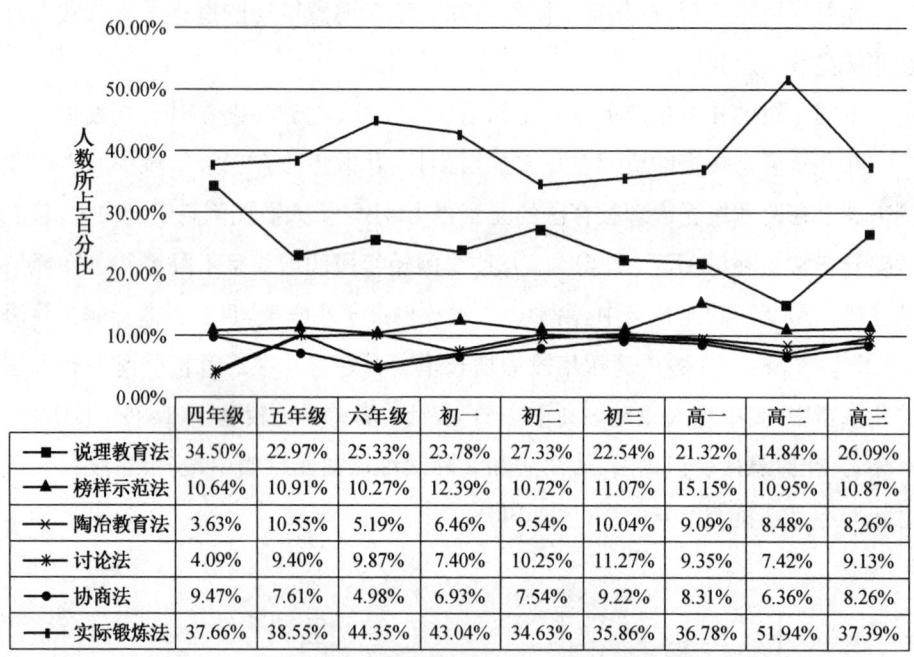

图5-3 愿意接受的道德教育方式与儿童年级变化趋势图

其他几种道德教育方式,如榜样示范法、陶冶教育法、讨论法、协商法,从整体上来看,所占比重均较小,且在各年级中没有明显的增减趋势。

(2) 性别差异。

经差异检验发现,江苏省不同性别的儿童在愿意接受的道德教育方式上存在非常显著的差异(卡方值=87.029,$P \leqslant 0.01$)。

男女生各选项百分比如图5-4所示,经进一步统计分析发现:

在愿意接受陶冶教育法和讨论法的儿童中,男生人数比例高于女生,且二者差异非常显著($|AR|>2.58$);而在愿意接受实际锻炼法的儿童中,女生人数比例高于男生,且二者差异非常显著($|AR|>2.58$)。

在愿意接受榜样示范法和协商法的儿童中,男生人数比例高于女生,且二者

差异比较显著(1.96<|AR|≤2.58)。

在愿意接受说理教育法的儿童中,男女生差异不显著(|AR|≤1.96)。

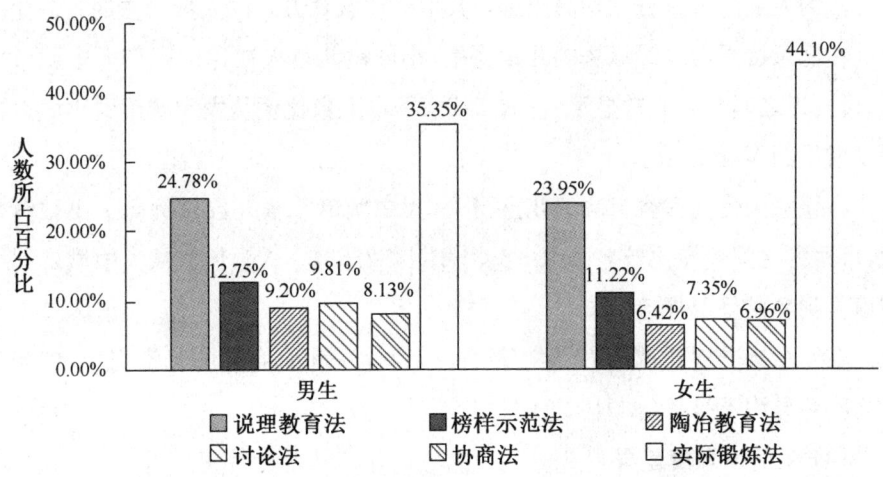

图 5-4 愿意接受的道德教育方式与儿童性别分布图

(3) 城乡差异。

经差异检验发现,江苏省城乡儿童愿意接受的道德教育方式总体上存在非常显著的差异(卡方值=26.595,P≤0.01)。

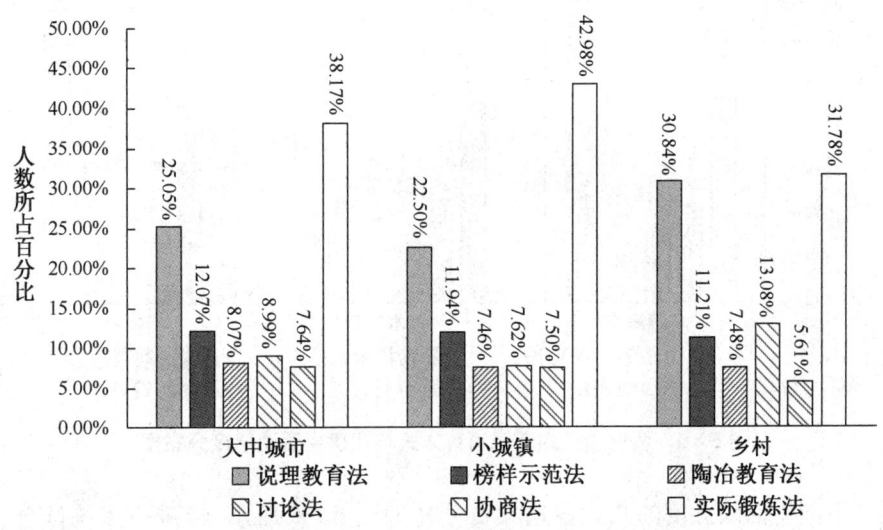

图 5-5 愿意接受的道德教育方式与儿童城乡分布图

城乡儿童各选项百分比如图5-5所示,经进一步统计分析发现:

无论是大中城市儿童、小城镇儿童,还是乡村儿童,选择实际锻炼法和说理教育法的人数所占百分比均高于选择其他道德教育方式的人数所占的百分比。

在愿意接受实际锻炼法的儿童当中,小城镇儿童人数比例高于大中城市儿童,且两者之间差异非常显著($|AR|>2.58$)。人数比例从大中城市到小城镇再到乡村呈倒V形趋势。

在愿意接受说理教育法的儿童当中,大中城市儿童人数比例高于小城镇儿童,且两者之间差异比较显著($1.96<|AR|\leqslant 2.58$)。人数比例从大中城市到小城镇再到乡村呈V形趋势。

在愿意接受榜样示范法、陶冶教育法、讨论法和协商法的儿童当中,城乡儿童之间差异均不显著($|AR|\leqslant 1.96$)。

(4) 生活满意度差异。

经差异检验发现,江苏省不同生活满意度的儿童愿意接受的道德教育方式总体上存在非常显著的差异(卡方值=38.356,$P\leqslant 0.01$)。

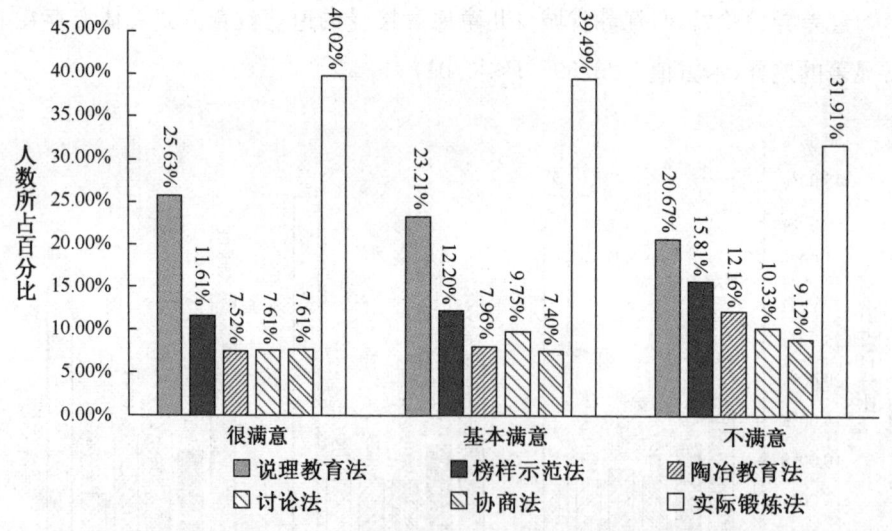

图5-6 愿意接受的道德教育方式与儿童生活满意度分布图

不同生活满意度的儿童各选项百分比如图5-6所示,经进一步统计分析发现:

在选择说理教育法的儿童当中,对生活很满意的儿童人数比例高于对生活基本满意的儿童,且二者差异非常显著($|AR|>2.58$)。人数比例随着生活满意程度的下降而呈现逐渐下降的趋势。在选择讨论法的儿童当中,对生活基本满意的儿童人数比例高于对生活很满意的儿童,且二者差异非常显著($|AR|>2.58$)。人数比例随着生活满意程度的下降而呈现逐渐上升的趋势。

在选择说理教育法、讨论法的被试中,对生活不满意的儿童与对生活很满意、对生活基本满意的儿童相比,差异不显著($|AR|\leqslant 1.96$)。

在选择榜样示范法、陶冶教育法、协商法和实际锻炼法的儿童中,不同生活满意度的儿童间差异不显著($|AR|\leqslant 1.96$)。

(5) 家庭生活方式差异。

经差异检验发现,江苏省不同家庭生活方式的儿童在愿意接受的道德教育方式上存在非常显著的差异(卡方值=46.811,$P\leqslant 0.01$)。

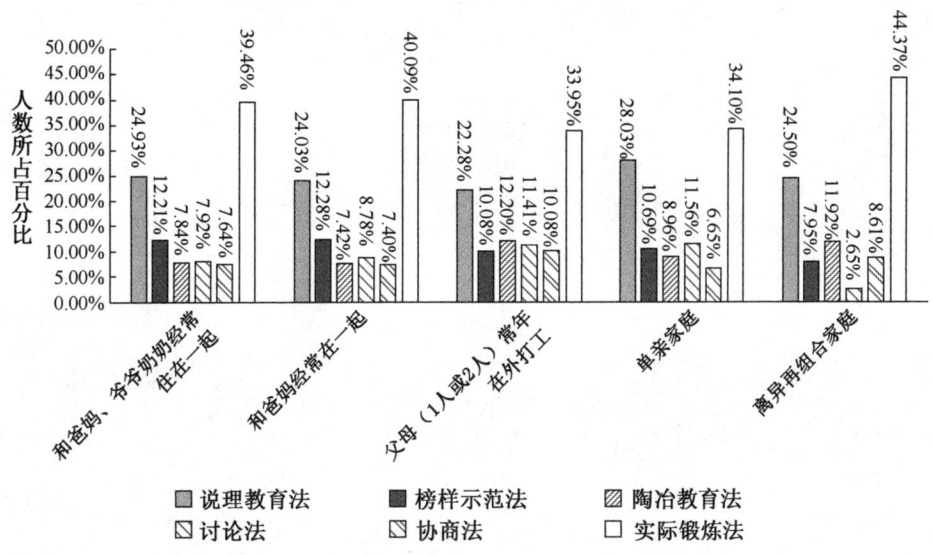

图 5-7　愿意接受的道德教育方式与儿童家庭生活方式分布图

不同家庭生活方式的儿童各选项百分比如图 5-7 所示,经进一步统计分析发现:

在选择陶冶教育法的儿童当中,"父母(1 人或 2 人)常年在外打工"的儿童人数比例高于"和爸妈经常在一起"的儿童,且两者之间存在非常显著的差异

($|AR|>2.58$);其他家庭生活方式的儿童之间均不存在显著差异($|AR|\leqslant1.96$)。

在选择讨论法的儿童当中,"单亲家庭"的儿童人数比例高于"离异再组合家庭"的儿童,且两者之间存在比较显著的差异($1.96<|AR|\leqslant2.58$);其他家庭生活方式的儿童之间均不存在显著差异($|AR|\leqslant1.96$)。

在选择实际锻炼法的儿童当中,"单亲家庭"的儿童人数比例高于"父母(1人或2人)常年在外打工"的儿童,且两者之间存在比较显著的差异($1.96<|AR|\leqslant2.58$);其他家庭生活方式的儿童之间均不存在显著差异($|AR|\leqslant1.96$)。

在选择说理教育法、榜样示范法和协商法的儿童当中,不同家庭生活方式的儿童之间均不存在显著差异($|AR|\leqslant1.96$)。

6 江苏省儿童成长的困扰

6.1 家庭生活困扰

在家庭生活中,有 51.23% 的江苏省儿童没有遇到来自家庭生活的困扰。在有家庭困扰的儿童中,家长给他们的学习压力是他们主要的家庭困扰,占 25.89%;有 9.93% 的儿童因为家庭关系不和谐而感到苦恼;接着是家庭经济问题,5.83% 的儿童表示家里缺钱用;有 4.38% 的儿童在家里受到严厉的批评甚至体罚并为之困扰;其他家庭问题占 2.74%。(见图 6-1)通过对儿童其他的家庭困扰进行数据整理,删除与前面几个选择类似的重复回答,主要问题还涉及家人健康问题和家人疏于子女教育的问题。

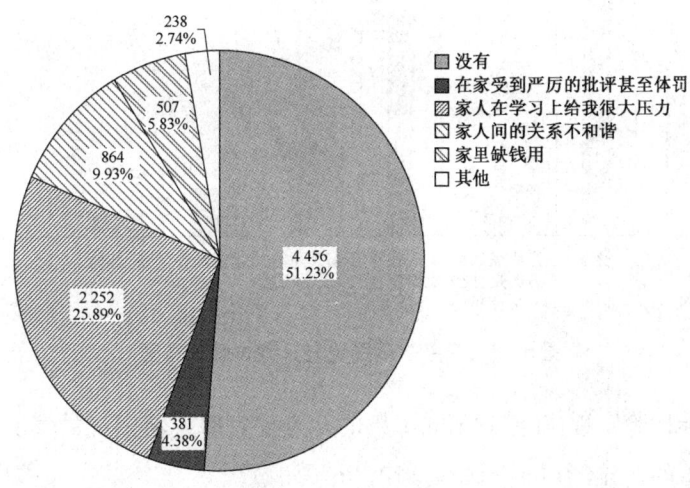

图 6-1 家庭生活困扰与儿童人数百分比图

(1) 年段差异。

不同年段儿童各选项百分比如图6-2所示,经进一步统计分析发现:

在选择"在家受到严厉的批评甚至体罚"的被试中,高中生与小学生、初中生相比,差异非常显著($|AR|>2.58$)。人数比例随年段的上升呈下降趋势。

在选择"家里缺钱用"的被试中,高中生与小学生、初中生相比,差异非常显著($|AR|>2.58$)。人数比例随年段的上升呈上升趋势。

在选择"家人在学习上给我很大压力"的被试中,不同年段儿童间的差异不显著($|AR|\leqslant1.96$)。

在选择"家人间的关系不和谐"的被试中,不同年段儿童间的差异不显著($|AR|\leqslant1.96$)。

在选择"没有"家庭困扰的被试中,不同年段儿童间的差异不显著($|AR|\leqslant1.96$)。

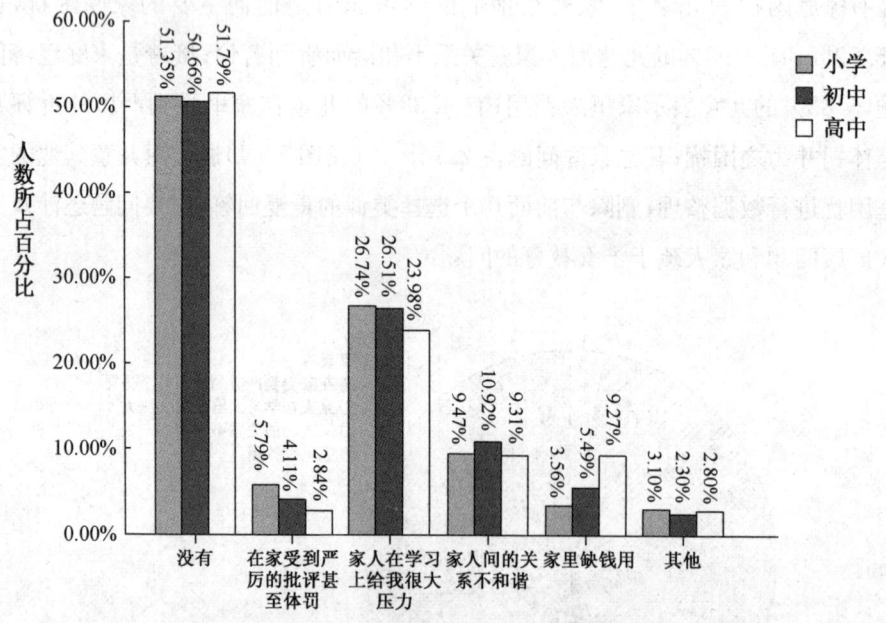

图6-2 家庭生活困扰与儿童年段分布图

经差异检验发现,江苏省不同年级的儿童受家庭生活困扰的情况总体上存在非常显著的差异(卡方值$=284.320,P\leqslant0.01$)。

不同年级的儿童各选项百分比如图6-3所示,经进一步统计分析发现:

相对于小学生与高中生,初中生有更多来自家庭的困扰。初中生中回答没有家庭困扰的比例略低于小学生和高中生,且小学四年级、五年级、六年级学生与高二学生间的差异非常显著($|AR|>2.58$),五年级学生没有家庭困扰的人数比例最低。初中生正值青春发育期,这一时期的孩子正值身心快速发展变化时期,他们比较敏感、易怒,与父母的关系在这一时期也容易出现摩擦与争执,这可能也导致了初中生有更多的家庭困扰。

总的来看,目前小学生、初中生和高中生承受着的最为明显的来自家庭的压力是学业压力。在"家人在学习上给我很大压力"选项上,人数比例整体上呈现逐渐下降的趋势,高二儿童的比例是最低的,各年级差异均不显著($|AR|\leqslant 1.96$)。

在"家里缺钱用"选项上,人数比例随着年级上升整体呈现上升的趋势,高中生有此困扰的比例高于小学生和初中生,四年级、五年级、六年级学生与初一、高一、高三学生间的差异非常显著($|AR|>2.58$)。

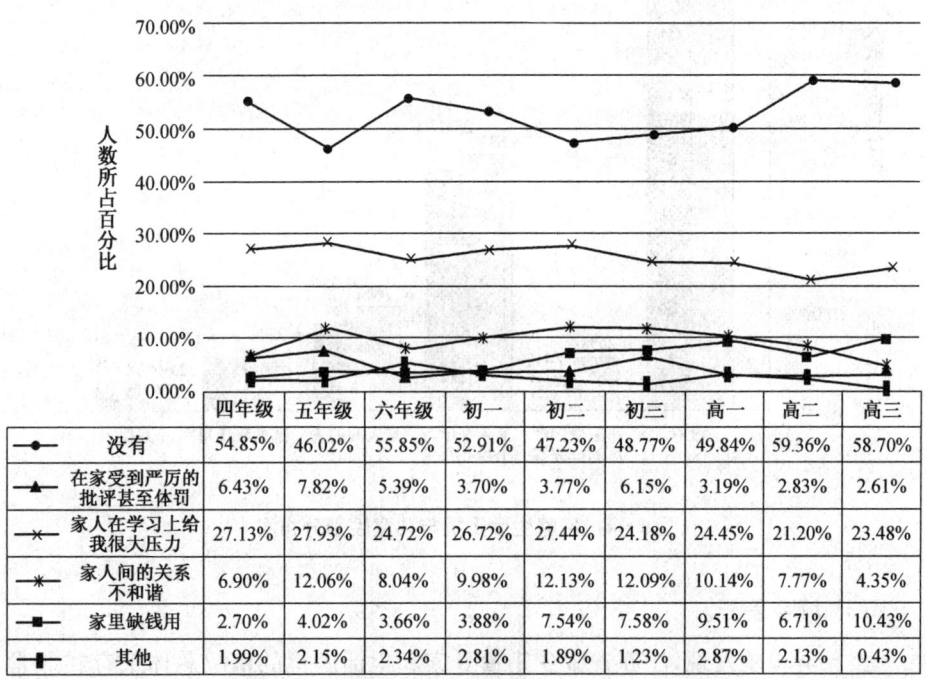

	四年级	五年级	六年级	初一	初二	初三	高一	高二	高三
没有	54.85%	46.02%	55.85%	52.91%	47.23%	48.77%	49.84%	59.36%	58.70%
在家受到严厉的批评甚至体罚	6.43%	7.82%	5.39%	3.70%	3.77%	6.15%	3.19%	2.83%	2.61%
家人在学习上给我很大压力	27.13%	27.93%	24.72%	26.72%	27.44%	24.18%	24.45%	21.20%	23.48%
家人间的关系不和谐	6.90%	12.06%	8.04%	9.98%	12.13%	12.09%	10.14%	7.77%	4.35%
家里缺钱用	2.70%	4.02%	3.66%	3.88%	7.54%	7.58%	9.51%	6.71%	10.43%
其他	1.99%	2.15%	2.34%	2.81%	1.89%	1.23%	2.87%	2.13%	0.43%

图6-3 家庭生活困扰与儿童年级变化趋势图

(2) 性别差异。

经差异检验发现,江苏省不同性别的儿童受家庭生活困扰的情况总体上存在非常显著的差异(卡方值=43.081,$P\leqslant0.01$)。

不同性别的儿童各选项百分比如图6-4所示,经进一步统计分析发现:

在没有家庭困扰、"在家受到严厉的批评甚至体罚"和"家人间的关系不和谐"的被试中,男女生之间的差异非常显著($|AR|>2.58$)。在没有家庭困扰的被试中,女生的人数比例高于男生;在"在家受到严厉的批评甚至体罚"和"家人间的关系不和谐"的被试中,男生的人数比例均高于女生。

在"家人在学习上给我很大压力"、"家里缺钱用"的被试中,男女生之间不存在显著差异($|AR|\leqslant1.96$)。

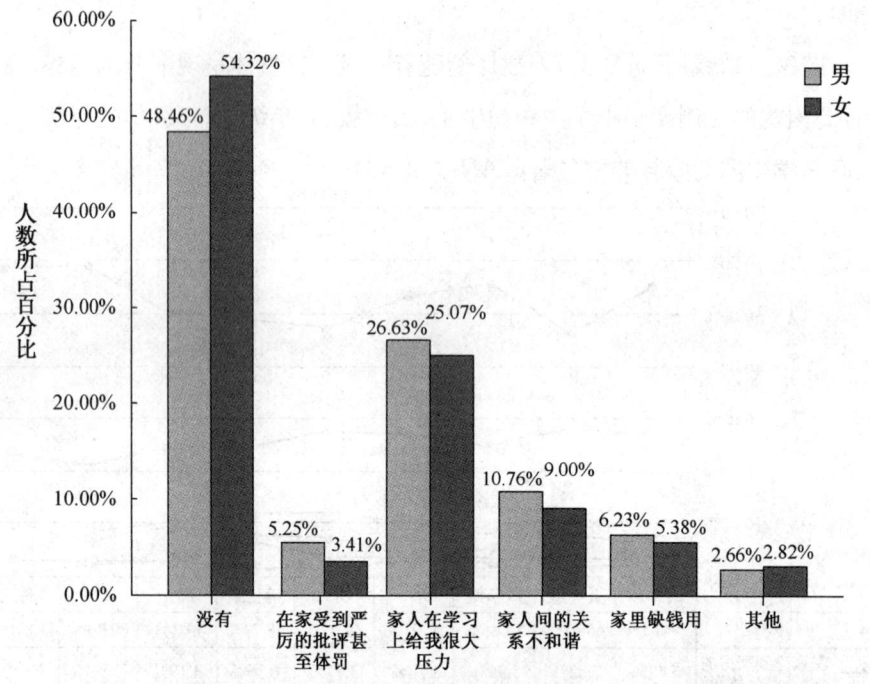

图6-4 家庭生活困扰与儿童性别分布图

(3) 城乡差异。

经差异检验发现,江苏省城乡儿童受家庭生活困扰的情况总体上存在非常显著的差异(卡方值=30.594,$P\leqslant0.01$)。

城乡儿童各选项百分比如图 6-5 所示,经进一步统计分析发现:

在选择"家人在学习上给我很大压力"的被试中,大中城市和小城镇的儿童间差异十分显著($|AR|>2.58$)。

在选择"在家受到严厉的批评甚至体罚"和"家人间的关系不和谐"的被试中,大中城市和小城镇儿童间的差异比较显著($1.96<|AR|\leqslant2.58$)。

在选择"家人在学习上给我很大压力"的被试中,乡村儿童与大中城市、小城镇的儿童相比,差异不显著($|AR|\leqslant1.96$)。

在选择"在家受到严厉的批评甚至体罚"和"家人间的关系不和谐"的被试中,乡村儿童与大中城市、小城镇的儿童相比,差异不显著($|AR|\leqslant1.96$)。

在没有家庭困扰和选择"家里缺钱用"的被试中,城乡儿童间差异不显著($|AR|\leqslant1.96$)。

可见,家长所给予的学习上的压力是目前中国儿童所承受的来自家庭的主要困扰,其中大中城市的儿童尤为明显。同时,乡村和小城镇的一部分儿童还承受着比大中城市儿童更为明显的家人关系、经济状况等各方面的家庭压力与困扰。

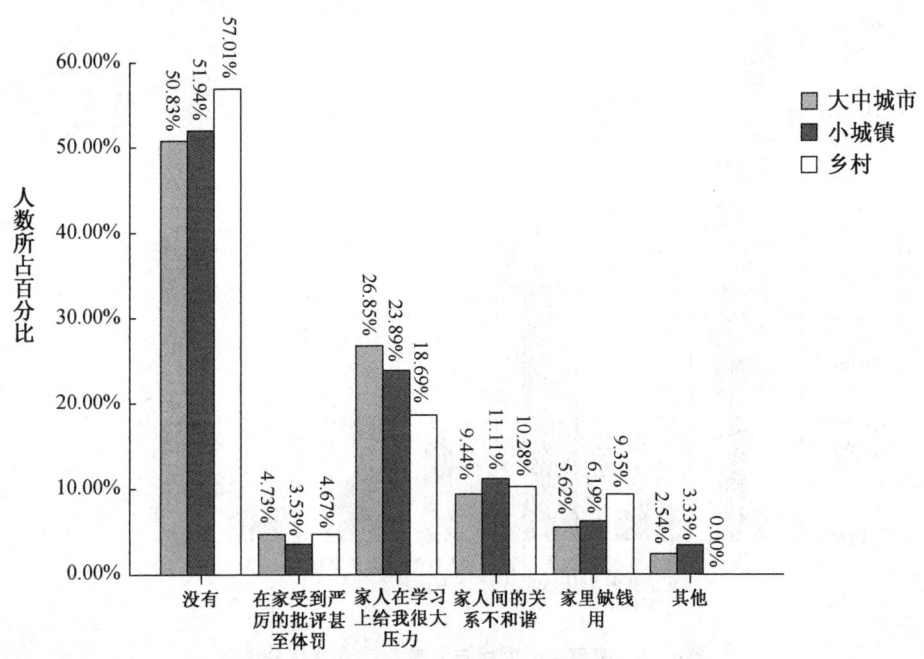

图 6-5　家庭生活困扰与儿童城乡分布图

(4) 生活满意度差异。

经差异检验发现,江苏省不同生活满意度的儿童受家庭生活困扰的情况总体上存在非常显著的差异(卡方值=321.051,$P \leqslant 0.01$)。

不同生活满意度的儿童各选项百分比如图6-6所示,经进一步统计分析发现:

在没有家庭问题的困扰、选择"家里缺钱用"的被试中,不同生活满意度的儿童间差异非常显著($|AR|>2.58$)。在没有家庭问题的困扰的被试中,对生活很满意的儿童比例最高,人数比例随着生活满意程度的下降而呈现逐渐下降的趋势;在选择"家里缺钱用"的被试中,对生活不满意的儿童比例最高,人数比例随着生活满意程度的下降而呈现逐渐上升的趋势。

在选择"家人间的关系不和谐"的被试中,对生活很满意和对生活基本满意的儿童间差异非常显著($|AR|>2.58$)。人数比例随着生活满意程度的下降而呈现逐渐上升的趋势。

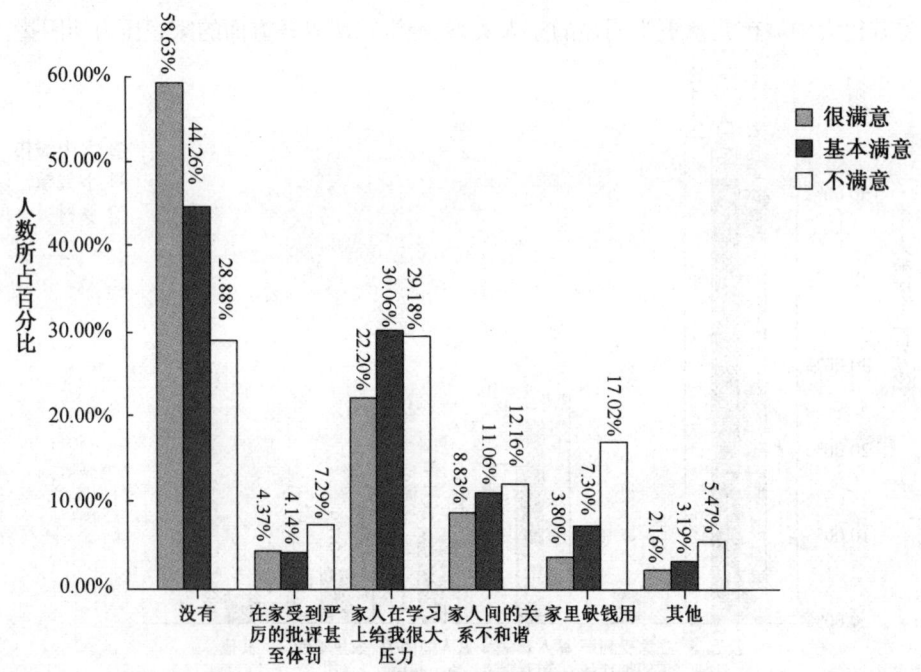

图6-6 家庭生活困扰与儿童生活满意度分布图

在选择"家人间的关系不和谐"的被试中,对生活不满意的儿童与对生活很满意、对生活基本满意的儿童相比,差异不显著($|AR|\leqslant 1.96$)。

在选择"在家受到严厉的批评甚至体罚"、"家人在学习上给我很大压力"的被试中,不同生活满意度的儿童间差异不显著($|AR|\leqslant 1.96$)。

(5) 家庭生活方式差异。

经差异检验发现,江苏省不同家庭生活方式的儿童受家庭生活困扰的情况总体上存在非常显著的差异(卡方值=105.952,$P\leqslant 0.01$)。

不同家庭生活方式的儿童各选项百分比如图6-7所示,经进一步统计分析发现:

在没有家庭困扰的被试中,"和爸妈经常在一起"、"父母(1人或2人)常年在外打工"、"单亲家庭"、"离异再组合家庭"的儿童间差异非常显著($|AR|>2.58$)。"和爸妈经常在一起"的儿童人数比例最高。

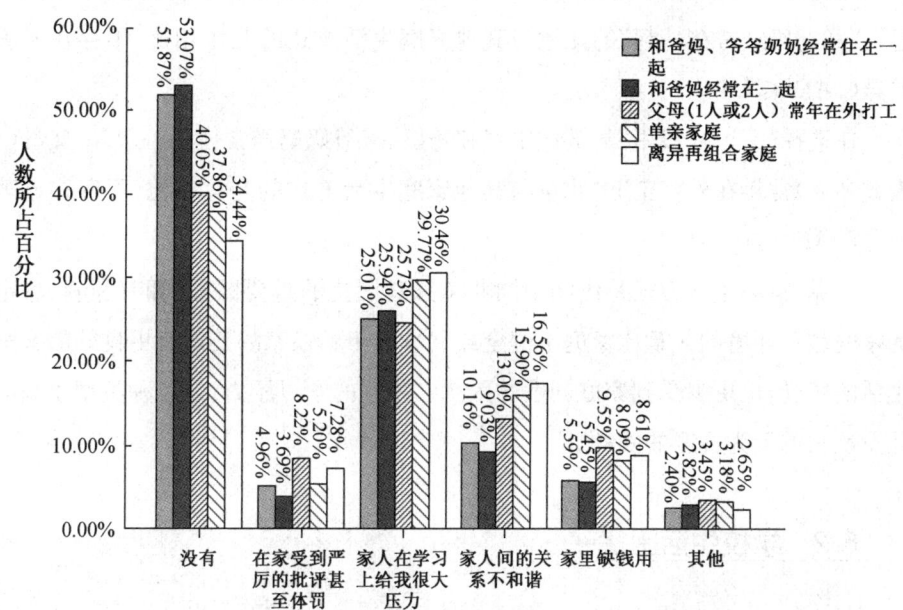

图6-7 家庭生活困扰与儿童家庭生活方式分布图

在选择"在家受到严厉的批评甚至体罚"的被试中,"和爸妈经常在一起"和"父母(1人或2人)常年在外打工"的儿童间差异非常显著($|AR|>2.58$)。"父

母(1人或2人)常年在外打工"的儿童人数比例最高。

在选择"家人间的关系不和谐"的被试中,"父母(1人或2人)常年在外打工"、"单亲家庭"、"离异再组合家庭"的儿童间差异非常显著($|AR|>2.58$)。"离异再组合家庭"的儿童人数比例最高。

在选择"家里缺钱用"的被试中,"和爸妈经常在一起"、"单亲家庭"、"离异再组合家庭"的儿童间差异非常显著($|AR|>2.58$)。"父母(1人或2人)常年在外打工"的儿童人数比例最高。

在没有家庭困扰的被试中,"和爸妈、爷爷奶奶经常住在一起"的儿童与其他家庭生活方式的儿童相比,不存在显著差异($|AR|\leqslant 1.96$)。

在选择"在家受到严厉的批评甚至体罚"的被试中,"和爸妈、爷爷奶奶经常住在一起"、"单亲家庭"、"离异再组合家庭"的儿童与其他家庭生活方式的儿童相比,不存在显著差异($|AR|\leqslant 1.96$)。

在选择"家人间的关系不和谐"的被试中,"和爸妈、爷爷奶奶经常住在一起"、"和爸妈经常在一起"的儿童与其他家庭生活方式的儿童相比,不存在显著差异($|AR|\leqslant 1.96$)。

在选择"家里缺钱用"的被试中,"和爸妈、爷爷奶奶经常住在一起"、"父母(1人或2人)常年在外打工"的儿童与其他家庭生活方式的儿童相比,不存在显著差异($|AR|\leqslant 1.96$)。

可见,家庭生活方式是影响中国儿童家庭困扰的重要因素,拥有圆满、稳定的家庭教育环境的儿童比家庭不健全或父母常年不在家的儿童有更良好的家庭生活的感受,也更少受到家庭问题的困扰。家庭的学习压力,是各种类型家庭的儿童反映的最为普遍的问题。

6.2 学校生活困扰

没有学校生活困扰的江苏省儿童人数比例(37.77%)远低于没有家庭生活困扰的儿童人数比例(51.23%),说明儿童来自学校的困扰要多于来自家庭的困扰。学校中困扰儿童最多的事情是教师教学的趣味性,20.13%的儿童明确表示希望老师上课有趣一些;其次是同学关系问题,15.01%的儿童表示希望改善同学间的关系;接着是学习环境问题,人数比例占了11.95%;受到学校处理事件公平程度困扰的儿童占了10.50%;存在其他学校困扰的儿童占了4.64%。在"其他"部分,剔除与前几个选项类似的重复项,儿童的学校问题还有师生关系问题、作业问题、成绩问题、考试压力问题等。(见图6-8)

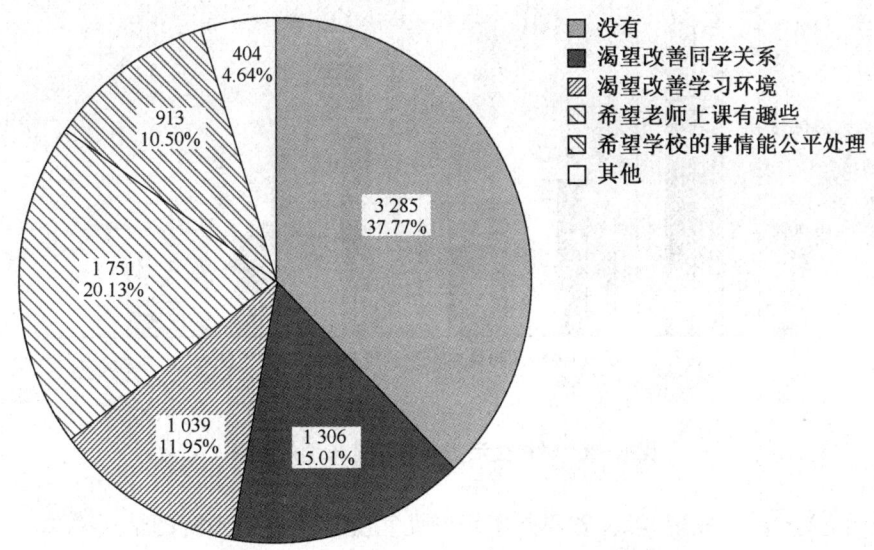

图6-8 学校生活困扰与儿童人数百分比分布图

(1) 年段差异。

经差异检验发现,江苏省不同年段的儿童受学校生活困扰的情况总体上存在非常显著的差异(卡方值=114.828,$P \leqslant 0.01$)。

不同年段的儿童各选项百分比如图6-9所示,经进一步统计分析发现:

在没有学校生活困扰的被试中,不同年段儿童间的差异非常显著($|AR|>2.58$)。人数比例随年段的上升呈倒V形趋势。

在选择"渴望改善同学关系"的被试中,小学生和高中生间的差异非常显著($|AR|>2.58$)。人数比例随年段的上升呈下降趋势。

在选择"渴望改善同学关系"的被试中,初中生与小学生、高中生相比,存在比较显著的差异($1.96<|AR| \leqslant 2.58$)。

在选择"渴望改善学习环境"、"希望老师上课有趣些"、"希望学校的事情能公平处理"的被试中,不同年段儿童间的差异均不显著($|AR| \leqslant 1.96$)。

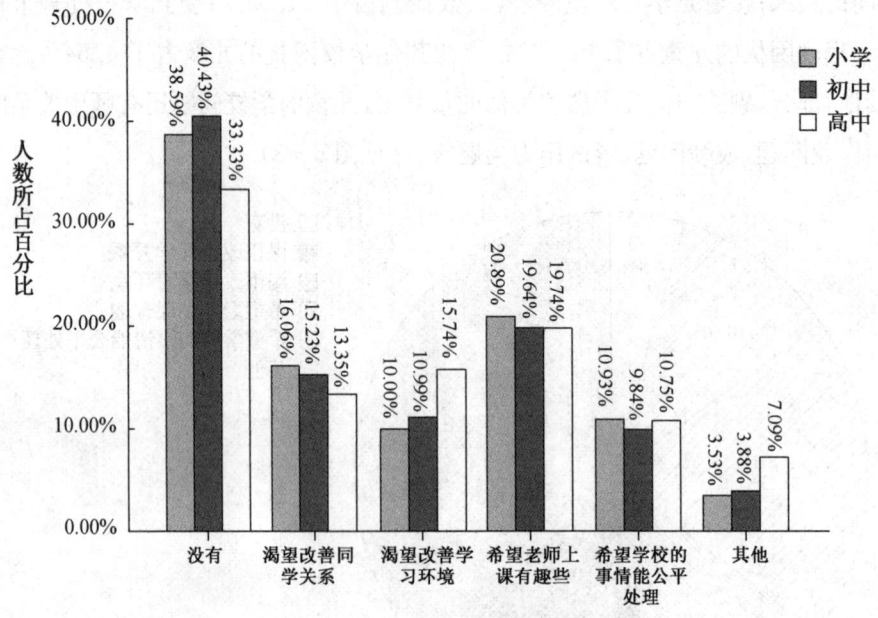

图 6-9 学校生活困扰与儿童年段分布图

经差异检验发现,江苏省不同年级的儿童受学校生活困扰的情况总体上存在非常显著的差异(卡方值=250.692,$P \leqslant 0.01$)。

不同年级的儿童各选项百分比如图 6-10 所示,经进一步统计分析发现:

在没有学校生活困扰的被试中,除初二、初三、高二、高三($|AR| \leqslant 1.96$)外,其余年级的儿童的差异非常显著($|AR| > 2.58$)。比例最高的是高三儿童,高一儿童比例最低。

"渴望改善同学关系"的儿童比例较高的是四年级和初一儿童,四年级儿童与初一、初三、高二、高三儿童间差异比较显著($1.96 < |AR| \leqslant 2.58$),其余年级儿童间差异不显著($|AR| \leqslant 1.96$)。

"渴望改善学习环境"的儿童人数比例随年级上升总体呈现上升的趋势,小学阶段总体上比例较低,小学各年级儿童与初一、高一儿童间的差异非常显著($|AR| > 2.58$),其余年级儿童间差异不显著($|AR| \leqslant 1.96$)。

"希望老师上课有趣些"是困扰几乎所有年级的核心问题之一,每个年级都约有五分之一的儿童有这样的困扰,其中比例较高的是五年级和高二,各年级差异不显著($|AR| \leqslant 1.96$)。

从总体上看,教师的授课方式是每个年级儿童都面临的较为普遍的学校生活困扰。

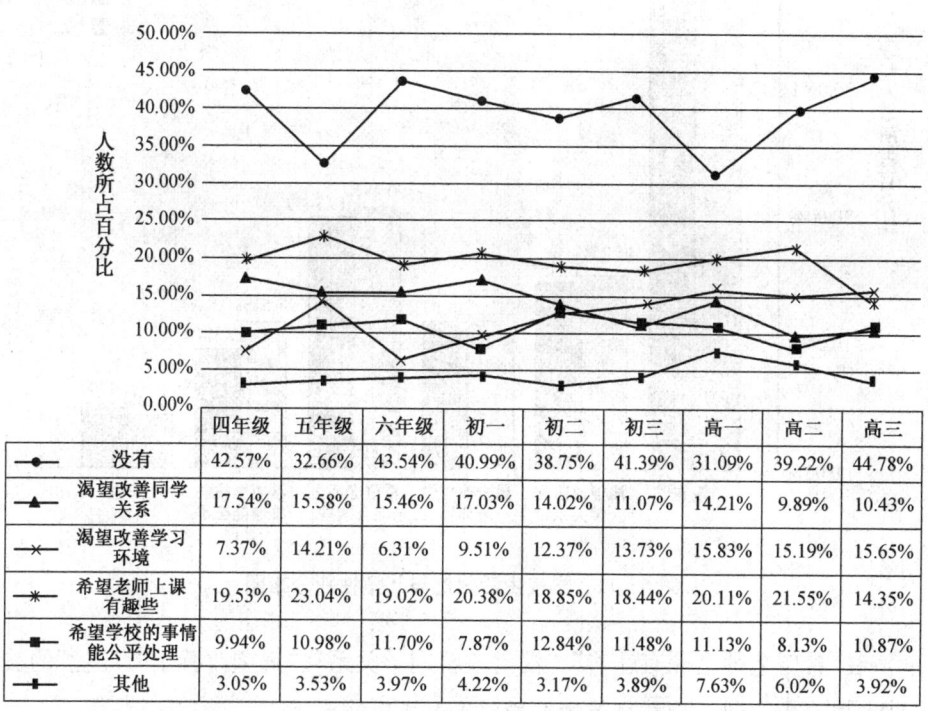

图 6-10　学校生活困扰与儿童年级变化趋势图

(2) 性别差异。

经差异检验发现,江苏省不同性别的儿童受学校生活困扰的情况总体上存在非常显著的差异(卡方值＝20.444,$P \leqslant 0.01$)。

不同性别的儿童各选项百分比如图 6-11 所示,经进一步统计分析发现:

在没有学校生活困扰、"希望学校的事情能公平处理"的被试中,男女生之间均存在显著的差异($|AR|>2.58$)。在没有学校生活困扰的被试中,女生人数比例高于男生;在"希望学校的事情能公平处理"的被试中,男生人数比例高于女生。

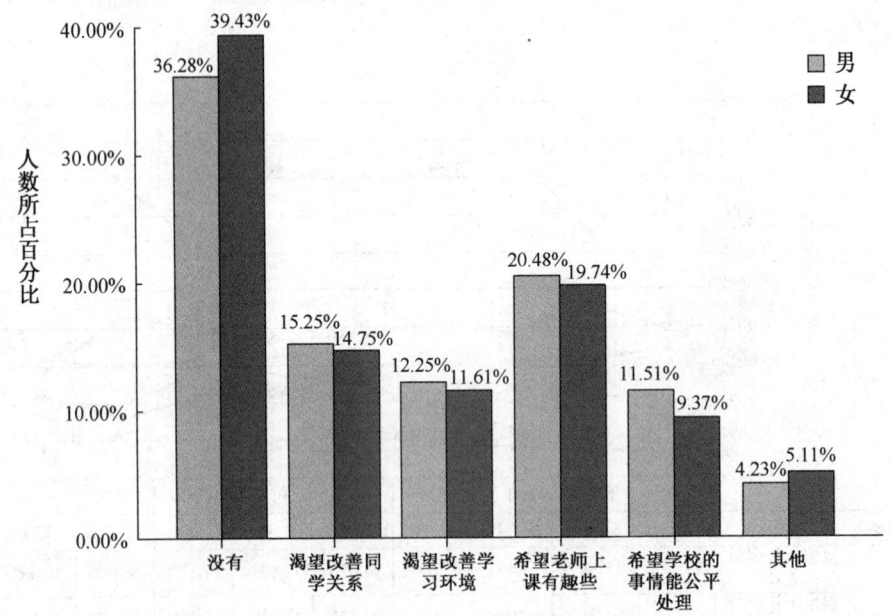

图6-11 学校生活困扰与儿童性别分布图

在"希望老师上课有趣些"、"渴望改善同学关系"、"渴望改善学习环境"的被试中,男女生之间不存在显著的差异($|AR|\leqslant 1.96$)。

(3) 城乡差异。

经差异检验发现,江苏省城乡儿童受学校生活困扰的情况总体上存在非常显著的差异(卡方值=23.869,$P\leqslant 0.01$)。

城乡儿童各选项百分比如图6-12所示,经进一步统计分析发现:

在"希望学校的事情能公平处理"的被试中,大中城市和小城镇的儿童间差异比较显著($1.96<|AR|\leqslant 2.58$)。人数比例从大中城市到小城镇再到乡村呈下降趋势。

在"希望学校的事情能公平处理"的被试中,乡村儿童与大中城市、小城镇的儿童相比,不存在显著差异($|AR|\leqslant 1.96$)。

在没有学校生活困扰、"渴望改善同学关系"、"渴望改善学习环境"、"希望老师上课有趣些"的被试中,大中城市、小城镇和乡村的儿童间差异不显著($|AR|\leqslant 1.96$)。

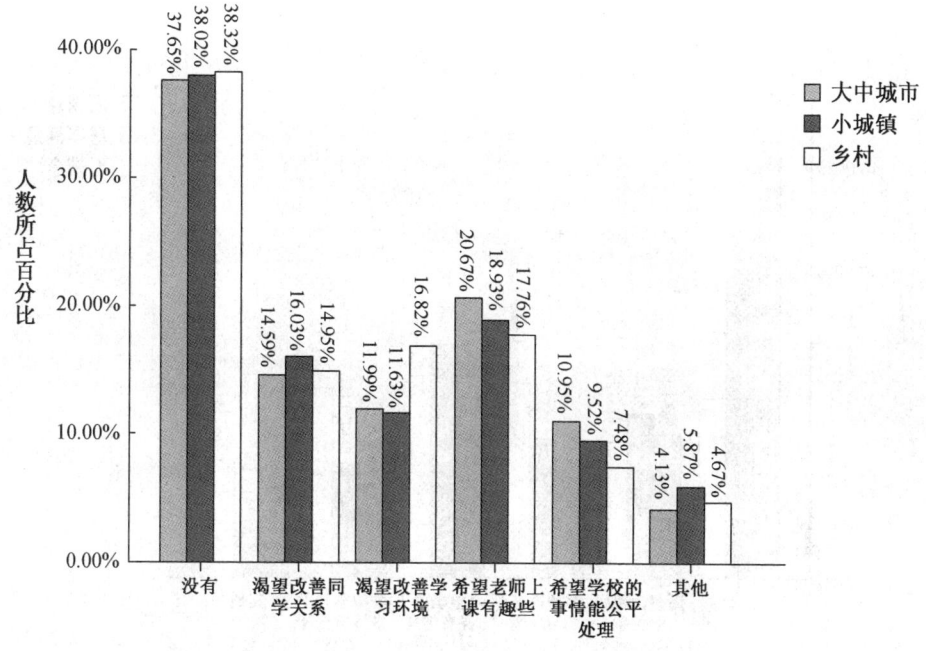

图 6-12 学校生活困扰与儿童城乡分布图

(4) 生活满意度差异。

经差异检验发现,江苏省不同生活满意度的儿童受学校生活困扰的情况总体上存在非常显著的差异(卡方值=313.861, $P \leqslant 0.01$)。

不同生活满意度的儿童各选项百分比如图 6-13 所示,经进一步统计分析发现:

在没有学校生活困扰、"渴望改善学习环境"、"希望学校的事情能公平处理"的被试中,不同生活满意度的儿童间存在非常显著的差异($|AR|>2.58$)。在没有学校生活困扰的被试中,人数比例随着生活满意程度的下降而呈下降趋势;在"渴望改善学习环境"的被试中,人数比例随着生活满意程度的下降而呈上升趋势;在"希望学校的事情能公平处理"的被试中,人数比例随着生活满意程度的下降而呈上升趋势。

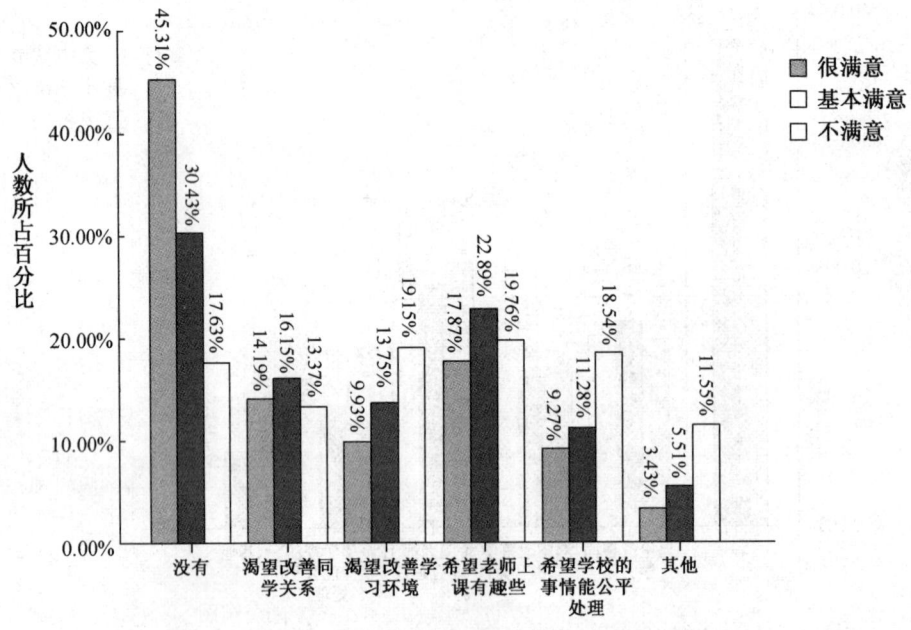

图 6-13 学校生活困扰与儿童生活满意度分布图

在"渴望改善同学关系"的被试中,对生活很满意和对生活基本满意的儿童间差异非常显著($|AR|>2.58$)。人数比例随着生活满意程度的下降而呈倒V形趋势。在"希望老师上课有趣些"的被试中,对生活很满意和对生活基本满意的儿童间差异非常显著($|AR|>2.58$)。人数比例随着生活满意程度的下降而呈倒V形趋势。

在"渴望改善同学关系"、"希望老师上课有趣些"的被试中,对生活不满意的儿童与对生活很满意、对生活基本满意的儿童相比,差异不显著($|AR|\leqslant 1.96$)。

(5) 家庭生活方式差异。

经差异检验发现,江苏省不同家庭生活方式的儿童受学校生活困扰的情况总体上存在非常显著的差异(卡方值=80.265,$P\leqslant 0.01$)。

不同家庭生活方式的儿童各选项百分比如图 6-14 所示,经进一步统计分析发现:

在没有学校生活困扰的被试中,"和爸妈、爷爷奶奶经常住在一起"、"父母(1人或2人)常年在外打工"、"离异再组合家庭"、"单亲家庭"的儿童间差异非常显

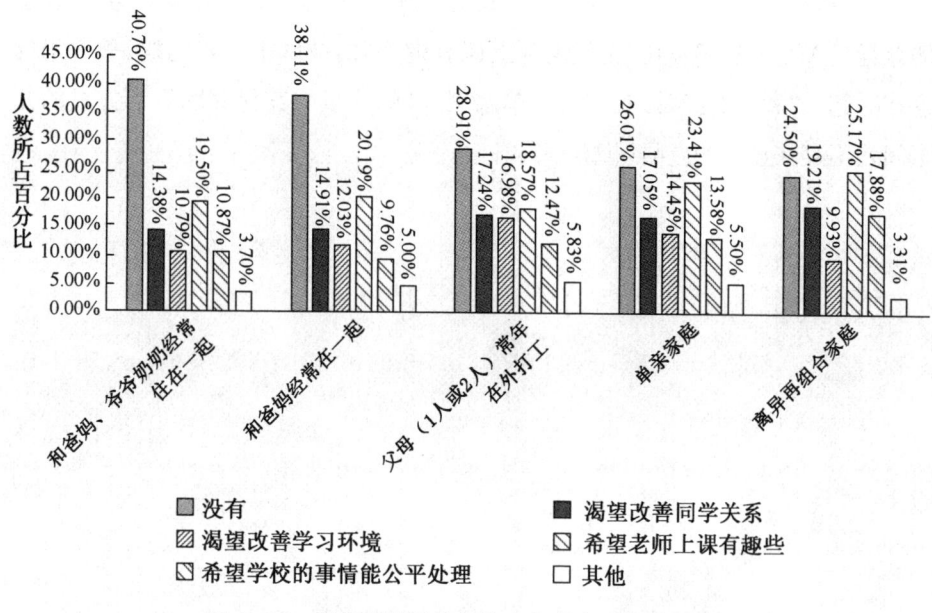

图 6-14 学校生活困扰与儿童家庭生活方式分布图

著($|AR|>2.58$),"和爸妈、爷爷奶奶经常住在一起"的儿童人数比例最高。在"渴望改善同学关系"的被试中,"父母(1人或2人)常年在外打工"、"离异再组合家庭"、"单亲家庭"的儿童间存在非常显著的差异($|AR|>2.58$),"离异再组合家庭"的儿童人数比例最高。在"渴望改善学习环境"的被试中,"单亲家庭"、"离异再组合家庭"、"父母(1人或2人)常年在外打工"的儿童间差异非常显著($|AR|>2.58$),"父母(1人或2人)常年在外打工"的儿童人数比例最高。在"希望老师上课有趣些"的被试中,"父母(1人或2人)常年在外打工"和"离异再组合家庭"的孩子之间的差异非常显著($|AR|>2.58$),"离异再组合家庭"的儿童人数比例最高。

在"希望学校的事情能公平处理"的被试中,不同家庭生活方式的儿童间不存在显著的差异($|AR|\leqslant 1.96$);在没有学校生活困扰的被试中,"和爸妈经常在一起"的儿童与其他家庭生活方式的儿童间均不存在显著的差异($|AR|\leqslant 1.96$);在"渴望改善同学关系"的被试中,"和爸妈、爷爷奶奶经常住在一起"、"和爸妈经常在一起"的儿童与其他家庭生活方式的儿童间均不存在显著的差异($|AR|\leqslant 1.96$);在"渴望改善学习环境"的被试中,"和爸妈、爷爷奶奶经常住在

一起"、"和爸妈经常在一起"的儿童与其他家庭生活方式的儿童间均不存在显著的差异($|AR|\leqslant 1.96$);在"希望老师上课有趣些"的被试中,"和爸妈、爷爷奶奶住在一起"、"和爸妈经常在一起"、"单亲家庭"的儿童与其他家庭生活方式的儿童间均不存在显著的差异($|AR|\leqslant 1.96$)。